"动作/行为三部曲"之一

SUI BEIGEERHAO CHUYOU
随"贝格尔号"出游
——论动作(action)和话语(discourse)的关系

敬文东 著

河南大学出版社
·开封·

图书在版编目(CIP)数据

随"贝格尔号"出游:论动作(action)和话语(discourse)的关系/敬文东著.—开封:河南大学出版社,2010.9
(新世纪人文论丛)
ISBN 978-7-5649-0067-0

Ⅰ.①随… Ⅱ.①敬… Ⅲ.①言语行为－研究 Ⅳ.①H0-05
中国版本图书馆 CIP 数据核字(2009)第 180208 号

责任编辑 谢景和
责任校对 廓 然
封面设计 马 龙

出版发行	河南大学出版社
	地址:河南省开封市明伦街 85 号 邮编:475001
	电话:0378-2825001(营销部) 网址:www.hupress.com
排 版	郑州市今日文教印制有限公司
印 刷	河南新华印刷集团有限公司
版 次	2010 年 9 月第 1 版 印 次 2010 年 9 月第 1 次印刷
开 本	720mm×1000mm 1/16 印 张 18.5
字 数	275 千字 定 价 37.00 元

(本书如有印装质量问题,请与河南大学出版社营销部联系调换)

"贝格尔号"(HMS Beagle),达尔文为他的伟大著作《物种起源》做准备工作时乘坐的一条船的名字。他坐着这条船几乎跑遍了世界,搜集了大量博物方面的资料。从某种意义上说,"贝格尔号"成就了达尔文。我愿意斗胆借用"贝格尔号"这个名字的仙气,为自己渺小、琐屑的工作寻求庇护。但愿我也有一条属于自己的"贝格尔号",哪怕它只是一条木船。实际上,从各种可能的意义上说,它也只能是一条小木船。但它配得上我的工作:它带上了罗盘,带上了桨,带上了帆,也带上了某种强硬的意志和决心……

——题记

目　录

序　言 …………………………………… 韩少功（ 1 ）
写在前边 ………………………………………………（ 1 ）
导言：话语拜物教批判 ………………………………（ 1 ）
　　第一节　discourse 释义 …………………………（ 1 ）
　　第二节　话语拜物教素描 ………………………（ 14 ）
　　第三节　discourse 与意识形态的关系 …………（ 22 ）
　　第四节　双重循环 ………………………………（ 36 ）

上卷　discourse 的动作双重性

第一章　关于现实世界的 discourse …………………（ 47 ）
　　第一节　现实世界，事情，原初事实 ……………（ 47 ）
　　第二节　经验事实 ………………………………（ 56 ）
　　第三节　现实世界上的真实（性）………………（ 63 ）
　　第四节　对现实世界的 4 种谈论方式 …………（ 74 ）
　　第五节　原初事实，discourse，动作/行为 ………（ 79 ）

第二章　可能世界上的 discourse ……………………（ 91 ）
　　第一节　可能世界，愿望，可能事实 ……………（ 91 ）
　　第二节　可能世界上的真实（性）………………（104）
　　第三节　对愿望的 3 种谈论方式 ………………（109）
　　第四节　谈论及其目的 …………………………（114）
　　第五节　可能事实，discourse，动作/行为 ………（117）

第三章　discourse 的动作来源及其他 …………………（125）
　　第一节　discourse 的动作双重性，discourse 的无自性 …（125）
　　第二节　动作／行为的"期待视野" ………………………（135）
　　第三节　discourse 与动作／行为的目的性 ………………（140）
　　第四节　动作的目的性，历史的无目的性…………………（144）

下卷　discourse 的价值论

第四章　discourse 的价值和价值量 ………………………（157）
　　第一节　discourse 的价值 …………………………………（157）
　　第二节　discourse 的价值量 ………………………………（167）
　　第三节　价值的民族性、历史性，语境 ……………………（178）

第五章　discourse 的交换价值与剩余价值 ………………（187）
　　第一节　discourse 的生产与交流 …………………………（187）
　　第二节　discourse 的交换价值 ……………………………（202）
　　第三节　剩余价值 …………………………………………（214）

第六章　剩余价值和理解—解释的多样性 ………………（221）
　　第一节　剩余价值的多样性 ………………………………（221）
　　第二节　意识形态网络，目的无意识网络 ………………（230）
　　第三节　理解—解释的多样性 ……………………………（233）

第七章　理解—解释网络，新一轮动作／行为，新一轮事实
　　　　　　………………………………………………………（243）
　　第一节　理解—解释网络与新一轮动作／行为生产 ……（243）
　　第二节　新一轮原初事实，新一轮三位一体 ……………（253）
　　第三节　对双重循环的尝试性解决 ………………………（258）

结论：并非无谓的补充……………………………………（263）

参考文献 ……………………………………………………（267）

后　　记 ……………………………………………………（279）

序　言

韩少功

　　敬文东先生兼事小说与理论，在这本理论里不免流露出小说家的余兴和积习，不时冒出比喻的嗜好、形容的冲动、戏说与大话的口吻，差不多上演了一出理论脱口秀，或是说书人嘴里的章回哲学。

　　令人捏一把汗的是，这位说书人选择了一个艰深得不能再艰深的话本，玄奥得不能再玄奥的回目——向"话语拜物教"发起挑战。

　　自西方学界的"语言学转向"以来，人们发现世界只能在语言中呈现，主流哲学因此几乎成了语言学、文本学、话语学。但打破诸多存在幻象之后，很多人也兴冲冲一头扑进了语言囚笼。他们的理由是：既然对不可言说的东西只能闭嘴，那么文本之外一无所有，连假定的客观也缺乏依据和毫无意义。这样，在他们那里，世界开始消失，镜片而不是景物成了观测对象，耳膜而不是声音成了倾听对象，传统定义下的自在之物如果偶尔还被谈及，却已渐失人间气息，渐失触感和重量，眼看就要坠入虚无黑洞。

　　我理解敬文东此时的不安，包括他对某些同路人的敏锐生疑。在他看来，同样不安的那些人虽然重提社会与历史，摆出了一种针对话语崇拜的另类姿态，但他们的社会与历史仍限于纸面叙事，只是一些符号和修辞的浮影，其反叛无异于窝里斗、体制内造反，以逆子之名行孝子之实——这种疑问同样深得我心。

事实上，窝里斗如此本身就是社会与历史的产物，也只有在社会与历史的背景里方可得到辨认。时值现代社会，一时间院校猛增，印刷机狂转，书本知识爆炸，科层化与专业化一统天下，白领与蓝领的社会鸿沟日深……这些活生生的现实事件，使大多文科雇员只能寄生于文本，呼吸于文本，想象历史和社会于文本。对于这些文本生物而言，真要从文本的十面埋伏中杀出一条血路，谈何容易！尤其是某些长期浸淫于西方逻各斯传统的一根筋人士，若想一步跳出自己的肉身，谈何容易！

"话语崇拜教"差不多就是校园产物，是文本过剩时代的产物，却并非纸老虎一只。需要自警的是，如果我们没法找到非语言的认知通道，没法找到超逻辑的实证坐标，没法测出隐在语言纵深的实在之基、实在之根、实在之重力，那么一不留神同样会深陷话语迷阵，不一定比我们的对手走得更远。

在这里，敬文东承受的压力可想而知。

他尽力充分准备——这表现在他对各种理论资源，尤其是现代西学资源的广泛涉猎和梳理。他尽力周到谋略——这表现在他在笔下稳打稳扎，瞻前顾后，细心布局，重阵推进，哪怕在某些细节里死缠烂打也在所不辞。他当然还有乾坤独断一往无前的气概——这表现在他不吝赞许也不避挑剔，大胆学习也大胆怀疑，时时活跃着一个独立的大脑，与各种学术经典平等过招，从严对练，即便在光环闪烁的前辈面前，也有六经注我的大志，决不心虚和腿软。我匆匆读完此书以后的感觉，是胆大后生竟一个人发动了淮海战役或平津战役，一心要面对人类的千年难题立言，要在存在论和认识论的神圣王国里再度立法，其志不可不赞，其创新的活力不可不奇。

在一百多年来西学东渐的单向运动格局里，这种宽辐和深度的反思并不多见。至于他是否赢得了这场战争？或者说他斩获了什么又丧失了什么？其装备有何优越又有何缺陷？其战法有何成功又有何失误？其攻势在何处强劲有力又在何处虚弱不支？……这一切尚需行家们事后仔细评点，非这里一篇短序所能详叙。作为友人之一，我从这本书里得到很多启发，也有不少问题需要向作者讨教、商榷以及争辩，只能留待日后饶舌。重要的是，提出问题就是解决问题的开始，着手行动才有赢得胜利的可能。敬文东已置身于知识危机的突围前沿,已奋不顾身跃出掩体,投入了一次文本深处的求真之旅,一场重新为人类找回真知与真相的方法之争、智识之争、意义与价值之争。在我看来,面对一个人文知识界越来越无根化和空心化的时代,这一场意义深远的世纪之战无可回避。

愿有更多的志士前来关注和参与。

2006 年 8 月

写在前边

> 与其溺于人也,宁溺于渊。溺于渊犹可游也,溺于人不可救也。
>
> ——《大戴礼记·武王践阼》

有较长一段时间,无论是在文学写作中还是在学术写作中,我都算得上一个具有浓厚唯美主义倾向的人,一个不可救药的修辞主义的迷信者、迷恋者。秉承着**唯美主义**和**修辞主义**塞壬般的召唤,我曾经写下过那么多花里胡哨、张牙舞爪甚至飞扬跋扈的东西。但严峻、平庸、琐碎和低矮的生活很快教育了我——在某些时候,它甚至不惜以惩罚的方式。是生活而不是别的,让我看穿了修辞的有限性、迷惑性和某种程度上的荒谬性;是那些把语言本身所拥有的力比多发挥到极致的大大小小的政客,是那些在电视上煽情作秀的男女主持人,是那些莫名其妙就痛哭起来的低级肥皂剧演员们的弱智做派……让我恍然大悟:过度的修辞、夸张、"啊哈"和"耶(!)"该是何等的滑稽和可笑——尽管直到今天,我仍然对语言的修辞功能保持着高度的敬意。只不过此处的修辞功能与上面那种时而阳痿、时而亢奋的"修辞""名"同而"实"大不同罢了。

最迟从1999年5月做完博士论文后,我就对另一种性质的修辞——自索绪尔(Ferdinand de Saussure)以来**泛形式主义**①各家各派的理论——感到越来越难以忍受；对它自命的科学性、客观性以及所谓的科学主义式的冷静,更是耿耿于怀。尽管我曾经长期浸淫其中,深受它的教育；尽管直到今天,我仍然对它保持着足够的礼貌,怀着浓厚的感恩之情,但它一本正经的脸孔上蕴藏着的不易被人察觉的夸张神色,以及除了对结构、形式和共时性之外几乎其他一切"事物"都不屑一顾的傲慢气质,的确引起了我的警惕,也诱发了我的不满。坦率地说,经过俄国形式主义、布拉格学派、法国结构主义、结构主义叙事学……直到所谓的解构主义,曾经红火一时的泛形式主义差不多已经走到了尽头；经过索绪尔、雅各布逊(L. Jakobson)、什克诺夫斯基(Viktor Shklovsky)、普洛普(Vladimir Propp)、巴尔特(Roland Barthes)、托多洛夫(Tzvetan Todorov)、热奈特(Gerard Genette)、德·曼(Paul de Man)、大半个福柯(Michael Foucault)以及整体的德里达(Jacques Derrida)……泛形式主义几乎已经丧身于所谓的文本解读,全身心地迷失于所谓的共时研究和结构探险。但它留下了合理的内核,馈赠了宝贵的遗产。它教育了文学和其他诸多人文/社会学科的从业人员。它琐碎、繁复的技术操作,更让那些一当官便自以为什么都能通吃、什么都可以无师自通的无聊政客和可笑官僚,在面对文学或其他"简单"的人文/社会学科指手画脚时,得到的奖赏,只能是来自泛形式主义专业技能训练内部的哈哈长笑；平心而论,这种长笑,也给那些一贯信奉**缩头主义**的中国文人增加了一点底气,平添了几分战战兢兢的傲慢,也使他们的肾脏居然铁树开花般发热、发烫,以至于能够稍微抵御一下官僚们的颐指气使。泛形式主义的某些真知灼见,也早已溶解到对它持貌似反动立场的新历史主义、女权主义、东方主义、后殖民主义等左派理论当中。但这些理论群落在有限度地超越了泛形式主义作茧自缚

---

① 本书所谓的泛形式主义,特指在索绪尔影响下成长起来的以语言/结构为中心的各派西方理论,主要有俄国形式主义、布拉格学派、法国结构主义、结构主义叙事学……直到所谓的解构主义。尽管它们的侧重点不尽相同,但将结构本身视为焦点的做法却是高度一致的。

的圈套后,又秉承泛形式主义的某些清规戒律,试图通过对文本进行社会学或意识形态方面的低空侦察、"考古"勘探,试图通过对文本的历史主义式的拼贴,"创造性"地"重现"、"重整"历史场景及其包含的社会内容,以便达到进一步认识世界的目的。这当然是个值得表扬、尊敬和推崇的思路。在这些迷人的甚至在某些时候堪称袒胸露乳的理论群落或理论共同体当中,所谓的"话语"(discourse)成了至关重要的术语①。

最近几十年来,欧美学术实践产生出的花样游泳般的事实早已表明,泛形式主义是过分迷信"结构"的**结构拜物教**;而在解构主义之后,唯文本之马首是瞻的诸多左派理论,则是过分迷信"话语"的**话语拜物教**②。它们都可以大而化之地被称为**语言拜物教**的正出子孙。众所周知,语言拜物教是欧美 20 世纪的特有产物,是所谓的现代性发展到极致时的表征和装饰品③。尽管话语拜物教在所谓的文本研究中,也欠债还钱般补偿性地填进了被泛形式主义抽空的社会／历史内容,但新历史主义、女权主义、后殖民主义等左派理论为自身目的计(当然也受制于它们借以出生的理论母体即泛形式主义),急火攻心之间,拼命填充进去的却只是写在纸面上的社会／历史内容,与活生生的生活与世界如果不是说没有关系,起码也是"隔"得太远了。我对这种性质的话语拜物教十分擅长的语义空转游戏十分不满,认为它归根到底不过是另一种性质的修辞——作为一种社会／人文理论,它仍然高翔于现实

---

① 关于 discourse,本书导言将有详细辨析。这里只说一点,将 discourse 仅仅对应于汉语中的**话语**是有问题的,而且问题还相当严重。

② 理查德·罗蒂(Richard Rorty)在考察了德里达开创的解构主义运动经由德·曼而在美国大兴后,专门提到了女权主义和解构主义的联系:"女权主义很敏捷地利用了德里达把'西方出现的形而上学'的'逻辑中心主义'看作是其'男性生殖器中心主义'的观点。认为男人比女人更理性、更逻辑因而值得享有较高权力的看法,都藏于属于西方形而上学核心的各种隐喻中……等等。女权主义者表明,性的想象贯穿于人本主义和理性主义的隐喻。"[(美)罗蒂:《后哲学文化》,黄勇译,上海译文出版社,1992 年,第 137～139 页]假如罗蒂所言属实,就正好很清楚地表明了女权主义的话语拜物教特征。

③ 参阅 M.卡林内斯库(Matei Calinescu)《现代性的五副面孔》,顾爱彬等译,商务印书馆,2003 年。

世界、生活世界之上，同样具有唯美主义倾向——尽管这一特征十分隐蔽。作为另一种性质的修辞主义和唯美主义，泛形式主义以及一切以反对泛形式主义自况、自慰、自豪的左派理论，仍然有它天然就具备的局限性、迷惑性甚至荒谬性。

一如新历史主义等诸多西方左派理论宣称的那样，文本之下、"话语"之下，肯定是社会／历史内容。但新历史主义等理论的信奉者们〔比如近年来在中国声名鹊起的海登·怀特（Hayden White）〕恐怕直到今天也没有弄明白，更可能是有鉴于泛形式主义的**科学性**威风以及由此而来的理智上的傲慢，不敢挖根刨底地弄明白：掩盖在文本、"话语"之下的社会／历史内容，根本就不是一般意义上的社会／历史内容，更不是写在纸面上的社会／历史内容，**而是更为鲜活的事情、事件、事态，是更为肉感的属人或非人的动作／行为**。是属人或非人的动作／行为构成了、造就了、支撑了所谓的社会／历史内容，是属人或非人的动作／行为为谈论、论述直至所谓的"话语"提供了坚实的基础。也正是在这个基础上，原初性地生产出了所谓的文本和所谓的"话语"，而不是相反。

唯有检讨动作／行为如何进入语言空间的机制，检讨动作／行为如何标量"话语"生产的奥秘，检讨动作／行为如何检验话语生产的有效性的程序，弄清楚动作／行为如何反过来受制于所谓的"话语"从而生产出更新、更多的动作／行为的密码，庶几可以免除话语拜物教面临的深刻而尚不自知的尴尬甚或陷阱，也才能让我们的各种谈论和论述从言不及义的语义空转中，回到活生生的真实的大地，回到鲜活、感性、连皮带骨和沾满露水的生活之流。唯其如此，我们在面对无聊的政客、弱智到了白痴水准的电视主持人、七嘴八舌而又异口同声的呼喊者、自以为高深莫测的男女学者的**语言纵欲术**时，才可能保持足够的警惕，也才有能力揭穿他们的画皮，拆穿他们的把戏，让他们露出"麒麟皮袍"下边沾满真菌的"马脚"——一如鲁迅曾经说过的那样。

2003 年 10 月 10 日，北京丰益桥。

导言：话语拜物教批判

> 一种神话，当然不是一种神仙故事，它是用只适用于一种范畴的事实来表现属于另一个范畴的事实。因此，打破一种神话就不是要否定事实，而是重新安排事实。
>
> ——Gillbert Ryle

第一节　discourse 释义

话语是 discourse 的汉语译文，在**现代汉语**中，大有行情不断看涨之势。若许年来，中国的"摩登学究"（黄仁宇语）就十分喜欢咋呼如下语词：历史话语、小说话语、女性话语、法律话语、经济话语、政治话语、中产阶级话语、流氓话语、小蜜话语、麻将话语、宠物话语、土匪话语甚至二奶话语……依照摩登学究们的逻辑，"话语"在现代汉语中几乎可以和所有名词对接。这种颇具几分搞笑特性的现实，正好印证了**话语**一词在现代汉语空间中的凛凛威风。饶是如此，还是有不识相的人认为，把英语中的 discourse 弄成汉语中的话语实在是荒谬有加。

金克木先生说："近年来常见有人使用'话语'一词，它是'语言'，又不等于'语言'，也不同于'言语'。这是 20 世纪一股新思潮的一个术语，涉及语言学、心理学、文艺学、哲学等等，深奥得很。不过照我所知，它又是很古老的一种思想的延伸，就是说，有个语言世界，不是古希腊和古犹太人所说的'逻格斯'——'道',不等于真实世界,而两者又有关系。"①许宝强等人也说过,尽管 discourse 在原初意义上意味着一组具有内在稳定结构关系的语言表达方式,将它通译成**论述**或**话语**也在力图保留这些意思,但显然不能算是尽如人意。在说完这些含蓄的声讨之词后,许先生等人堪称追本溯源:

> 但根据运用此概念最多,亦是使这个概念快速流行起来的福柯理论,discourse 一词所表达出来的这种稳定性、连续性,并不是福柯所要说明的。相反的,他要透过 discourse 一词所表达的,正好是不稳定,充满断裂和缝隙的过程。从语言学来说,无论是否受到福柯理论的影响,都有一种将 discourse 看成一个只是较大的语言分析单位的倾向。从这个传统出发,discourse 翻译成论述的问题不大。不过,只要我们所指的 discourse 是一个对话、交往和不断商讨和斗争着的过程,论述一语所意指的稳定性,是无法将充满政治和动力的这部分意思表达出来的,特别是如果我们将 discourse 的形容词 discursive,指实践交往过程中以说话形式展开的策略运用,亦即 discursive strategy 等,论述一词就显得不大恰当。曾经有试图将之译成"对诘",因诘一字有对话、质问一意,以强调 discourse 是对话中的动力面向,但在一般使用上,论述已成为相若于 theory、paradigm 等义,并非都循福柯、巴赫金、Beveniste 等的用法,所以"对诘"亦非常普遍适用。②

许先生代表他的同好建议我们:最好将 discourse 译成**论述**或**论诘**,以保留 discourse 内部固有的动力学特征;或者根据实际情况两种

---

① 金克木:《末班车》,中央编译出版社,1996 年,第 243 页。
② 许宝强等《译后余话》,[美]麦克洛斯基(D. McCloskey)等《社会科学的措辞》,许宝强等译,三联书店,2000 年,第 288 页。另可参阅[英]哈特曼(R. R. K. Hartmann)《语言与语言学词典》,黄长著等译,上海辞书出版社,1981 年,第 104 页。

译法交替使用,以求不伤及 discourse 的内在冲动及其原始语义。① 扫兴的是,无论是在汉语学界还是在人民群众的口语中,许先生的提议都没有得到应有的尊重。考虑到英语里有"翻译者即背叛者"(A translator is a traitor)的老生常谈,许先生的倡议受到如此这般的待遇,就是再正常不过的事情了。②

面对现代汉语中汹涌而至的**话语大潮**,章国锋先生也显得忧心忡忡。他的"窃以为"是:话语非但未能传达 discourse 的本义,还误传了 discourse 的本义;如果再考虑到话语大潮在实际生活中的坚实存在,事态无疑显得更加严重。相比较于许宝强等人,章先生的办法倒是直截了当、干净利落。他在简要考察了该词在当代欧美学者(主要是后现代主义者)那里的通常用法后认为,discourse 的真正含义,应该是:"由社会规定的、在特定历史条件下形成的、为公众普遍认可的,具有某种必然性的话语方式。"③这调门听上去和许宝强等人的嗓音差不离,或者应该说成是英雄所见略同?稍翻一下老黄历就可以知道,法国哲学家米歇尔·拜肖(Michael Pecheux)基本上就是在许宝强和章国锋指出的含义层次上使用 discourse 一词,并取得了大快人心的理论成果。依赵一凡先生的睿见,在拜肖那里,discourse 特指语言在特定社会历史条件限定之下的群体表现形式;discourse 不存在单个作者,它向来都是一种隐匿在人的意识之下却又暗中支配人的不同言语、思想、行为方式的潜在逻辑④。它像天罗地网一样无处不在,像冒牌的上帝一般

---

① 澳大利亚学者 J. 丹纳赫(Geoff Danaher)等人也认为,discourse"通常指的是和一个机构有关的一种语言,它包括表达了这个机构价值体系的思想和语句。在福柯的作品中,话语被用来描述语言的个体表达,或者是'行动中的语言'——我们理解和'认识'事物的思想和语句"[(澳)丹纳赫:《理解福柯》,刘瑾译,百花文艺出版社,2002年,第192页]。

② 自1840年以来,由于某些迫不得已的原因,无数西方典籍纷纷进入中国,术语方面的翻译困难苦恼了好几代中国翻译家。对这方面有着辉煌论述的是旅美华裔学者刘禾(参阅刘禾《跨语际实践》,三联书店,宋伟杰等译,2002年)。

③ 章国锋:《话语定式》,[德]赫尔曼·海塞(Hermann Hesse)等著《陀思妥耶夫斯基的上帝》,斯人等译,社会科学文献出版社,1999年,第206页。

④ 参阅赵一凡《欧美新学赏析》,中央编译出版社,1996年,第92～93页。

无所不能：它规定了我们的视线，调教了我们的手脚，培育了我们的呼吸，诱拐了我们心跳的节奏。章国锋和许宝强虽然没有提及法国的拜肖，也未曾提及拜肖的师尊路易斯·阿尔都塞（Louis Althusser），但他提到了许多与法国仅仅一墙之隔的德国学究。依据诸多德国学者对 discourse 的使用，章先生坚持认为：将 discourse 不加限定、不加说明地译成**话语**，差不多是将 discourse 弄成了和**语言**相对的**言语**①。所谓言语者，根据索绪尔的定义，就是应用给定的语言规则进行的谈话和对话，亦即对语言规则的具体应用和运用。章先生在此基础上苦口婆心地建议我们：如果将欧美后现代主义者广泛使用的 discourse 译成**话语定式**，庶几更符合 discourse 的本义②。

相比较而言，我更愿意赞同章先生的观点，因为他的译法比许宝强等人的更符合汉语习惯，更接近于一般汉语大众的口味③。但我仍然有足够的理由相信，话语定式作为 discourse 在当代欧美学术术语中的

---

① 徐赳赳从语言学的角度认为，最好还是将 discourse 译成话语或篇章。discourse 在徐先生那里显然成了言语或对话（参阅徐赳赳《现代汉语篇章回指研究》，中国社会科学出版社，2003 年，第 30～55 页）。

② 章国锋：《话语定式》，[德]赫尔曼·海塞等著《陀思妥耶夫斯基的上帝》，社会科学文献出版社，斯人等译，1999 年，第 207 页。不过，有一点可以指出，最先使用 discourse 的并不是后现代主义者。限于题旨，此处不准备在这方面做过多纠缠。

③ [英]诺曼·费尔克拉夫（Norman Fairclough）在总结福柯对 discourse 的使用时也持同样的观点。费尔克拉夫说："在 M. 福柯的作品中，话语涉及用来建构知识领域和社会实践的不同方式。因此，'医学'话语通常是健康保健实务的支配性话语……话语不仅反映和描述社会实体与社会关系，话语还建造或'构成'社会实体与社会关系；不同的话语以不同的方式构建各种至关重要的实体，并以不同的方式将人们置于社会主体的地位……另一个重要的关注点是历史变化：不同的话语如何在不同的社会条件下结合起来，以建造一个新的、复杂的话语。一个当代的例子是艾滋病的社会建构，在此，各种各样的话语（例如，性病学话语、'异族'文化'入侵'话语、污染话语等等）被结合起来，从而构筑了一个有关艾滋病的新话语。"[英]费尔克拉夫：《话语与社会变迁》，殷晓蓉译，华夏出版社，2003 年，第 3～5 页]。

主要释义,恐怕更是 discourse 语义变迁的结果①;这种结果的得来自有它漫长的经历,无论是维特根斯坦(L. Wittgenstein)所谓用法上的还是逻辑传承上的②。秉承着某种不言自明的理由,我愿意在此追加一句:语义变迁和社会／历史内容的更替、哲学／社会思潮的演变紧密联结在一起;当代欧美学者之所以基于种种现实境遇、历史变迁,在语义的几番闪、转、腾、挪之后,将 discourse 径直定格在话语定式的含义层次上,无疑和 discourse 复杂而多层次的语义直接相关③。以我们这些事后诸葛亮通常应该配备的眼光看来:在 discourse 的多层语义之间本身就暗藏着某种逻辑关联,在某个语词的诸多语义之间存在着逻辑传承、意义递进,并且该语词还允许它的诸多语义承前启后、薪火相传甚至毫无矛盾地共存一体,很可能还与该语词的语义空间的伸缩能

---

① 王福祥在《话语语言学概论》(外语教学与研究出版社,1994 年)中,将 discourse 当成语篇、对话,显然指称的是 discourse 的最初含义。当然,这也许因为王先生是语言学家,只对语言学有兴趣。但从王先生的字里行间推测起来,discourse 的含义众多显然和其语义变迁有关系。

② 即使是在欧美学者那里,也不见得人人都将 discourse 用成话语定式,至少在语言哲学和语言哲学家那里,谈话、说话仍然是 discourse 的主要含义之一[参阅(美)万德勒(Zeno Vendler)《哲学中的语言学》,陈嘉映译,华夏出版社,2002年]。

③ 意大利符号学家、小说家艾柯(Umberto Eco)在其著名小说《傅柯摆》中对胡子有过一段议论,也许可以间接帮助我们理解语义的变迁究竟是什么意思。艾柯的一个主人公对另一个主人公说,在意大利,"直到(二十世纪)六十年代开始之前,留大胡子便是法西斯党,因此你必须加以修剪,且把双颊刮干净。但是到了一九六八年,大胡子却表示抗议,而现在大胡子却渐渐成为中性、普遍的,只是个人的偏好"[(意)艾柯:《傅柯摆》,谢瑶玲译,作家出版社,2003 年,第 90 页]。中国诗人、作家钟鸣对胡子也有上佳描写:"胡子改变了一个旧时代/胡子改变了一张旧面孔/而新面孔却等着旧胡子。"(《红胡子》之二)"周恩来这个人,很讨人喜欢,为什么呢——他曾有个性化的串脸胡,后来登上了天安门,便刮掉了。新中国需要新面孔。"(钟鸣:《旁观者》,海南出版社,1998 年,第 378 页)俄罗斯作家爱伦堡也曾说到胡子:"在第一次世界大战前夕,巴黎人的胡子开始匿迹,但是一些上了年纪的急进社会党人出于对高尚的十九世纪传统的敬意,仍留有大胡子。"[(俄)爱伦堡:《人·岁月·生活》,中译本,花城出版社,1998 年,第 11 页]很容易看出来,如果我们在提到作为语词的胡子时,在不同的时刻具有不同的含义。这就是所谓的语义变迁。

力、容量大小密切相关①。

按照马克思的幽默之言,语词顶多不过是震动着空气层的声音,仅仅占据纸张上的面积,和真实的三维空间扯不上瓜葛②。但这个名为语义空间的特殊场域却有一种包纳、涵括事实与事物的功能:它能依据事物与事实的实际需要,给语词的意义留出可以居住的地盘,以便"切中"事物与事实。面对中国儒生的经典搞法,陈嘉映先生说过,在儒家那里,"多半谈到言的时候,言辞似乎只是达意的工具。后世儒学大致以此为纲,特重小学功夫,由字以通其词,由词以通其道。语言是道的途径,而不是道的体现"③。乾嘉学派的代表、儒学大师戴东原,正可谓"由字以通其词,由词以通其道"那方面集大成式的人物④,他具有纯正中国特色的主要哲学思想,几乎都沿着这样的线索展开⑤。但我们依然可以把儒生们眼中高于言词、敢视言词为小儿科的"道",看成语词之意义的一部分——这种误读的安全保证,来自陈先生十分赞同的现代**语言哲学**。有关语义空间的伸缩能力和容量大小,鄙人也曾有过简陋的叙说:

> 每一个语词都是自成体系的,按照米哈伊尔·巴赫金的对话理论,每一个词汇都是一个小小的、竞技性的语义场或语义世界。

---

① 关于语义空间的含义还可以参阅[英]利奇(Geoffrey Leech)《语义学》,李瑞华等译,上海外语教育出版社,1987年,第1~3页。
② 马克思的原话是这样的:"'精神'从一开始就很倒霉,注定要受物质的'纠缠',物质在这里表现为震动着的空气层、声音,简言之,即语言。语言和意识具有同样长久的历史;语言是一种实践的、既为别人存在并仅仅因此也为我自己存在的、现实的意识。"(《马克思恩格斯选集》第1卷,人民出版社,1972年,第35页)很显然,在马克思看来,一切用语言表达出来的东西,一切观念,一切结论性命题,一切鸡毛蒜皮的谈论和关于鸡毛蒜皮的谈论,都饱经意识形态的熏蒸。在意识形态的浇灌下,不可能有在各个含义层面上都呈中性的 discourse。
③ 陈嘉映:《语言哲学》,北京大学出版社,2003年,第1~2页。
④ 参阅《章太炎全集》,第3册,上海人民出版社,1985年,第122~123页。
⑤ 参阅戴震《孟子字义疏正》。戴震的学术走向和思想趣味可参阅余英时《论戴震与章学诚》,三联书店,2000年。

恩斯特·卡西尔针对 M. 米勒(F. Max Muller)的"有神论"语言观,以幸灾乐祸复兼斩钉截铁的口吻说:"语词的巫术功能消失了,代之而起的是语词的语义功能。"按照现代语言学理论,卡西尔的观点算不得大错。不过,事情并没有卡西尔想象得那么简单、那么美好。当语词真正的、原始意义上的"巫术功能"消失后,代之而起的却是堪称另一种意义上的"巫术功能":词汇的语义空间看起来很小,其实又很大;看起来很大,其实又很小。而词汇在语义空间大小上的变化,几乎完全取决于这个词汇面对的具体事境的大小:词汇语义空间在大小上的变化,有一种类似于六祖惠能"逢怀则止,逢会则藏"的特征。套用北海若的句式我们也许可以说:因其所大而大之,则"语词"莫不大;因其所小而小之,则"语词"莫不小。语词能随着它所面对的事境空间在容积上的变化,改变自身语义空间的大小:在被它包纳和框架的事境需要它大的时候,它能陡然增大;在需要它小的时候,它不由分说地小了起来。这实在是一个奇迹。按照马克思"语言是思维的外壳"的著名论断推断起来,我们差不多可以说,语词就是以上述方式和人的思维紧密地结合在一起,从而让人有能力去认识世界。①

按照牛津英语辞典的训示,discourse 最初级的含义是**交谈**或**谈话**,较高级的含义是**论述**或**论证**。尽管这中间的区别堪称井然,但交谈、谈话与论述、论证之间的逻辑关系依然十分清楚:后者必须以前者为基石。discourse 收放自如、"因其所大而大之"、"因其所小而小之"的语义空间,也为这种逻辑上的承继关系提供了充足的可能性。和许多具有包孕性的语词一样,discourse 也能依据事境的变化在不同的时刻释放不同的意义,以求"切中"变化了的事境。交谈、谈话意指具体地谈论某件特定的事情;交谈、谈话基本上都应该是**叙事性**的,因为它直

---

① 敬文东:《被委以重任的方言》,中国人民大学出版社,2003年,第43~44页。

接面对事情①；即使我们要对某件事情作出结论性的或曰抽象性的判断，也必须首先将事情拉进语言空间，充当抽象性评价得以存在与成立的证据。所谓抽象，从来都是对一个或一系列具体事情的抽象。对于**生活世界**而不是**数理世界**，不存在没有具体事情作为支撑的结论性命题，也不存在不针对具体事情发言的结论性命题——黑格尔（G. W. F. Hegel）的形而上学之所以归于失败，就是因为他太不给活生生的事情以必要的面子②。

弗雷泽（J. G. Frazer）和维柯（Giambattista Vico）早已从人类学的角度证明：最初的人总是首先面对距离自己最近的事物及其动作／行为，诉说的总是离他们最近的各种事物及其动作／行为。语言哲学能够提醒我们：围绕着某物组建起来的动作／行为，不过是**事情**的另一种名号。我们的祖先从一开始就知道，自然界的运行不受人的干扰：一件事情的发生，总是不以人的意志为转移地追随着另一件事情的出现。在初民们心目中，只要洞悉了事情嬗变、衍生的规律，就能够达到预期的目的。通过对诸多事情的观察，他们发明了一整套抽象的观念。这套观念被弗雷泽认作相似律和接触律：所谓相似律，指的是彼此相似的事物可以产生相同的效果；所谓接触律，指的是物体一经接触，仍会远距离地相互作用。③ 弗雷泽以一个现代人的眼光知会我们：这种抽象的巫术思维是虚妄的，是不可信的。没有必要理会弗雷泽对巫术心怀善意的驳斥，我们倒是能够较为容易地从弗雷泽的描叙中识别出来：作为对特定事情的结论性命题的巫术观念，作为对特定事情的结论性评判的原始理念，相似律和接触律恰恰建基于对特定事情的观察；那些特定事情必须要潜入语言构架当中（无论通过何种转折方式），才能在语

---

① 此处之所以提前这么说，基于两个原因：首先，它是一个基本假设；其次，它是一个基本事实。从基本假设的层次上说，它给了我们建构自己的观点以原初起点；从基本事实的角度上说，特指人类在运用语言思维时总是首先面对具体的事情。即使是抽象也是对具体事情的抽象，哪怕是以转弯抹角的方式。

② 参阅赵汀阳《长话短说》，东方出版社，2001年，第55页。

③ 参阅［英］弗雷泽《金枝》，徐育新等译，中国民间文艺出版社，1987年，第19～57页。

言的帮助下,生产出哪怕是荒谬的巫术观念、可笑的原始理念。这意味着谈论总是针对特定事情的谈论,因而首先是也必然是叙事性的谈论,然后才能在此基础上形成看待自然的抽象观念。谈论意味着叙事。所谓叙事,不过是特定的事情被语言包纳了起来,不过是事情和语言上下其手、里通外合乃至沆瀣一气并最终和平相处。

维柯的贡献之一,就在于他提出了一整套隐喻理论。该理论被认为是在诗性逻辑的基础上,作为讨论诗性逻辑的关键而被发展起来的①。诗性逻辑指的是初民们理解事物的指称形式②——初民们对事物的认识只能是感觉的和想象的③;初民们的形而上学就是他们的诗歌。凭借这一能力,我们的祖先通过想象,在语言空间中,把自然界创造成了一个无比巨大的生命体④。为此,维柯举了一个颇具说服力的小例子:

> 在把个别事例提升为共相,或把某些部分和形成总体的其他部分结合在一起时,替换就发展成为隐喻。例如"可死者"(metaphor)原来是特别用来指人的,因为只有人的死才会引起注意。用"头"来指"人"在拉丁俗语中很普通,是因为在森林中只有人的头才能从远处望到。"人"这个词本身就是抽象的,因为作为一个哲学的类概念,"人"包含人体及其各部分,人心及其一切功能,精神及其一切状态。⑤

排开维科的题旨,我们大致上可以推断:当初民们说"树"时,不仅仅意味着那棵树是一棵树,更是指那棵树**在怎样**和**怎样地**(比如在摇

---

① 参阅[美]海登·怀特《后现代历史叙事学》,陈永国译,中国社会科学出版社,2003年,第200页。
② [意]维柯:《新科学》,朱光潜译,人民文学出版社,1986年,第177页。
③ [意]维柯:《新科学》,朱光潜译,人民文学出版社,1986年,第161~162页。
④ [意]维柯:《新科学》,朱光潜译,人民文学出版社,1986年,第163页。
⑤ [意]维柯:《新科学》,朱光潜译,人民文学出版社,1986年,第182页。

晃、倒了),就像初民们下结论说那是一个人,意味着丛林中有一颗头**正在冒出**、有一颗头**正在晃动**。维柯无疑暗示了:从最原始的角度看,所有的谈论都是**叙事性的言之有物的谈论**——言之有物的"物"绝不仅仅意指实物,更是指而且首先是指围绕着实物组建起来的事情。

洪堡特(Wilhelm Von Humboldt)则从"语言结构的差异及其对人类精神发展的影响"的宏大角度,令人信服地证明了:所谓谈论,首先是谈论某件事情①。没有洪堡特的宝贵提醒,我们也能较为容易地推断:在最初的意义上,事情从来都是人们能够在一起交谈、谈话的唯一基础。列维-布留尔(Lucien Levy-Bruhl)通过野外作业,完好地证实了这一结论。② 恩格斯曾在某处说过,欧洲一切语言中的名词都是由动词转化而来的。无论恩格斯的观点从语言学的层面看是否正确,依照维柯等人的睿见,我们不难揣测,他之所以愿意冒险下这样的结论,或许正是因为他至少从直觉上洞明了一个事实:包括人在内的一切**物**生产出的所有动作／行为的实际存在,都早于我们对动作／行为的命名;围绕着人与物组建起来的**事情**的出现,都早于我们对它的描述——无论是叙事性的描述,还是抽象的、结论性的叙说。在恩格斯的头脑中,谈论很可能首要以**动词**来承担;动词在其后漫长的语义变迁中,才逐渐上升或下降为名词。③ 维柯用晃动着的"头"暗喻**作为概念**的"人",正可以为恩格斯的天才想象作证。

即使不从语义变迁史的角度观察,仅仅从逻辑的层面粗略地勘探,论述、论证要想有效,也必须以谈论的言之有物或言之有物的谈论作为基础。宛若中国坏人大学(其构词法模仿了"中国人民大学")的录取线是心狠手辣、卑鄙无耻。至于章国锋所谓的**话语定式**,实在是经由discourse的语义空间之外的多种思想运作才获得的最终含义。话语

---

① 参阅[德]洪堡特《论人类语言结构的差异及其对人类精神发展的影响》,姚小平译,商务印书馆,1997年;参阅姚小平《洪堡特》,外语教学与研究出版社,1995年。

② [法]列维-布留尔:《原始思维》,丁由译,商务印书馆,1981年。

③ 仅就汉语方面的情况来说,可参阅杨树达先生的《汉文文言修辞学》(科学出版社,1954年)的详细论述。

定式作为 discourse 的当代释义,自有一个漫长而辛苦的历史和逻辑过程:人首先要**言之有物**地谈话、说话——只有具体地谈论围绕着某"物"组建起来的某"事",才配得上论述,才可能对世界有所论述,也才称得上言之有物地对世界或世界的某个部分进行了论述;论述的可靠与否、有效与否,只能求诸 discourse 的基础含义,即言之有物的叙事性谈论。没有叙事性谈论的无私帮助,论述就万难成立;没有对特定的、具体的事情言之有物的谈论做基础,论述注定的结果不外乎胡言乱语、酒后梦呓。如果没有**张三打了李四一拳**这件事情(而不是对这件事情的语言表达),如果我们相信法律是公正的,如果在中国这块地球上法律居然是公正的,我们就可以毫不含糊地断言:海淀区某法庭关于张三、李四的所有谈论就不存在,对张三进行的宣判性质的论述或论述性质的宣判更是无从谈起。因此,言之有物的谈论可以被视为 discourse 的第一层含义:言之有物的谈话、说话(即**谈论**)构成了一切**论述**的物质性基础。言之有物的谈论——即叙事性的谈论——保证了论述的**及物性**。所谓及物性,颇有点类似于胡塞尔(Edmund Husserl)的"切中"(treffen)。在 20 世纪初年,困惑胡塞尔的重大问题之一是:"认识如何能够确信自己与自在之物一致,如何能够'切中'这些事物?"①如果叙事性谈论不具备"切中"能力,一切论述要么是"巧言令色鲜矣仁"般的空谈,要么就会堕落为纯粹的**语义空转**,不大可能触及世界的真相。建立在言之有物的谈话、说话(即谈论)基础上的**论述**,可以被认做 discourse 的第二层含义。

大多数人都愿意爽快地承认,让 discourse 以**话语定式**的含义迅速流布开来的,是法国大哲米歇尔·福柯。福柯经由他的诸多著作精辟地阐述了 discourse 的本质:在每一个社会,discourse 的产生都是通过一系列程序来加以控制和调整的——"这些程序的作用在于,以一定的方式排除话语(Parole)的离心力和危险性,控制其任意的、不可预测的野性,使其原始形态纪律化,成为被统治秩序所允许的话语以及这一秩

---

① [德]胡塞尔:《现象学观念》,倪梁康译,上海译文出版社,1987 年,第 7 页。

序的认同性的重复,即被行政机构权威化了的确定意义的重复。在这种纪律化的话语中,说话人的作用是微乎其微的,它最终导致了语言个性的异化和丧失"①。福柯的重大贡献之一,就是通过对诸多具有致命性质的 discourse 的历史进程的细致分析,详尽阐明了 discourse 的第三层含义:话语定式以及它在人文／社会学科中、在人类(主要是在欧洲)历史和知识学上的重要性。福柯试图从话语定式入手,揭露西方人一向引以为豪的理性、文明、文化、历史等诸多彰而未显或隐而不见的秘密。福柯的诸多论著都旨在勇敢地说明:具有某方面强硬规定性和鲜明倾向性、目的性的话语定式,始终来源于 discourse 背后的权力(power)。是权力出于自身的需要,挑中、挑选了某种或某类论述导出的结论性命题,来彰显自己的权力,来突出自己的威信。那些让某种、**某类论述**跃迁为**话语定式**的力量,来源于一切可以想见的能够支撑、支持某种论述具有威严的权力②。正是各种各样的权力,最终使某种具体的**论述**、对某件或某类事情的**论述**成了权力。话语定式就是权力化的论述,就是权力性的论述生产出的抽象的结论性命题。也就是在此基础上,福柯才愿意反过来说:话语定式就是权力③。话语定式早已经过了各种型号和各种性质的权力的打磨,早已从各种可以想见的权力那里获得了授权,并因此拥有绝对的话份。这种性质的话语定式就如

---

① 章国锋:《话语定式》,[德]赫尔曼·海塞等著:《陀思妥耶夫斯基的上帝》,斯人等译,社会科学文献出版社,1999年,第206页。

② 此处所谓的权力是从最广的角度说的,绝不仅仅指称政治权力——政治权力只是最为显眼的权力形式而已(参阅严家其《首脑论》,上海人民出版社,1986年,第7～40页)。诚如罗素(Bertrand Russell)所言:"权力是最基本的概念……社会动力学的规律——我主张——只能用权力来加以说明。"[(英)罗素:《权力论》,吴友三译,商务印书馆,1998年,第9页]权力有其事情方面的来源,这一点我们容后再论。

③ 在汉语中,人们更愿意将这个命题称为"话语即权力"。王小波则认为,这话恐怕应该反过来说:"权力即话语。"(参阅《王小波文集》第四卷,中国青年出版社,1999年,第7页)虽然王小波是在一篇随笔里提出了这个命题,但这个提法本身是意味深长的,那就是在将 discourse 译成汉语时出了问题,将 discourse 译成话语,确实给人一种它是纯粹的说话这样或怪异或平常的感觉。

同福柯的同胞兼好友罗兰·巴尔特所谓的法西斯。按照巴尔特的看法,法西斯不是阻止人说话,恰恰是强迫人说话;不是随便说话,而是只能说某种话。在《话语的秩序》中,福柯道出了某些论述及其结果如何上升为话语定式的隐秘机制。作为例证,真理成了福柯打击的靶子:所谓真理就是权力的一种,它激发了尊严和恐惧。由于它支配一切,故而一切必须服从它,它是掌握了权力的人根据必需的礼仪说出的话,它自认为能够提供正义的言辞即话语定式,或自认为能对话语定式进行自觉的应用。在绝大多数时刻,真理都拥有巨大的权力:诸如"真理面前人人平等"一类堂皇的说教,径直把真理当成了至高无上的法官或教主;而在更多的时候,权力就是以真理来体现自身或假借真理之名来装点自身的。所有型号的真理都必须由话语定式来体现,所有真理必定都是话语定式。正是在这个意义上,才出现了福柯那个著名的、即使在汉语学界也早已变成了常识的观点:话语定式的最终结果之一,就是导致了语言个性的丧失和异化。语言转向(language turn)之后几乎所有的摩登理论都可以告知我们:语言个性的丧失和异化,绝不是微不足道的事情。恰恰相反,它对我们有着致命的特性,它几乎涂改了我们的一切。这或许就是维特根斯坦那个早已被人用滥了的老生常谈:一种语言方式就是一种生活方式。

到此为止,语义至为丰富的 discourse 至少拥有三层含义:首先,它是言之有物的**谈论**。因为谈论直接面对事情,所以谈论只能是叙事性的①。其次,它是建立在言之有物的谈论基础上的**论述**。论述属于更加抽象的领域。论述的目的,就是为了得出关于某件事情的更为抽象的结论性命题,是对某件事情做出的特定的语言性消化。最后,discourse 是在各种可能的权力支撑之下的、具有某方面权力合法性的言之有物的论述即**话语定式**。

对 discourse 进行如此这般的分层处理,也许才算基本符合

---

① 列维-布留尔也论证过,叙事在人类认知史上堪称最低等但也是最基本的认知方式,因为叙事直接面对事情本身[参阅(法)布留尔《原始思维》,丁由译,商务印书馆,1981年,第68页以后]。

discourse 的原义，才没有仅仅照顾到它在某家某派（比如后现代主义）那里的特定内涵。仅仅听从章国锋先生的建议将 discourse 译成话语定式，或者单单听从许宝强先生的看法将 discourse 翻成论述、对诘，难免不牺牲论述、对诘和话语定式的语义学基础，难免不废除话语定式之所以为话语定式在发生学上的缘由。

第二节　话语拜物教素描

尽管奇人、独行侠、各种怪癖的收藏者、"20 世纪最后一位大师"米歇尔·福柯经过艰苦努力，终于让话语理论（theories of discourse）① 名声大噪，以致于在全地球的学术界尽人皆知。但意味深长的是，话语理论的源头却不在法国而在俄罗斯，米哈伊尔·巴赫金（Mikhail Bakhtin）就是其中最为重要的人物之一②。

巴赫金开始学术活动的时候（大致在 20 世纪 20 年代前后）③，正值索绪尔的结构主义语言学在俄国窜红飙升。在《普通语言学教程》中，索绪尔干净利落地区分了语言和言语，辨析了历时与共时，并据此声称：语言学的正业应该是**语言研究**而不是**言语研究**（简称**语言**＞**言语**）；语言学的正经工作是**共时研究**而不是**历时研究**（简称**共时**＞**历时**）。索绪尔由此开创了旨在强调语言本身具有原始自治功能的**内部**

---

① 按照本书的立论，theories of discourse 应该译成"话语定式理论"，但此处照顾到汉语习惯以及该术语在汉语空间中的既成事实，权且译成话语理论。"话语理论"一词中的"话语"的确切意思当然是**话语定式**。本书就是在这个含义层面上使用话语理论这一术语的。

② 话语理论始于俄罗斯和巴赫金的观点采自赵一凡。参阅赵一凡《欧美新学赏析》，中央编译出版社，1996 年，第 57～70 页。要感谢赵先生的是，本节在阐述话语理论的历史进程时借用了赵先生的思路和他提供的某些材料，但本节最后得出的结论和赵先生的全然不同。

③ 参阅［美］凯特琳娜·克拉克等《米哈伊尔·巴赫金》，语冰译，中国人民大学出版社，1992 年，第 10～20 页。

语言学①。几乎所有的学术民工都知道,内部语言学十分强调共时性,只愿意将语言内部各要素之间的结构方式和各自的功能奉为圭臬。除此之外的一切,诸如以事情为标志的历史内容、生活内容、现实内容,统统被看成语言的外部或语言外部的东西,全受到了扫地出门的待遇。内部语言学是一种纯洁的语言学,是处女。它清洗了除结构和共时性之外的一切要素。尽管索绪尔在人类认知史上拥有十分特殊的地位,但对共时性的信奉、对结构的迷信,使索绪尔以及其后一切型号的泛形式主义流派,都陷入了**无时间性**的巨大旋涡之中——共时性的内在音色和根本底蕴就是无时间性,因为它从一开始就把历史因素排除在外;寻找文本的无时间性的**基本语法**,则成为索绪尔之后一大批专家、学者和思想家的时髦工作。20 世纪初期以来的几代学术生产者的思想冲动,基本上都围绕着共时性展开②。这伙值得我们尊敬的思想家的宏伟理想是:通过对共时性的揭示、对结构的探索和探险,为认识人类活动提供一个一劳永逸的解决方案,最起码也应当是最科学、最经济的解决方案。就在这个伟大的梦想做得酣畅淋漓的时候,像个幽灵和半神一样,拖着一条残腿的巴赫金出现了。

早在 20 世纪 20 年代,巴赫金及其同仁 B. H. 沃洛希诺夫(Voloshinov)就提出③:应该将**语言>言语**的公式颠倒过来。巴赫金认为:索绪尔的教义只是一套理想主义的语言学理论,因为它无法完好地说明非纯洁的庸常现实,无法解释不干净的甚至在通常情况下还带有几分肮脏气息的生活内容。**语言**不过是**言语**的正确起点和必需起

---

① 参阅《雅各布逊文集》,铁军等译,湖南教育出版社,2001 年,第 3～36 页。
② [法]弗朗索瓦·多斯(F. Doss)对此有过极为生动的描述[参阅(法)多斯《从结构到解构:法国 20 世纪思想主潮》,季广茂译,中央编译出版社,2004 年]。
③ 《马克思主义与语言哲学》在 1929 年出版时署名沃洛希诺夫。此书出版时巴赫金已经被捕入狱。该书在 20 世纪七八十年代曾就作者著作权问题有过争论。1993 年,俄文第三版出版,标有"面具下的巴赫金"。C. 鲍恰洛夫根据与巴赫金的谈话记录,于 1993 年著文说,三本著作(其中一本就是《马克思主义与语言哲学》——引者)都是巴赫金写的,甚至从头到尾都出自巴赫金之手,巴赫金是为朋友们而写并让出了著作权(参见《巴赫金全集》第二卷,李辉凡等译,河北教育出版社,1998 年,第 547 页)。

点;只要我们能够言说,在实际生活中,实在没有太多必要强调语言规则,正如索绪尔的学生薛施蔼(Albert Sechehaye)认为的那样:"言语是语言的活动(functioning)。"雅各布逊对此有过评论:"这一定义令人钦佩。"①巴赫金据此坚定地认为:只有对言语以及言语实践的重视,才能将语言学变成活的理论。言语始终是流动的波浪,它假借人的实践,使语言中暗含的行动胚胎化为了现实。所以,巴赫金与沃洛希诺夫才毫不含糊地说:语言的实际真实性,既不是由语言规范因素构成的抽象系统,也不是导致该系统实现自身的心理/生理机制,而是在言谈中完成的言语交往反应。② 巴赫金由此提醒我们:在索绪尔那里万难更动的语言规则的重要性,才被活生生的沾满了露水和粪水的言语实践的重要性所取代。

巴赫金更重要的先导工作被认为是提出了言语行为、言语实践中的**意识形态符号论**。从任何一个角度观察,这都是一个至关重要的学说,因为其后一切型号的话语理论及分支,大致上都在这个前提下展开。意识形态符号论将一切庸常的、带有几分肮脏气息的属人的一切,都包纳在自己的视界之内。它的大致意思是:在言语实践中,对言语行为的制约拥有最大能力的,从来都是意识形态(ideology),根本不是索绪尔所谓的符号系统内部的符号制约。③ 那是两种完全不可比拟的力量。对此,巴赫金有过明确的述说:

> 我们所清楚的话语④的所有特点——就是它的纯符号性、意识形态的普遍适应性。生活交际的参与性、成为内部话语的功能性、以及最终作为任何一种意识形态行为的伴随现象的必然现存

---

① 参阅《雅各布逊文集》,铁军等译,湖南教育出版社,2001年,第17页。
② 参阅巴赫金、沃洛希诺夫《马克思主义与语言哲学》,《巴赫金全集》第二卷,李辉凡等译,河北教育出版社,1998年,第346～351页。
③ 参阅巴赫金、沃洛希诺夫《马克思主义与语言哲学》,《巴赫金全集》第二卷,李辉凡等译,河北教育出版社,1998年,第386～452页。
④ 考诸巴赫金等《马克思主义与语言哲学》,此处巴赫金所谓的话语和我们所说的 discourse 的第一层含义相当。

性——所有这一切使得话语成为意识形态科学的基本研究客体。①

对话语理论有着重大影响的另一位人物,是被称为结构马克思主义者的阿尔都塞②。按赵一凡先生的精辟理解,这位巴黎高师的哲学教头在他卓有影响的《意识形态与意识形态国家机器》中暗示过,索绪尔的结构主义语言学虽然以无时间性的共时分析见长,但要用之改造人文学术,局限性仍然十分明显。作为索绪尔和马克思的双重崇奉者,阿尔都塞不无遗憾地认为:索绪尔振聋发聩的理论之所以未能在人文学术革命中毕其功于一役,至为重要的原因,就在于它无视语言应用中的意识形态之争,无视语言运用中的层级现象,也无视语言使用中的历史传统和历史因素,因此,新生的理论必须要为索绪尔的结构语言学引入**历时冲突**的法则。③ 很明显,巴赫金颠倒了索绪尔语言＞言语的教条,阿尔都塞则颠倒了索绪尔共时＞历时的理论预设。至此,依然按照赵一凡先生的阐释,在阿尔都塞那里,有一个和话语理论密切相关的结论呼之欲出(尽管阿尔都塞未曾对此产生过浓厚的兴趣):必须变结构语言学为话语研究(discourse study)④,变纯洁的处女为小媳妇。

作为阿尔都塞的学生,米歇尔·拜肖对乃师的提示似乎特别能够心领神会。他在1975年出版的《语言、语义学与意识形态》一书中,迂回曲折地提出了两个重要论点:其一,话语理论等同于语义政治学。大致意思是,语义应该是意识形态的组成部分,话语定式无非意识形态的

---

① 巴赫金、沃洛希诺夫:《马克思主义与语言哲学》,《巴赫金全集》第二卷,李辉凡等译,河北教育出版社,1998年,第356页。

② 这个观点采自赵一凡先生,参阅赵一凡《欧美新学赏析》,中央编译出版社,1996年,第82~94页。德里达在《路易斯·阿尔都塞葬礼上的致辞》(陈越编:《政治与哲学:阿尔都塞读本》,吉林人民出版社,2003年,第507~514页)也暗示了这一点,只不过他说得过于隐晦。

③ 参阅[法]阿尔都塞《意识形态与意识形态国家机器》,《马列主义研究资料》1988年第4辑。此文被孟登迎重译后又收入陈越编《哲学与政治:阿尔都塞读本》,吉林人民出版社,2003年。

④ 参阅赵一凡《欧美新学赏析》,中央编译出版社,1996年,第90~91页。

特殊形式。与乃师一样,拜肖的矛头直指索绪尔并与巴赫金遥相呼应:语义的深层内里和纯粹的"语言学财产"毫无干系,倒是与劳动、物质生活、阶级斗争关联更大,联络也最为紧密。① 拜肖的另一个观点与话语定式的生产与形成有关。它的基本意思是:所谓 discourse,无非人在特定时空中决定自己该说什么和怎样说什么的潜在机制。这跟巴尔特的"法西斯"比喻有些类似。但更为重要的是,在拜肖那里,discourse 还是不同型号、不同性质的意识形态相冲突的重要场所②。在话语理论的演变史上,拜肖的理论十分重要,虽然看起来有些彰而未显——毕竟在拜肖生活的时代,在话语理论领域执牛耳者向来都是他的同胞米歇尔·福柯。在乃师的启示下,拜肖给话语理论设定了一个大致的方向:将意识形态合乎逻辑、合乎理论需要地拖入到话语理论的内在纹理之中。和那个拖着一条残腿的巴赫金一样,手脚齐全、生猛有加的拜肖也认为,语言规则对 discourse 的制约,远小于意识形态对 discourse 的制约;除此之外,拜肖还更上层楼,径直把政治学以及政治学所表征的一切拖进了话语研究范畴③,使话语理论较之索绪尔以及其后一切型

---

① 参阅 Michael Pecheux, *Language, Sematics and Ideology: Stating the Obvious*. London: Macmillan, 1982, pp184~186.
② 参阅赵一凡《欧美新学赏析》,中央编译出版社,1996 年,第 92~93 页。
③ 对作为概念的政治和政治学此处不作辨析。只指明一点:本书是在最广的范围内使用这两个术语的。也就是说,凡是有权力存在和有权力运作的地方,就有政治和政治学存在。正如德勒兹所说,存在本身就是政治[(法)德勒兹:《哲学与权力的谈判》,刘汉全译,商务印书馆,2001 年,第 102 页]。通常所谓的政治(尤其是汉语中的政治),主要是指党派政治和国家政治,这种政治不过是最显眼、最有影响力的政治形式而已。权力从来都是世俗的,哪怕以神权面目出现的权力也必定是世俗的——无论神学家、政治神学家如何以神学的口吻说话,用神学的逻辑进行证明。不存在超验的政治,不存在所谓"自然的政治",即列奥·施特劳斯(Leo Strauss)意义上的那种政治。施特劳斯认为:古典形式的自然权力是与一种宇宙目的论联系在一起的,因此他认为自然政治具有超自然的特性。不管施特劳斯如何精通文献,大规模地引证史料,上述结论都不可能从事实的角度得到证明——当然,老施肯定对此持不屑一顾的态度,因为他坚决反对所谓的经验事实[参阅(德)列奥·施特劳斯《自然权力与历史》,彭刚译,三联书店,2003 年,第 169~205 页]。

号的泛形式主义,对社会现实更有针对性、更有力道,也更具直接性。

　　米歇尔·福柯无疑是话语理论发展史上最有影响的人物之一。在福柯那里,话语理论不外乎由"语言、知识、权力"和合而成。他在一系列著作中分阶段、有侧重点地申述了这一思想。福柯的话语理论意在表明:陈述(statement)如何利用语言构成知识,知识如何与各种相匹配的权力相勾结从而成为话语定式①——"权力已经给知识的维度画出一个不可缩减的第二维,尽管两者都构成了一些无法具体分割的混合体;但是知识是由形式构成的,是可见,可言,总之,是档案,而权力是由力量、力量关系构成的,是曲线图。"②"福柯所遇到的,令其有所触动的,乃是眼睛、声音以及两者间的垂直高度。从语词中迸出闪光、闪耀、陈述,甚至福柯的笑也是一种陈述。在可看与可说之间有一个间隔,而两者被隔离、被一种不可缩减的距离分隔,这仅仅意味着:乞灵于相应或相一致是解决不了知识的问题的。应该在其他地方寻找使两者相互交叉或交织的理由。这犹如档案被一条巨大的缝隙所贯穿,这条缝隙一方面建立了视的形式,另一方面建立了陈述的形式,这两种形式都是不可减少的。是在这两种形式之外,在另一个维度里,有将两种形式连缀或连接在一起的线。"③福柯由此坚定地认为:正是这一复杂而隐蔽的运作模式,催生和构成了欧洲的整部历史。所谓历史,不过是话语定式不断变迁、不断裂变的行程;研究历史,不过是研究话语范式不断转换以及话语范式不断转换的过程;而历史事件,向来都以事情为存在方式的历史事件,在福柯那里是不重要的。当然,提出一整套话语分析的具体操作方法,应该是其话语理论的题中应有之义。他也确实完美地完成了这个任务——《性经验史》、《词与物》、《临床医学的诞生》、《疯癫与文明》堪称辉煌物证——也给我们这些后来者提供了无尽的启示。

---

　　①　参阅[澳]丹纳赫等《理解福柯》,刘瑾译,百花文艺出版社,2002年,第25～28页。

　　②　[法]德勒兹(Gilles Deleuze):《哲学与权力的谈判》,刘汉全译,商务印书馆,2001年,第106页。

　　③　[法]德勒兹:《哲学与权力的谈判》,刘汉全译,商务印书馆,2001年,第110～111页。

在索绪尔开创的泛形式主义和福柯的基础上,欧美的学术民工和学术打工仔成功地构建出了具有鲜明特色的新历史主义①。和一切旨在批判的理论共同体一样,在福柯之后兴起的新历史主义,也可以视为对话语理论一般教义的忠实实践。依照威塞尔(H. Aram Veeser)的看法,谈不上有多少思想想象力的新历史主义有如下特征:

  1.我们每一个陈述行为都来自物质实践的网络;2.我们揭露、批判和树立对立面时所使用的方法往往都是采取对方的手段,因此有可能沦陷为自己所揭露的实践的牺牲品;3.文学和非文学文本之间没有界线,彼此不间断地流通往来;4.没有任何话语可以引导我们走向固定不变的真理,没有任何话语可以表达不可变更的人之本质;5.我们批判和分析文化时所使用的方法和语言,分享和参与该文化机制的运转。②

……从上述简陋得近乎寒碜的素描中,不需要花费太多力气,就能看出两个相互关联的问题。其一,虽然话语理论按照自身的规定性和理论目的、理论旨趣,愿意强调社会／历史内容对言语实践的功效,也愿意强调**权力性**的话语定式在言语实践中的作用,甚至还索回了被泛形式主义扫出门墙的诸般物件,但话语理论对话语定式的重视远远超过对其他一切事物的器重,尤其是有意忽略了让话语定式得以成立的基础性内容,比如事情。这在所谓的新历史主义那里表现得尤为明显,它所强调的"厚描"(thick description)、将一个文本置放在所有相关文本之中来考察其含义等原则,仍然逃不出上述指控,也不可能逃出上述指控。话语理论除了重视话语定式,对其他一切东西最多不过是行注目礼,而且还是在它需要人家助拳、壮胆和发威时,才愿意向这些东西

---

① 参阅[美]弗兰克·林特利查《福柯的遗产:一种新历史主义?》,张京媛主编《新历史主义与文学批评》,北京大学出版社,1993年,第144~159页。
② H. Aram Veeser, ed., *The New Historicism*. New York: Routledge, 1989, p10. 中译文参见张京媛《新历史主义与文学批评·前言》,北京大学出版社,1993年,第8页。

行注目礼。即使是他在一系列著作中对话语定式的形成过程有过详尽描述,情况依然如此。福柯曾公开声明:他关心的从来不是事实,而是古往今来的各色人等为事实给出的一套套说法。福柯无疑是诚实的,但也无疑是傲慢的,因为那一套套"说法"不过是承载和吸纳了各类事实的诸种话语定式。因此,无论话语理论有多少变种,discourse 的优先性,尤其是 discourse 的终极含义即话语定式的优先性,在话语理论中始终得到了保证与凸显;在极端的时刻,比如说在福柯那里,话语定式甚至成了人的唯一主体(此即福柯所谓"人死了"的真实含义)。这种种做派,顺理成章地导致了话语理论的一个典型症候,那就是话语理论对话语定式实施的自恋狂一样的自我崇拜,即**话语拜物教**。其二,无论是在巴赫金、阿尔都塞、拜肖、福柯那里,还是在新历史主义或者一切旨在批判的左派理论那里,所谓 discourse,尤其是 discourse 的终极含义——话语定式,无一不浸透了意识形态的熏蒸和陶冶。福柯虽然几乎从不明言意识形态,但从他的理论表述中,我们依然可以感觉得到他对意识形态的挪用①。何况拜肖早就逻辑谨严地证明过,话语定式不仅是意识形态的竞技场,还是意识形态的存在方式。

---

① 意识形态始终是和权力联系在一起的,尽管阿尔都塞认为意识形态没有它自己的历史,但阿氏明确道出了意识形态和权力相勾结以致于歪曲现实的诸种情形(参阅陈越编《政治与哲学:阿尔都塞读本》,吉林人民出版社,2003年,第349～352页)。就是在这个意义上,福柯大肆讨论的权力实际上和意识形态有着相当的联系;或者说,在福柯那里,权力几乎等同于意识形态[参阅(澳)J.丹纳赫等《理解福柯》,刘瑾译,百花文艺出版社,2002年,第87～92页]。

第三节　discourse 与意识形态的关系

> 船上见月如可呼,爱之且复留斯须。
> 青山倒影水连郭,白藕作花香满湖。
> 仙林寺远钟已动,灵隐塔高灯欲无。
> 西风吹人不得寐,坐听鱼蟹翻菰蒲。①

这一阕诗,说的是元代僧人梵琦在面对某个拂晓时分的西湖景色产生的瞬间顿悟。禅宗有言:"道是平常心。"所谓平常心,不过是像僧人梵琦那样直面风景,直面西湖的船、月、各种倒影、白藕、仙林塔、鱼蟹以及被鱼蟹翻动的菰蒲;这正是**谈论**(即 discourse 的第一层含义)一心一意要做的事情。与梵琦遵循的"见性成悟,直指本心"的禅宗教义大体相若,谈论也直接针对事情、直接面对事情。谈论是事情的容纳器,宛若僧人梵琦虚其心以待西湖之景;谈论将严格依照索绪尔大声称颂过的、有着原始自治功能的语言规则,也按照谈论自身的需要将事情的整体或切片纳入语言幽暗的肠胃,对事情进行语言性消化、打磨和吸收,最终将事情吸纳和凝结到自己的血液当中。很容易想象,这种时刻的谈论,也颇有一番"西风吹人不得寐,坐听鱼蟹翻菰蒲"的潇洒风范。

不过,所谓潇洒风范,所谓谈论自身的需要却不来自谈论,而是来自**论述**(即 discourse 的第二层含义):是论述所拥有的目的性授权谈论获得了谈论"自身的需要",是论述所拥有的根本大旨为保证论述意欲到达的目标始终处在论述的控制范围之内,才赋予了谈论直面事情的翩翩禅意。所谓风范,所谓谈论自身的需要,顶多是一件拿着鸡毛当令箭或狐假虎威的事情:谈论不过是论述依凭自己的目的,有意塑造出的

---

① 元·梵琦:《晓过西湖》。

一个傀儡、一个木偶、一只拉线完全掌控在论述手中的风筝。谈论本着论述的旨意,精心挑选着事情乃至事情的每一个部位甚或侧影;谈论借用语言规则,对事情进行消化、打磨和吸纳,最终给论述提供了可资利用的证据。谈论消化的事情被吸收进了谈论的血管;这些被谈论幽暗的肠胃化为血液的事情,经过谈论浑身上下四通八达的毛细血管被输送到论述的大嘴前,供后者吞吃、消化、吸收和利用。谈论的终点就是论述的起点。论述建立在谈论的基础上,论述必然是对具体事情的论述——即使自然科学也不能完全例外①。如果没有苹果掉到牛顿头上并让他大惊失色这件**事情**,万有引力定律又从何谈起?要不是地球、火星、土星、木星……无事忙般天天围着太阳兜圈子,万有引力定律又从何出生?

论述是无时态的,它只有前提、推导以及结论。只要有了前提或证据,论述照例只遵循一般的逻辑规则进行演算(即推导)并达致自身(即结论性命题)。但论述只要关涉到人类生活,就不只是前提、逻辑运算直至得出结论性命题那样简单的自为运动②。这刚好和自然科学相悖③。纯粹的逻辑运算只是一种**处女逻辑**。一切与人的生活与愿望相关的论述,都比逻辑运演可预知的最大可能性和最大量值至少要多出半斤八两。相对于生活以及生活所拥有的想象力,逻辑总是后置性的东西。至于像罗兰·巴尔特那样,试图借用结构主义语言学的"科学"招式,去寻找生活世界的基本语法④,除了表面上的翩翩风度,恐怕失

---

① 参阅[英]卡尔·波谱尔(K. Poper)《猜想与反驳》,傅季重等译,上海译文出版社,1986年。

② 参阅李零在《中国方术考》(人民中国出版社,1993年)一书中给出的精辟解释。

③ 关于这个问题,陈嘉映给出了原因:"自然科学力求建立一个理论框架,在这个框架里可以进行单义的推论,达到了这个目标,推论就成为自动化的,就可以在严格定义的范围内进行预测。人文社会科学所要提供的则是普通意义上的理解和解释,因此必须保护'原生现象'的丰富含意,从而不可能进行自动的推论。"(陈嘉映:《谈学术和学术语言》,《泠风集》,东方出版社,2001年,第100页)

④ 参阅[法]巴尔特《流行体系——符号学与服饰符码》,敖军译,上海人民出版社,2000年。

败才是它真正的内里——尽管基本语法也透露了生活世界一星半点的真实讯息①。法国大哲孟德斯鸠(Montesquieu)就曾热情赞扬过气候、宗教、法律、治理原则、过去事例、习惯风俗形成的社会"总精神"所拥有的巨大能量②。人情、风土、民情、世情,作为具体而特殊的权力形式,作为具有幽微力道的事物,作为孟德斯鸠的总精神,向来都会以自身的力量干扰纯粹的逻辑运算,干扰逻辑运算的纯洁度③。人情、风土、世情、民情……自有它们的逻辑,自有它们的分量,以致于论述所仰仗的处女逻辑必须考虑它的存在,并作出必要的妥协④。放眼现实,我们会发现,符合人情而不符合形式逻辑的事例,符合形式逻辑而不符合人情物理的事例,无论古今还是中外,实在是多如恒河沙数。这或许就是休谟(David Hume)所夸张的:理性不但是而且应该只是情感的奴隶,除了为情感服务和服从情感以外,绝不能自称有任何其他才能。关于生活世界,逻辑拥有了在自然科学那里不会拥有的暧昧性和晦涩性。不

---

① 陈嘉映说:"生活世界不是由事实构成的,相反,我们之所以能够确立这样那样的事实,首先因为生来就在一个共同的生活世界里,其次在于我们在一代一代的交往中形成了形形色色确立事实的办法。"(陈嘉映:《谈学术和学术语言》,《冷风集》,东方出版社,2001年,第100页)陈先生暗示的是:生活世界根本就不是逻辑或曰基本语法的线性展开,生活世界以及生活世界上诸多活生生的事情进入论述过程,也就不能完全唯逻辑运算之马首是瞻。

② 参阅[法]孟德斯鸠《论法的精神》,张雁深译,商务印书馆,1992年,第78~103页。

③ 仿佛是孟德斯鸠的知音一样,半个世纪以前,文载道(即金性尧)先生就在一篇散文中这样写道:"中国号称以农业立国,全国人口中农民占十分之八。如果慎终追远的说来,则我们不只有猩猩的血液,而且还有农民的气息,对于一切乡国之爱,在后天的'教训'之时,一部分是应该算在先天方面去的。而对于故乡,长住的时节也许并不觉得怎样爱慕,但如一旦作客得长久了,却在在的易于引起关心亲切……就我个人而论,每次到尝新入市的鱼介,慢慢的就会浮起一个鄰鄰的影子,于是我像驾着一叶征帆,顺流而下了。语云:'闻鼙鼓之声则思将帅之臣。'可见因某一的暗示而使哀乐的情绪特别发达者,虽对象不同,而兴比则一。"(文载道:《风土小记·关于风土人情》,太平书局,1944年)

④ 赵汀阳认为,判断人做出的事情至少有两种理由(即合理性与合情性),而不是一种理由(即仅仅只有合理性),伦理问题要比知识问题复杂得多(参阅赵汀阳《论可能生活》,中国人民大学出版社,2004年,第1页)。

过，经由论述而来的**结论性命题**，只要得到来自一切可以想见的权力的支持、支撑和壮胆，并被这种权力举荐为权力自身的形象代言人，该论述以及由此而来的结论性命题，都将跃迁为话语定式（即 discourse 的第三层含义）。

在中国，恐怕没有多少俗语能像"婊子无情"那样更具有话语定式的禀性。它的威风，它的杀伤力，它历经千载而不败的权威，使得几乎所有货真价实的婊子都只能昼伏夜出，不敢把自己摆放在众目睽睽的光天化日之下。但作为一种口耳相传的超级**话语定式**，"婊子无情"只能是**论述**的结果，是某种特定的论述提供出的**结论性命题**。人们之所以对某类女士的特殊禀性作出那样不雅的断语，首先是基于那些叫婊子的从业人员待人接物的方式，基于婊子们围绕自身建立起来的那些惹人注目的**事情**。如果没有这些特殊女士们被认为是招人厌恶的动作／行为，就不大可能有人以这种方式谈论婊子，更不可能经由九曲回肠般复杂无比的赋值（Evaluation）过程，将**结论性命题**的"婊子无情"提升为具有巨大威慑力的**话语定式**[①]。这正如弗朗兹·博厄斯（Franz Boas）在列举了食物的禁忌、乱伦的禁忌、星期天的意义等习俗的由来后所下的结论："这些习俗必须被看作是自发的，是经过长期连续不断的习惯行为确立起来的。当它们逐渐上升到意识层面，我们理性化的冲动就会要求一种满意的解释，紧跟着而来的便是一种思想模式的流行。"[②]

话语定式经由**论述**而来，论述的前提和依据是**谈论**，谈论直接面对的是事情。事情为话语定式提供了可以存在的基础，而论述的目的，正是要为某件、某种或某类事情给出某种而不是随便哪一种**结论性命题**——比如"婊子无情"。不过，我们依然可以说，只有在非常特殊的情况下，由论述而来的结论性命题才有可能跃迁为话语定式。在繁殖力

[①] 关于这一话语定式的历史来源可参阅杨君等《妓女史》（上海文艺出版社，1995年）；[荷]高罗佩（R. H. Van Gulik）的《中国古代房内考》（李零等译，上海人民出版社，1990年）也能给我们提供教益。

[②] 参阅[美]博厄斯《人类学与现代生活》，刘莎译，华夏出版社，1999年，第104～107页。

仅次于昆虫和兔子的中国,民间美女不计其数,却只有极少数能入选宫廷;皇帝的性能力较之我等草民虽然太过强大——比如汉光武的"臣妾亿兆"①,后宫中的佳丽也只有一二人才能得到皇上的垂爱。与此相类,事情多如恒河沙数,能进入人之视野者只能是极少数;人对事情作出的论述不计其数,有威慑力的结论性命题却少得可怜。在此,我们可以预先给出一个初步性的论断:从最宽泛的意义上说,话语定式就是特殊的意识形态;从最弱的立场说,话语定式就是意识形态大家族中的主要成员,在不少时刻还是最极端的成员——再比如说"婊子无情"。

正是从这个特殊而又众目睽睽的角度,话语定式及其论述之结果(即结论性命题),终于明目张胆地把自己哄抬到了意识形态的位置上。至迟在公元1975年,拜肖就明确申说过,话语定式不过是意识形态的特殊形式罢了。话语定式从来就和意识形态在同一个振幅上跳动,它们拥有同一颗心脏,尽管意识形态较之于话语定式是一个更早出现的概念。所有性质的意识形态都表征着看待世界的观念,观念从来都是特定的语言表达式,所有观念都是用**结论性命题**表达出来的观念②。话语定式作为其来有自的结论性命题,排除种种其他可能性,至少为意识形态大家族增加自身的成员提供了最方便的路径、最便捷的渠道。因此,如果我们说话语定式就是意识形态肯定不会有错,何况伊格尔顿(H. Eagleton)早就为我们壮过胆、助过拳。我们的同志伊格尔顿先生说,意识形态一词所表征的,就是话语定式与权力之间的关系或联系③。让我们说得再直白些,并将结论预先抖出来:话语定式就是意识形态的存在形式。如果再对意识形态的身份和来历稍加考证,我们的

---

① 宋·范仲淹:《严先生祠堂记》。
② 参阅[美]蒯因(Willard Van Orman Quine)《真之追求》,王路译,三联书店,1999年,第2页。
③ [英]伊格尔顿:《二十世纪西方文论》,伍晓明译,陕西师范大学出版社,1986年,第203页。

结论就更有些铁板钉钉的味道了①。

一般人都乐于承认,自法国大革命时代的思想家托拉西(Destutt de Tracy)创造了作为**概念**的意识形态后,意识形态随即在整个欧洲——更长时间后是在整个世界——开始了它漫长的语义之旅。从词源的角度看,托拉西的意识形态意为"观念学",本义是想从感觉的维度,试图科学地、精确地描写和分析人的心灵。黑格尔、费尔巴哈(L. Feuerbach)看中了这个叫做意识形态的朋友,认为它有足够的能力和资格为他们的理论张目、壮胆。但黑格尔、费尔巴哈却又明目张胆地修改了托拉西为意识形态规定的含义和思想操作线路:老黑、老费试图从"观念"如何对人产生"异化"这个老谋深算的角度,给意识形态提供更新颖、更具批判力道的内涵。在他们那里,意识形态主要是一种幻觉,

---

① 据伊格尔顿介绍,有人嘲笑西方的意识形态批评家:在你们眼中,似乎一切都是意识形态的,哪怕是超市中出售的婴儿的尿布。其实或许嘲笑者更应该得到嘲笑的待遇。因为我们显然可以理直气壮地问:难道婴儿尿布上真的不体现意识形态的作用?究竟是谁在使用哪种价位上的尿布?为什么某种品牌的尿布能够畅销?广告在其中起了什么作用?它迎合了哪种消费者的哪种消费心理?在广告的作用下,尿布们如何塑造出了这种消费者的这种消费心理,从而让他们兴高采烈、心悦诚服地消费这种牌子的尿布而不是那种牌子的尿布?难道广告本身不就是一种显而易见的权力吗?阿瑟·奥肯(Arthur M. Okun)说:"生产更多的威士忌、更多的香烟以及更多的大型汽车,人们是否能过得更好一些呢?社会是否真正变得更有效率呢?这个质询又引出了一些更进一步的问题。人们为什么需要他所购买的东西呢?教育、广告以及爱好等如何影响人们的选择?有没有比观察人们的选择行为更好的标准来评价福利程度?"[(美)阿瑟·奥肯:《平等与效率》,王奔洲等译,华夏出版社,1999年,第2~3页]法国大哲鲍德里亚(Jean Baudrillard)在《物体系》中也有类似的议论:"如果说,我们把产品当作产品来消费,那么,我们则通过广告来消费其意义。……广告业真正的所指是在一夜之间以其全部纯粹性而出现的。广告……促成了大众社会,它借助一种任意的、系统的符号来诱使人们的认同,刺激人们的意识,并在此过程中把自身重新构造为一个集合体。大众社会和消费社会不断地从广告中获得其合法性。"(参阅季桂保《后现代境域中的鲍德里亚》,包亚明主编《后现代性与地理学的政治》,上海教育出版社,2001年,第58页)阿瑟·奥肯的众多问号和鲍德里亚的言说或许已经超出了我们的题旨,但我们依然有足够的理由相信,阿瑟·奥肯连珠炮一样的反问与鲍德里亚的精辟之言,正好打中了那些嘲笑意识形态批评的高妙人士的要穴。

是对现实的有意歪曲,是为了将现实神秘化。① 黑、费等人玄奥的形而上学论证我们懒得去转述,此处只举一个很性感的小例证,以此说明费尔巴哈和黑格尔的精湛看法。这个例证来自苏珊·桑塔格(Susan Sontag)。桑塔格揭露过,从19世纪以来的很长一段时间内,人们坚持不懈地相信,肺结核的病因主要是遗传、不利的气候、足不出户的生活、通风不畅、阳光不足以及情绪压抑。"情绪导致疾病的理论被应用于结核病,"桑女士说,"到20世纪仍然相当流行——直到找到治疗这种疾病的方法才告寿终正寝。"②这个例证或许能够充分说明一种流行的意识形态(即观念或曰话语定式)对现实的歪曲,能够达到何种程度,又能在何种程度上影响人们的行为。较为公平地说,黑格尔、费尔巴哈的看法自有他们的深刻性;他们借鸡下蛋、借腹怀胎的超级能力,也给他们带来了相当的深刻度,以至于他们有本事道出意识形态的一般特性。但他们没有注意到,或者是不那么愿意承认如下事实:恰恰是在经由了对具体事情的谈论、论述以至于获得结论性命题(即话语定式)之后,结论性命题作为某种特定的观念,才机缘巧合化地成为意识形态——考虑到黑、费二公对形而上学的高度忠诚,情形可能就更是这样了;即使意识形态一如老黑、老费所说从来都是对现实的故意歪曲,也必然有它要故意歪曲的理由,何况这种结论性命题(即话语定式)的确能给某些人、某些机构故意歪曲现实,提供了坚实的基础、美满的借口和充足的可能性。有眼睛的人肯定看到了,黑格尔、费尔巴哈早就是这方面的既得利益者。

和黑格尔等人一样,马克思也相中了意识形态所拥有的巨大的语义空间,相中了意识形态在语义空间方面可大可小的伸缩性。马克思既批判又继承前辈同胞黑格尔等人的思路,从唯物史观的角度给了意识形态以崭新的内涵。和黑格尔的绝对观念的逻辑推演不同,在马克

---

① 有关意识形态的语义变迁请参阅 Raymond Williams, *Keywords: A Vocabulary of Culture And Society*, Oxford University Press, 1976, pp153~157.
② 参阅[美]苏珊·桑塔格《疾病的隐喻》,程巍译,上海译文出版社,2003年,第50页。

思那里,按照物质构成世界、物质决定意识的一般原理,意识形态必须要建基于经济基础之上;意识形态的出生直至消亡的过程,也必然与政治制度的变革相伴随。在咱们中国,犹太人马克思的看法总是有道理。按照孟登迎先生的解析,马克思眼中的意识形态有以下四种特性:具有意义的指向性;并没有自身绝对独立的历史;本质上受统治阶级思想的支配;掩盖或扭曲现实的不公,并为现实的合理化做有意的辩护。① 到了和马克思关系很大的法兰克福学派那里,意识形态就更具有否定意义——法兰克福学派基于特定现实境遇而来的绝对批判精神,似乎有点过分强调意识形态对人民群众的欺骗性。法兰克福学派的诸君子指着意识形态的鼻子异口同声地说:你不过是具有操纵功能、欺骗功能和辩护功能而已②。

爱德华·赛义德(E. W. Said,又译萨义德)曾提出过一种名叫旅行理论的新花样,大致能够说明某一个极具意义包孕性的词汇的语义之旅:

> 首先,有一个起点,或类似于起点的一个发轫环境,使观念得以生发或进入话语。第二,有一个得以穿行的距离,一个穿越各种文本压力的通道,使观念从前面的时空点移向后面的时空点,重新凸显出来。第三,有一些条件,不妨称之为接纳条件或作为接纳所不可避免之一部分的抵制条件。正是这些条件才使被移植的理论或观念无论显得多么异样,也能得到引进或容忍。第四,完全(或部分)地被容纳(或吸收)的观念因其在新时空中的新位置和新用法而受到一定程度的改造。③

---

① 参阅孟登迎《意识形态与主体建构》,中国社会科学出版社,2002年,第88页。
② 参阅欧力同、张伟《法兰克福学派研究》,重庆出版社,1990年,第263～266页。
③ 《爱德华·赛义德自选集》,谢少波等译,中国社会科学出版社,1999年,第138～139页。

旅行理论不过是道出了某种常识，实在算不上多么了不起的发现。但意识形态也确实是在如此这般的语义之旅中，为应对社会／历史内容的朝令夕改和朝三暮四赢得了太多的含义，得到了太多的改造。①上述诸位先哲的做法堪称范例。但求诸思维和经验，关于意识形态的基本特征，以下六个方面大体上还是可以得到肯定的。

第一，无论意识形态是否具有欺骗性，无论我们对意识形态抱持何种态度，它都是一种客观存在。意识形态归根结底来源于我们对特定事情的结论性命题。

第二，无论意识形态如何扭曲了现实，无论意识形态在何种程度上真实地反映了现实，意识形态对社会现实都具有改造作用——无论是建设性的还是破坏性的。

第三，尽管意识形态是一种特殊的人造物，但它对个体之人始终具有独立性，对个体之人具有极大的教化和规训作用。

第四，意识形态往往具有超强的**无意识特征**。

第五，任何一种意识形态都是某种观念体系，都有它特定的观念内容，同时还是一种拥有权力支持的话语定式。意识形态就是话语定式，而且是所有话语定式中最极端、最具权势的话语定式。意识形态必须以话语定式为存在形式，才能挺立在世界上；必须以结论性命题为存在方式，才能成就和显现自身。

第六，意识形态要想作用于人和现实，最终要落实到语言上——这

---

① ［英］伊格尔顿认为，若许年来，意识形态大致上有如下指谓："1. 社会生活意义、符号与价值（生活价值，非本书其后所谓 discourse 的价值——引者）的生产过程；2. 显示某种群体或阶级特性的理念体系；3. 对主流政治权力合法化有特殊效用的某种思想；4. 对主流政治权力合法化有特殊效用的某种虚假观念；5. 歪曲的、体系化的交流；6. 为主体提供立足点的东西；7. 经由社会利益导致的特定思想方式；8. 同一性思想；9. 必须的社会幻觉；10. 权力和 discourse 的联结；11. 自觉的行动者在其间透视其周遭世界的媒介；12. 为具有目的性的行为提供的信念体系；13. 语言事实和现象事实的混淆；14. 符号圈套；15. 主体与社会结构发生联系的媒介；16. 社会生活转化为自然现实的过程。"（T. 伊格尔顿, *Ideology: an introduction*, London: Verso 1991, pp1～2）从伊格尔顿的陈述中，我们大致上可以看出意识形态一词的语义变迁。

也是话语定式成为意识形态的存在形式的部分理由;正如传说中的上帝传说是用语言创造了世界①,人也是用语言来创造自身、创造世界和改造世界的。

任何一种意识形态都势必经过某种形式的文化遗传,从而成为文明的一部分被代代相因。所谓文化遗传,不过体现为教育、教化以及文明内容对人的移风易俗,对人的灵魂的塑造。② 正是在这个过程中,人情、风土、世情、民情所拥有的特殊逻辑和权力对**论述**起到了至关重要的作用,进而干扰了以话语定式为存在形式的意识形态的基本走向和行进步伐:或笔直地前进,或东倒西歪地迈着八字步做螺旋式上升。也正是在这个过程中,诸如"婊子无情"一类的话语定式才逐渐内化为人的无意识的一部分。意识形态最大的秘密、最大的阴险之处就在这里:通过文化遗传,通过某种话语定式对人的灵魂的再生产和不断重塑,它有充分的能力把自身转化为人的无意识,从而让自身通过人的动作／行为再度生产出来的事情十分隐蔽地发挥作用,并借此机会让自身得到彰显。已故中国作家王小波举过一个很有说服力的例证:《红楼梦》中两个大名鼎鼎的小姐深夜难眠,玩起了对句的游戏,但对着对着,突然开始颂圣。王小波评论说,这不是那两个小姐有问题,而是《红楼梦》的作者脑子有水。③ 王小波的举证至为精当,因为它既表明了意识形态无意识化后对人的规训,也标志了人在无意识地利用意识形态时,意识形态趁机成就了自身、彰显了自己的端部。赵汀阳则这样写道:

> 人们经常理直气壮地说:你应该这样这样或你应该那样那样。这种充满自信的规劝对于经受过长期社会教育而已经习惯各种规范的人来说似乎具有一种不言而喻的说服力,尤其是如果当所给

---

① 参阅[古罗马]奥古斯丁(S. Aureli Augustini)《忏悔录》,周士良译,商务印书馆,1996年,第235~236页。

② [德]弗洛姆(Erich Fromm)的社会潜意识或许可以说明这一问题(参阅弗洛姆《逃避自由》,陈学明译,工人出版社,1987年;《为自己的人》,孙依依译,三联书店,1988年等)。

③ 参阅王小波《沉默的大多数》,中国青年出版社,1998年,第22页。

出的规劝是所谓的金科玉律的话,最后的一丝怀疑勇气也没有了。①

情况是不是赵先生所说的那样,我愿意把做结论的权力和机会让给那些有本事的人。但此处没有必要重新定义无意识②,更无必要详述弗洛伊德(Sigmund Freud)对无意识的一般描叙,仅仅借用德勒兹等人的看法就足够了。德勒兹和他的学术伙伴一致认为:"无意识不表现什么,而只生产;它不意味什么,而只发挥作用。"③在德勒兹等人眼中,无意识是另一种性质的法西斯。但这里有必要引述马克思的精辟之言,因为马公的言论,恰可谓提前给出了德勒兹等人的观察以明确的前提:"通过传统和教育承受了这些情感和观点的个人,会以为这些情感和观点就是他的行为的真实动机和出发点。"④很显然,马克思的言语之间充满了嘲讽。在此,为着同样的目的,我们也有必要同意伽达默尔(H. Gadamer)的著名论断:不是历史隶属于我们,而是我们隶属于历史;早在我们通过反思理解自己之前,我们已经在我们生活的家庭、社会成见和国家中理解着自己了。⑤ 正是在以话语定式为存在方式的意识形态阴险、狡诈的行进过程中,诸如"婊子无情"一类看似意识形态实则早已内化为无意识的东西,深刻地熏蒸、陶冶了谈论以及论述。谈论的翩翩禅意、论述授权谈论直面事情的能力,就来源于意识形态的**无意识特征**。

---

① 赵汀阳:《论可能生活》,中国人民大学出版社,2003年,第27页。
② 根据Raymond Williams的工作,我们大致可以推知,即使在英语学界,即使在弗洛伊德之后,人们还是倾向于subconscious(潜意识)的词义和unconscious(无意识)的词义可以互换,尽管有许多人反对(参阅 Keywords: *A Vocabulary of Culture And Society*, Oxford University Press, 1976, p323)。本书是在这两个词的词义可以互换的层面上使用无意识或潜意识这个概念的。
③ [法]德勒兹等:《反俄狄普斯》,转引自[美]詹姆逊(Fredric Jameson)《政治无意识》,王逢振等译,中国社会科学出版社,1999年,第13页。
④ 《马克思恩格斯选集》第一卷,人民出版社,1972年,第629页。
⑤ 参阅[德]伽达默尔《真理与方法》,洪汉鼎译,上海译文出版社,2004年,第357页。

据说,新爱尔兰岛上莱祖村的居民就深信,假如狩猎者中有谁违反了性禁忌,不仅违禁者本人,而且他的所有伙伴在狩猎时都不会有好收成。生活在北美西海岸的努特卡印第安人更为有趣:如果他们在捕获鲸鱼时发生不幸事故,他们会依照某种意识形态或曰风俗的指引,毫不犹豫地认定有人违背了性禁忌,甚至要将管不住自己力比多的罪魁祸首找出来严加惩处。① 但他们忘记了,就在他们惩罚受制于来自肉体的力比多的犯罪者时,他们正被另一种人造的、精神性的力比多所控制,这就是早已无意识化了的性禁忌。性禁忌无疑是一种典型的具有莫大权威的话语定式,是一种威风凛凛的意识形态——尽管按照黑格尔、马克思等人的观点,这种性质的禁忌(taboo)确实歪曲了现实,但是毫无疑问,它也成功地生产出了新一轮的事情。因此,无论禁忌是对是错,都有十分重大的用途。恩斯特·卡西尔(Ernst Cassirer)说:"禁忌体系尽管有一些明显的缺点,但却是人迄今为止所发现的唯一的社会约束和义务体系。它是整个社会秩序的基石。社会体系中没有哪个方面不是靠特殊禁忌来调节和管理的。统治阶级和臣民的关系,政治生活,性生活,家庭生活,无不具有神圣的契约。这同样适用于经济生活。甚至连财产一开始似乎也是一种禁忌制度:占有一个物或人——占有一片土地或同一个女人订婚——的最初方法,就是靠一个禁忌记号来标志他们。"②中国学者任骋也认为:"禁忌成为原始社会唯一的社会约束力,是人类以后社会中家族、道德、文字、宗教、政治、法律等所有带有规范性质的禁制的总源头。"③但无论如何,禁忌依然有着事情方面的来源。考诸流传下来的浩如烟海的民族志,禁忌既来源于特定事情对人的危害,又旨在限制这种事情对人可能产生的危害:禁忌就是为了限制人身上的动物成分。借用谢苗诺夫在《婚姻与家庭的起源》中的术

---

① 这两个有趣的例证出自金泽先生的著作,特此致谢。请参阅金泽《宗教禁忌》,中国社会科学出版社,1998年,第12页。
② [德]卡西尔:《人论》,甘阳译,上海译文出版社,1985年,第138页。
③ 任骋:《中国民间禁忌》,作家出版社,1990年,第14页。

语,就是"动物个人主义"①。但更重要的是,任何一种旨在限制动物个人主义的禁忌,**作为一种观念体系,即意识形态的某种极端方式或某种饱具权力色彩的话语定式**,必然首先是对某种事情(即导致这种禁忌出现的事情)的谈论。台湾学者林明峪先生曾经举过一个例子:"将一只母猴及一只刚生下不久的小猴同关在一只铁笼里饲养,而笼子里已安装有黑、白、红、蓝、绿五个按钮,到了母猴饥饿的时候,它只要拉下黑、白、蓝、绿四个按钮,就立即可以得到不同的食物,但若是拉红色按钮,它所得到的却是一股电流。反复几次之后,母猴就学乖了,再也不敢去碰触红色钮,并视红色为一种危险的、恐怖的颜色。原来它已把红色当作获取食物时的一项禁忌——若是换作原始人的话,他可能以为红色按钮就是曼那(即'玛纳')的潜生物——然后再把这项不准触及的禁忌传递给小猴,使小猴也感染这项禁忌。而传递的方式,即母猴每当小猴也要顽皮学着碰触红色按钮时,必然呲牙咧嘴咻咻地吓阻;此时,小猴即被灌输与感染这项危险的、恐怖的、颤栗的禁忌。"②为了说明我们的问题,此处将"猴子"改换成"人",这个例证或许同样成立。可以设想,一切禁忌作为观念体系即话语定式(亦即通常意义上的意识形态),首先要让语言凝结可被凝结的事情(比如拉电钮等);被凝结在语言空间当中的事情作为 discourse 的第二重含义(即论述)的基础,一旦进入论证领域,就可以得出一些抽象的、看似失去了事情含量的观念即结论性命题(比如"不许触及红色按钮"或"红色是恐怖色"等)。这些观念代代相传,不仅可能成为饱具权力色彩的意识形态,而且还会内化为人的无意识,以至于让人(或按林先生的例证是猴子)一看到红色,就莫名其妙地打起了冷噤。

---

① 参阅[英]马林诺夫斯基(B. K. Malinowski)《神圣的性生活》,何勇译,知识出版社,1998年。
② 林明峪:《台湾民间禁忌》,台湾联亚出版社,1981年,第35页。

关于意识形态的无意识特征,老阿尔都塞有过精辟的评论①,法兰克福学派也有过诸多不俗的见解②。在此基础上,我们尽可以提纲挈领地说,意识形态的无意识特征给了谈论和论述以鲜明的**目的无意识**。"婊子无情"的例证使我们完全有资格下结论(尽管我们没有引证其来有自的历史文献):意识形态在人那里已经得到内化,从而成为在无意识中支配我们的巨大力量;③意识形态的无意识特性,已经转化为我们在行为之目的性上的无意识。**目的无意识**在此不过具有貌似的心理学色彩,它的意思十分简单:在我们的交流中,在我们有目的地生产事情的过程中,初看起来一切事情都出于我们的渴望,实际上这个渴望来自更高的"事物"、更隐蔽的力量,这就是通过文化遗传早已内化为无意识的意识形态。目的无意识并不是指目的的盲目性,而是指我们这些活生生的人或完全或部分地在无意识中被意识形态当成长枪使用了,被意识形态的存在方式即话语定式当成了傀儡、木偶或拉线始终攥在意识形态手中的风筝。这正如一位土人对前去调查他的人类学家所坦言的:"我们怕天地之间的一切精灵,所以天长日久,我们的祖先才定下了那么多规矩;这是从世世代代的经验和才气中得到的,我们不知道,也猜不出原因在哪里,我们遵守这些规矩,是为了平平安安过日子,凡是不知道的东西我们都怕,身边见到的东西我们怕,传说和故事里讲的东

---

① 阿尔都塞是这样说的:"意识形态在多数情况下是形象,有时是概念。它们首先作为结构而强加于绝大多数人,因而不通过人们的'意识'。它们作为被感知、被接受和被忍受的文化客体,通过一个为人们所不知道的过程而作用于人。……意识形态根本不是意识的一种形式,而是人类'世界'的一个客体,是人类世界自身。……人类通过并依赖意识形态,在意识形态中体验自己的行动,而这些行动一般被传统归结为自由和'意识'。总之,人类同世界——包括历史——的这种'体验'关系要通过意识形态而实现,甚至可以说,这种关系就是意识形态本身。"[(法)阿尔都塞:《保卫马克思》,顾良译,商务印书馆,1984年,第202～203页。]

② 比如[德]马尔库斯(Herbert Marcuse)的《单面人》、《爱欲与文明》,[德]曼海姆(Karl Mannheim)的《意识形态与乌托邦》等在这方面都有精湛的论述。

③ 可参阅[德]弗洛姆《逃避自由》,工人出版社,1987年;《为自己的人》,三联书店,1988年等书。

西也怕,我们只好按老规矩办,只好遵守我们的禁忌。"①

　　需要阿尔都塞原谅的是,话语定式以及话语定式意在显现的意识形态,很可能不仅仅是他所鄙夷的大言欺人、故意混淆视听。意识形态确实有坚实的事情作为支撑;也正是意识形态导致的目的无意识给了我们看待特定事情的特定眼光。我们之所以这样而不是那样谈论某一件事情,就是因为我们从一开始就受到了目的无意识的暗中指挥和操纵,我们的头脑中或多或少早已有了关于这件事情的看法。这或许就是伽达默尔所谓的成见(Vorurteil)、海德格尔所谓的前理解(Vorversteandnis)。任何一个话语定式或意识形态,都是在对某一种、某一类事情的促使下被人生产出来的;但我们在谈论任何一件事情的时候,都会以既定的话语定式或意识形态尤其是经由它们而来的目的无意识为依据,都会将既定的话语定式或意识形态的呼吸和心跳当成我们的地平线,当成我们天然的出发点。我们一出生,我们的眼光就得到了它们的熏陶和培养。我们注定无路可逃。

　　就是在这个地方,我们遇到了一个类似于**鸡生蛋抑或蛋生鸡**似的"进化论"问题。这个问题曾经深深地困扰过达尔文。它迫使后者乘坐排水量仅仅235吨的"贝格尔号"(HMS Beagle)考察船,历时五年,为的是收集解决"鸡—蛋"问题的博物学证据。现在,让我们在想象和思维中,也乘上我们自己的"贝格尔号"——这当然只能是一艘排水量更小的小木船——来一番简单的游历;上述过于漫长的常识性描叙,大体可以看成我们打造那只小木船必须经历的劳作。

第四节　双　重　循　环

　　事情首先进入**谈论**;谈论给**论述**提供了唯一的合法性与可能性;论

---

①　转引自王学辉《从禁忌习惯到法起源运动》,法律出版社,1998年,第9页。

述通过繁复的运作，生产出了关于某件特定事情的**结论性命题**；结论性命题在被反复筛选的过程中，成为饱具威慑力的**话语定式**。作为特定的观念表达式，话语定式不过是**意识形态**的外在显形，不过是意识形态的另一个名号。而意识形态在长期的文化遗传中总会内化为人的**目的无意识**，从而指挥我们的行动，画定我们的手足的运行疆域。只要放眼我们的言语实践就不难发现，作为一个鸡生蛋抑或蛋生鸡似的难题，上述过程其实是可逆的：特定的意识形态及其存在方式即话语定式在人那里内化而成的**目的无意识**，反过来会赋予**论述**以及论述过程以特定的目的，这无疑意味着论述获得了某种隐蔽力量的授权；当此之际，被授权的**论述**有资格也有机会向**谈论**放权，使谈论一开始就具有某种特定的眼光，以至于让谈论以这种方式而不是那种方式，去直接处理、消化和打磨某件特定的**事情**，并将这件事情的整体或切片置入语言框架之内，从而成为新一轮**论述**的开端。比如说，某个真正的正人君子只要一看见某个搔首弄姿的真资格的婊子，马上会遵循"婊子无情"的教诲，去看待这个叫婊子的尤物，并得出"婊子无情"的结论性命题。这无疑是一个有趣的**循环**。很显然，这个循环是针对**话语生产**来说的。

作为一个蛋生鸡抑或鸡生蛋似的问题，还有一个循环存在于另一个更为明显、也更容易为人察觉的地方：事情经由**谈论**、**论述**、**结论性命题**从而跃迁为**话语定式**或曰**意识形态**，并经由文化遗传内化为人的**目的无意识**，这种目的无意识肯定会在暗中支配我们生产出**新一轮事情**。很明显，这个循环是针对**事情生产**来说的。比如说，又一个名叫某某的正人君子又一次有幸瞻仰了一个名叫某某的青楼美女，当即就会不假思索地作出种种不让婊子待见，而又明显忠实于"婊子无情"的动作／行为，并最终围绕着该正人君子组建起了新一轮事情。新一轮事情首先是属人的事情，它打上了人的烙印，一如马克思所说，它是人的本质力量的对象化，是人化的自然。其次，它也可能是非人的事情，比如对水来说，人工运河改变了它的流动方向；比如对山体来说，用 TNT 实施爆破引发了它的滑坡。这有点类似于口语中的"理论指导实践"，也有些类似于阿伦·布洛克（Alan Bullock）在谈论法国大革命与启蒙主义"话语"的关系时所说的，那些启蒙主义思想家的思想，已把这个世界改造得面目不可辨认了。①

第一重循环（即**话语生产**）深刻地提醒我们：discourse 内部各层含义之间的关系以及 discourse 与意识形态的关系，必须由事情来界定；第二重循环（即**事情生产**）则始终在启发我们：事情和 discourse 是相互造就的②。对第二重循环的含义，J. 丹纳赫等人在分析福柯的思想时有过明确的申说："……人们并不是他们自己行动的创造者，也不是他们自己意图的缔造者——他们的行动和意图都是被话语和非话语的力量塑造出来的——这些力量恰巧经过他们所占的位置。为了把犹太人描述成另一完全不同的生命形态而非人类，希特勒利用或借用了哪些话语？哪些规训力量和运动塑造了希特勒在纽伦堡集会（Nuremberg rallies）上的身体动作，以致于这些动作对他人的行为和态度产生了如此深远的影响？"③阿尔都塞则认为，以话语定式为存在形式的意识形

---

① ［英］阿伦·布洛克：《西方人文主义传统》，董乐山译，三联书店，1997年，第 127 页。

② 许多北京人因为"葱"与聪明的"聪"谐音，所以喜欢使用葱头保护孩子的聪明。北京人首次给婴儿洗澡时要把葱头浸泡在洗澡水里，还要在孩子身上画一道线，然后由一个又聪明又高大的男子把葱头扔到街上。这样做，是为了保证婴儿能够长得既高大又聪明（参阅 Mrs J. G. *Cormack Everyday Customs in China*. Cambridge：Harvard University Press，pp53～54）。正是认为"聪明和高大是好的"这样的 discourse 的教诲，人们才会做出上述事情——上述事情正好是某种特定意识形态的产物——这就是"事情和 discourse 相互造就"的基本意思。台湾小说家张大春则有更为抒情的描写："一个词，幼儿认识世界的开始。这个词可以是国王、可以是杰克、可以是孙悟空、可以是大鼻象。对于一个词，我们会问的是：'它是什么？'可是一旦经历了时间，我们也许会改问：'那后来呢？'国王离开皇宫、杰克把牛换了一袋豆子、孙悟空从石头里蹦出来、大鼻象飞上天空。一个原本陌生的词在时间里的奇遇除了唤起我们问：'它是什么？''那后来呢？'之外，还会带来新的问题：'为什么？'虽然，在提出'那后来呢？'以及'为什么？'的时刻，原先的'它是什么？'未必获得解答，但是，解答并非目的，像幼儿一样满怀好奇地认识一整个世界才是目的。那个最初的词，可以是主角，可以是配角，它甚至可以不是角色，它只需负责显现其身为第一块拼图碎片的位置，便足以唤起父亲膝盖上的孩子、幽暗阒阒黑的庭院里的孩子启动他构筑一整个世界的能力。"（张大春：《小说稗类》，广西师范大学出版社，2004年，第 18 页）

③ ［澳］丹纳赫：《理解福柯》，刘瑾译，百花文艺出版社，2002年，第 118 页。

态,归根到底是个人与其生存条件的想象关系的表达,意识形态具有一种物质的存在。阿尔都塞用雄辩的语气宣称:

> 这个个人具有这样那样的行为方式,采取了这样那样的实践姿态,而且,更重要的是参与了特定意识形态机器的某些常规实践,他作为主体在完全意识到的情况下自由选择的观念就"依赖于"这个意识形态机器。如果他信奉上帝,他就去教堂做弥撒、跪拜、祈祷、忏悔、行补赎……当然还有匍匐悔过等等。如果他信仰职责,他就会采取相应的姿态,并"按照正确的原则"把这些姿态纳入仪式化的实践。如果他信仰正义,他就会无条件地服从法律的准则,甚至会在这些准则遭到亵渎时提出抗议、联名请愿和参加示威游行等等。①

在此需要预先指出的是,discourse **与事情的相互造就是以扩大再生产的方式来进行的**。这无疑意味着:discourse 生产出了较之先前更多属人或更多非人的事情;更多属人或更多非人的事情,则引发了更多的 discourse。赵汀阳先生对此有过很好的表述:"一方面,我们似乎是按照观念去行为,但是,行为却又有着观念所不能包括的可能性;于是,另一方面,我们的行为总是改变了原来的观念和问题。"② 犹如赵先生的注脚一样,一生以特立独行著称的日本作家三岛由纪夫自杀后,他母亲对前来采访的记者说过一句看似骄傲,实则无可奈何的话:"我儿做步人后尘的事,这是头一回。"

讨论、处理以至于解决**双重循环**是本书的任务,不是导言的责任。导言只负责报道双重循环的存在,指明双重循环在发生学上的由来。本着导言的目的,此处只想借用在常识中早已存在的双重循环,来预先地简单地甄别一下话语拜物教——经过漫长而费人精力的迂回包抄,

---

① 陈越编:《哲学与政治:阿尔都塞读本》,吉林人民出版社,2003年,第357~358页。

② 赵汀阳:《直观》,福建教育出版社,2000年,第237页。

我们终于可以再次回到正题上了。

话语理论较之一切型号的泛形式主义的优越之处，话语理论所拥有的较为巨大的阐释能力，已经为业内人士耳熟能详，也为业内人士交口称赞。作为预防针，导言只想说说话语理论的弱点，只想和众多受惠于话语理论的业内人士（也包括本书作者）唱唱反调。一般说来，话语理论导致的话语拜物教秉承着话语理论的宗旨，意在从**语境**（context）的角度，为某一个具体的**文本**（text）寻找解读的依据。但在实地操作中，诸如新历史主义一类的话语理论的孝子贤孙，为文本寻找到的依据，不过是写在纸面上的社会／历史内容，不过是一切过往文本或相关文本中对社会／历史内容的语言记载。一如福柯之后兴盛起来的所有左派理论，新历史主义也秉承话语理论的教诲，在此基础上大行演绎、归纳、推论之实。这种种搞法无疑是在强调：对活生生的社会／历史内容的一套套说词才是关键，却几乎全方位忘记了标定 discourse 各层含义以及各层含义之间之关系的事情，更不屑于考察 discourse 和事情相互造就这一至关重要的事实，双重循环对"话语"的功效似乎也就当然性地被置诸脑后。因此，相对于活生生的社会／历史内容，相对于尘埃般的事情，话语理论有着浓厚的**语义空转**的特性。这使得诸如新历史主义、女权主义、后殖民主义、东方主义一类左派理论表面上洋洋得意、风度翩翩，也貌似真理在握，却被美国思想家戴蒙德（S. Diamond）嘲笑为"错将历史当作文献"。

话语拜物教是话语理论的必然结果，这一结果在话语理论的开端处似乎就已经被预示出来了。全地球的学术界在运用话语理论时，似乎已经将它视为理所当然，根本不问话语理论的极限在哪里；业内人士兴高采烈地行驶在话语理论这座高架桥上，却不那么明白这座人工桥梁能够承载多大的重量，也不问允许行驶的最高时速是多少。过度阐释的出现就是必然的结果。所谓过度阐释，就是赋予活生生的事情以事情本身无法肩负的意义重担。我们的学者、思想技工上了话语拜物教的大当，却几乎毫无知觉。这确实是一件令人遗憾的事情，也是人云亦云却又号称价值多元的现代社会为自身制造的反讽。这里实在用得上列奥·施特劳斯（Leo Strauss）针对某些妙人所发的妙言："我们对于据以作出选择的最终原则、对于它们是否健全一无所知;我们最终的原则除却我们任意而盲目的喜好之外并无别的根据可言。我们落到了这样的地位:在小事上理智而冷静,在面对大事时却像个疯子在赌博;我们零售的是理智,批发的是疯狂。"①

......在粗陋、设备简单而又略显几分古怪的小木船即将起锚航行之前,我愿意代替"贝格尔号"抛出它渺小的野心:它的目的,就是想通过对言语实践中始终存在的**双重循环**的分析,为话语理论的稳当成立与安全运行,提供一个较为坚实的基础。小木船"贝格尔号"极其愿意以**语言哲学**已有的基本成果作为启航的码头。为着这个目的,需要一个简单的开场白。请允许小木船首先从**世界**的定义开始。

在语言哲学那里,世界(World)和语言(Language)始终是相对应的概念。作为对德里达"文本之外,无物存在"的较为羞涩的反对,我们暗中的同志诺维兹先生的观点是:"我们还是可以观察非语言的或非符号的对象,以确定我们是否正确地描述了它们;……必定有一个非语言、非符号、非构造的世界……而且这是一个对我们说什么和怎样组织、区分及整理材料具有某种制约的世界。"②奥斯汀(J. L. Austin)倒是颇为坚定地认为:世界向来都是语言所指涉、所描述、所表达的东西③。有必要承认,这确实是一个质朴得让人提不出额外意见的"学说",犹如村姑之于田野。正如不少人认为的那样,奥斯汀的想法只是一个常识,一个微笑,一个随意做出来的简单动作。与奥斯汀不同,话语拜物教的信徒们不愿意直面这样的常识。据他们保证说,常识意味

---

① [德]列奥·施特劳斯:《自然权利与历史》,彭刚译,三联书店,2003年,第4页。
② 参阅[美]罗蒂《后哲学文化》,黄勇译,上海译文出版社,1992年,第107页。
③ Austin, *Truth*, *Philosophical Papers*, Oxford University Press 1950, P121.

着小儿科,意味着智力上的缴械和投降。① 对这些说词我们没必要理会,"贝格尔号"此时此刻特别想知道的是:奥斯汀那个常识意义上的世界究竟意味着什么? 对此,一位中国学者以客观的笔调和语气忠实地写道:

> 奥斯汀的头脑中所构想的"世界"是一个复杂的概念,它既意指一个由实际存在或实际发生的东西所构成的现实世界,又意指我们可以想象的、我们的语言所能谈及的、由可能的事物或事态等构成的可能世界。而且,无论是在现实世界中,还是在可能世界中,其中所包括的东西还以不同的、复杂的方式存在,我们语言中的"事物"、"现象"、"事件"、"事况"、"境况"、"特征"等词汇就有区别地表示它们的不同存在方式。②

依据这样的逻辑起点,我们接下来可以在奥斯汀的意义上将世界分为两类:一类是**现实世界**,也就是我们存身其间的实际的世界、实存的世界——就它和我们生死相依的角度说,这是一个哥们般的世界;就它慷慨给予我们痛苦这个角度说,这无疑是一个仇人般的世界——但它也由此让我们产生永不衰竭的愿望。另一类是**可能世界**,也就是通过言语行为、言语实践,人为炮制和生产出来的非实际的世界、非实存的世界(它自始至终和愿望密切相关)。这个世界,这个情人般的世界,无论从任何意义上说,都只能是存在于纸面上、口头上、银幕上、荧屏上

---

① 近世以来,说到常识就不那么动听了。连海德格尔和纳博科夫(Vladimir Nabokov)那样的头脑都认为,常识只是人们为思想惰性与庸俗所提出的自欺欺人的借口。罗蒂认为,常识代表创新的反面,在不少时刻,尤其是在哲学写作中,常识往往是靠不住的。在罗蒂那里,似乎对常识进行反动正是哲学写作的要义之一[参阅(美)罗蒂《偶然、反讽与团结》,徐文瑞译,商务印书馆,2003年,第15~35页]。我赞同奥斯汀的暗示:常识是人类经验中最值得尊敬的经验类型,毕竟常识是经过生活反复检验过的经验;在对常识保持足够的警惕的前提下,必须要尊重常识带给我们的教诲。本书及本书的作者绝不是常识主义者,但此处我愿意公开表态:本书以及本书的作者将对常识保持坚决的敬意。

② 杨玉成:《奥斯汀:语言现象学与哲学》,商务印书馆,2002年,第43页。

……的虚拟世界。这个叫做可能世界的看似离奇、荒诞的怪物,和我们存身其中的现实世界始终具有各种各样盘根错节、藕断丝连的关系。

> 一片澄心似太清,浮云了不碍虚明。
> 夜深人寂浑无寐,时听空庭落叶声。①

我,或名之为我的这个非分之徒,衷心希望从这个土得掉渣的知识贫下中农的码头出发,乘坐木制的"贝格尔号",开始我们既充满希望又似乎注定没有前途的航行……

---

① 宋·郭印:《秋日即景》。

上 卷
discourse 的动作双重性

第一章　关于现实世界的 discourse

> 如果你问大自然为什么要进行创造性活动,如果你愿意倾听它的回答,它一定会告诉你:"不要问我,静观万象,体察一切,正如我不愿开口并一向习惯于缄默一样。"
>
> ——Plotinus

> 体如一味,妙出情妄,故说为真,又复随缘种种故异变,体无失坏,故名为真。
>
> ——《大乘义章》卷三《八识义》

第一节　现实世界,事情,原初事实

1950 年,奥斯汀和斯特劳森(P. F. Strawson)就事实是否存在于现实世界之中,有过一番激烈的交火;交火的目的和旨归我们现在看得很清楚:那不过是为了讨论真理的标准[①]。这场短兵相接、开启智力的哲学"械斗",在哲学界尤其是语言哲学界的影响遍及今世。在考察过那场颇具君子雅量又暗含几分意气用事的争论后,陈嘉映先生几乎是以

[①] 奥斯汀和斯特劳森争论的焦点集中在对"事实"这个概念的辨析上。关于争论的主要内容,除英语文献外,还可参阅杨玉成《奥斯汀:语言现象学与哲学》(商务印书馆,2002 年,第 142~147 页)的描述。限于题旨,本书对此不做专门评析。

毫不犹豫的口吻一口咬定：[现实]世界既不是奥斯汀和维特根斯坦认为的由**事实**组成，也不是斯特劳森认为的由**事物**组成①，而是由**事情**组成②。经过滴水不漏、雍容大度复兼几分幽默感的论证和思虑，陈先生的结论之一是：

  首先在[现实]世界里的，是此起彼伏的事情，这个世界是时空不曾分立的绵延；其次可说到人—物在世界里，这个世界是一个空间化的世界。所谓空间化，意味着我们把事情看作物体的行动、状态、属性、物体和物体的联系。……[现实]世界不是物的总和，也不是事实的总和，而是事情的总和。③

  陈先生的哲学理想之一很可能是：通过对**事情**的探讨和辨析，以**事情**以及事情在复杂中所拥有的纯洁与单纯为灭火机，浇灭奥斯汀与斯特劳森之间那场著名的火拼④。"世界是由事情组成的"作为一个复合命题，不过是为陈嘉映从逻辑世界、语言世界荡向生活世界提供了地基：陈先生也对真理的标准有兴趣，但他的真理标准并不仅仅是逻辑上的，更是生活上的，也是关于生活的，只不过"贝格尔号"对此暂时不感兴趣——"贝格尔号"愿意将兴趣首先集中在**事情**与**事实**以及两者之间的关系上。

---

  ① 这里可以加一条由弗雷泽提供的有趣证据。弗雷泽在《金枝》中列举过许多姓名的禁忌。比如，有些印第安人认为，要是自己的名字被妖精知道，妖精就会加害于他（她）。乌干达的南迪人对出征的战士的名字更是严加提及。如果有小孩子不经意说出来了某个前方战士的名字，其母亲就会连忙斥责说，不要说那些天上的飞鸟。弗雷泽认为，产生这种禁忌的原因在于原始人分不清名字和物的界线，以为说出来的或写出来的东西，就是名字所代表的实物［参阅（英）弗雷泽《金枝》，徐育新等译，中国民间文学出版社，1999年，第362～387页］。
  ② 陈嘉映：《事物、事实、论证》（见《泠风集》，东方出版社，2001年）一文主要讨论的是现实世界，他的"世界"相当于本书所谓的现实世界，因此有括号里的"现实"两个字。
  ③ 陈嘉映：《事物、事实、论证》，《泠风集》，东方出版社，2001年，第197页。
  ④ 参见陈嘉映《语言哲学》，北京大学出版社，2003年，第233～237页。

所谓事情,不过是满载着、满储着**动作／行为**的事件;事情既发生在一定的时间阈值内,也发生在特定的空间范围中。诚如陈先生的幽默之言,在教训生活中某些不知趣、不识相的人时,我们总喜欢拖出"事实胜于雄辩"这一人所共知的口头禅——因为"事情是明摆着的嘛"。"事实胜于雄辩"所暗示的道理不过是:事情本身的力量,远大于一切花言巧语所拥有的肿胀的力道。在现实世界上,只有已经摆在那里的事情、只有占据一定时间和空间的事情,才能称为事实,才配称为事实。由此,陈先生水到渠成地下了一个近乎完满的结论:从最宽泛的角度说,凡是发生的事情都是事实①。

陈先生的思虑较之奥斯汀、斯特劳森等人或许更能称为完备和周详。我除了原则上举双手赞同陈先生的看法外,还有一点渺小的私见:**事情**究竟能够充任哪种性质的**事实**?按照陈先生汤清水白、滴水不漏的看法,事情和事实完全是两个不同的概念。英国大哲怀特海(A. N. Whitehead)也曾告诫我们:纯粹的事实概念完全是抽象理智的胜利;孤立的单个事实则是有限思想所要求的根本神话。② 如果怀氏的看法有道理(陈先生对这个论断赞赏有加),我们就可以问:事情仅仅是或者只是一般意义上的事实吗?事情的所指无非满载着动作／行为的事件;事实呢?还有没有必要在陈先生规定的内涵之外,被赋予更为细密的内里?就奥斯汀和斯特劳森关于"事实是否存在于现实世界之中"的争论来看,貌似简单的事实其实是一个人见人殊、晦暗不明的概念,远不及事情那样开门见山、清澈见底。这意味着我们有必要绕过陈先生直抒胸臆般的看法,也意味着我们有必要对事实重新进行认证。面对事情本身,我愿意善意地说:与其一般性地宣称凡是发生的事情都是事实、一上手就将事情称为一般性的事实,还不如首先说它们都是**原初事实**。很显然,事情是土壤,除了等同于事情的原初事实之外的其他所有种类的事实,不过是通过人力培植在土壤中的水稻或玉米,甚至是水稻

---

① 参阅陈嘉映《事物、事实、论证》,《泠风集》,东方出版社,2001年,第192页。

② 参阅[英]怀特海《思想方式》,韩东辉译,华夏出版社,1999年,第12页。

或玉米喂大的母猪、公牛以及神经亢奋的各色人等。不经过必要的过渡和桥梁,事情和事实永远不可能通约①。

事情,人或其他**物**肩挑背扛了诸多动作／行为的事情,永远都是自为的、自在的、自治的,都是不以人的**语言意志**为转移地满储着动作／行为的事件。即使是用最为挑剔的眼光来审视,这种性质的事情也具有一个十分明显的特征:它独立于语言之外,独立于我们的意识之外。② 就其本性来说,原初事实倾向于不听从任何人的劝告或命令。

---

① 号称不立文字、直指本心的禅宗,关于文字(其实就是语言)和事情真相之间的关系的述说实在是深刻之至。如果我们斗胆排除禅宗公案中的禅学本义,或许完全可以将禅宗关于文字和事情真相之间的关系的阐述拉进更具现代意味的阐释视野:比如"才涉唇吻,便落意思,尽是死门,终非活路","迷人向文字中求,悟人向心而觉"等等(《大珠禅师语录》卷下),都很清楚地道明了事情与事实之间不经中介就不可通约的一般特性。

② 依照塞尔(J. R. Searle)的倡导,对意识的一切形式的唯物主义的看法,比如"行为主义学说"、"物理主义学说"、"功能主义学说"、"强人工智能学说"等等,都是十分错误的。塞尔很坚决地认为:那都是些"仅此无他"("nothing but" theory)的理论。在塞尔那里,意识拥有如下特性:"1.意识是由内在的、质的、主观的状态和过程构成的。因此,它具有第一人称的本体论。2.由于意识具有第一人称的本体论,因而它不能像热、液体性、固体性之类的其他自然现象那样被还原为第三人称现象。3.意识首先是一种生物学现象,意识过程是生物学过程。4.意识过程是由大脑中的较低层次的神经过程所引起的。5.意识是由在大脑结构中所实现的较高层次的过程构成的。6.就我们所知,在原则上,没有理由能够说明我们何以不能制造出一种同样也能引起并实现意识的人工大脑。"[参阅(美)塞尔《心灵、语言和社会》,李步楼译,上海译文出版社,2001年,第46～53页]尽管塞尔对意识的看法值得商榷,但依然可以帮助我们理解如下两个相关的问题:为什么原初事实(即事情)会独立于意识之外;事情(即原初事实)独立于意识之外究竟意味着什么。按照塞拉斯(Wilfrid Sellars)的钢口铜牙,只要我们一说到意识,本身就意味着一个语言事件。和塞尔较为相似,塞拉斯毋宁是在说,意识并不具有通常意义上的神秘性。它不过是语言的稠密地带。就连专事精神分析的拉康(Jacques Lacan)也公开说过:"精神分析只有一个中介:患者的言语。显而易见,我们没有理由对之视而不见。"[参阅(法)弗朗索瓦·多斯(F. Dosse)《从结构到解构:法国20世纪思想主潮》上卷,季广茂译,中央编译出版社,2004年,第144页]而柏格森(Henri Bergson)早在19世纪末年就提出了这个问题,并从另一个意想不到的角度给出了结论[参阅(法)柏格森《时间与自由意志》,吴士栋译,商务印书馆,2004年,第119～120页]。

它自由自在，飘然来去，自己掌握自己的起居、繁衍直到生死；原初事实的面貌、状态、性质，不需要观察者的心态、观察角度和观察目的的参与。语言哲学的常识是：没有语言／意识的帮衬，没有观察者有目的性的参与，事情也许更有能力保护自己的完整——只不过对人来说，这种完整毫无意义或根本就无所谓意义。

也许有人会反驳：非人的事情当然如此；属人的事情不正是在某种目的无意识的驱使下，**有意识**地生产出来的吗？凭什么说属人的事情也具有自在的本性？① 上述疑问的答案十分简单：无论是属人的事情（比如张三打了李四一拳），还是非人的事情（比如泰山在滑坡），只要还没有进入人的视野，就是自在的。而所谓人的视野，不过是指语言的稠密地带。一件事情如果称得上是一件事情，就是无可改变的——事情总是不以人的语言意志为转移地存在于具体的时空之中。泰山在滑坡；黄河冲垮了开封城；张三打了李四一巴掌；叫爱玛的那只猫死了；细菌正在漫长的、没有一丝光线的小肠内大规模繁殖和密谋，试图制造一些于人有害的医学事件。作为事情，无论它们已经发生还是正在发生，无论它们是属人的还是非人的，都无须语言的孝敬，无须意识的唯唯诺诺。基于这种逻辑共产主义的基本口吻，原初事实更进一步的定义只能是：事、物不受语言意识干扰地**以如其所是的状态状态**地存在着，以事情本身的面目存在着。

陈嘉映先生敏锐地指出，就是在这个咽喉要道，我们遭遇到了一个十分难缠的问题：必须要弄清楚"事"、"物"的内在含义以及两者之间的内在关系，我们才能有效地讨论接下来的问题。为了不节外生枝，我愿意十分忠实地依照陈先生的既有思路，将"物"看成**大共名**——即囊括

---

① 这个问题十分复杂，正是本书所谓双重循环的一个明显例证，刚好也是本书要处理的核心问题之一。详细论述参见本书其后部分。

了人、动物、植物、无机物等一切可以想见的名号在内的**大名号**①。和事情不同,"物"主要是空间性的概念,和时间性关系不大。时间不改变名号,帽子变旧了依然叫帽子;孔子时代的泰山叫泰山,毛泽东时代的泰山仍然叫泰山;张三死了之后的那堆朽肉之所以不再叫"活着的张三",是因为他的存在状态已经先在地一股脑儿地改变了②。但此处仍然有必要补充一点:所谓时间不改变名号,是从最简便和最弱的立场上来说的,还来不及考虑克里普克(Saul Kripke)所谓名称具有历史的、因果方面的来历(比如从前的"北平"现在叫"北京")③。纯粹的"物"、实体的"物"不可能构成原初事实。诚如陈嘉映依据语言哲学的一般规则所言,即使在不那么严格的口语中,我们也不说"张三是事实"、"手机是事实"、"黄河是事实"。只有实体或肉身的张三在怎样或怎样地、实物的手机在怎样或怎样地、实物的黄河在怎样或怎样地,才算实体的**而非语言**中的张三、手机、黄河在以如其所是的状态状态地存在着,也才配称为事情。"物"只有手脚并用地承担了动作／行为,只有围绕这些名称所代表的**实体**的"物"或主动或被动地建立起了某种、某类特定的事情,"物"才算状态地存在着;"物"如此这般**状态地存在**才构成事

---

① 陈嘉映说:"在日常语词里,'物'主要用于狭义,指无生命之物,这可从'物件'、'财物'等词看到。'物体'、现代汉语里的'物理',把什么都当成无生命的物来看待。再广一点,'物'包括动植物,'动物'、'生物'、'物种'是其例。更广的用法则用'物'这个词概括无生物、生物、人,这个用法古已有之,荀子就把'物'看作'大共名',现在在哲学讨论中通常也这样使用'物'这个词。"(参阅陈嘉映《事物、事实、论证》,《泠风集》,东方出版社,2001年,第193页)一部古老的中国文献也有言:"名有三科:一曰命物之名,方圆黑白是也;二曰毁誉之名,善恶贵贱是也;三曰况谓之名,贤愚爱憎是也。"(《尹文子》)这部古典文献的概括之言,把"物"的诸多道德属性也归置到"物"身上去了,至为精彩和高明。顺便说一句,在不作特别说明的情况下,本书就是在这个维度上使用"物"这个概念。依据陈先生的标准,本书有时也用"人-物"来指称"物",目的是在特殊情况下,将人和其他"物"区分开来。

② 参阅陈嘉映《事物、事实、论证》,《泠风集》,东方出版社,2001年,第196页。

③ 参阅[美]克里普克《命名与必然性》,梅文译,上海译文出版社,2001年。

情——就这一点而论,斯特劳森或许真的是错误的①。原初事实只能等同于和"物"相关联且必然要相关联的那些"事",无论这个"物"在"事"中是施动者还是受动者。由此,原初事实的最终定义只能是:物以如其所是的状态状态地存在着,物以承担了动作／行为为方式并以事情的面貌存在着。

某些乡镇级别的反思者可能会认为:原初事实就是物以如其所是的状态状态地存在着,最起码应该包括如下三种情况(此处以**实物**的椅子为例):椅子被人抬走了,椅子在摇晃,椅子是红色的。"椅子被人抬走了"毫无疑问是已经发生了的事情,早就是一个具体的、特定的原初事实,因为"事情是明摆着的嘛"。只是这里没有必要考虑语法学上所谓的被动语态,更没有必要考虑施动者是谁,因为我们讨论的是"椅子"被"抬走"这件**事情**,而不是讨论对这件事情的语言表达②。"椅子在摇晃"不仅是一件正在发生的事情,而且还是人家椅子自己的事情。对椅子来说,无论是风在吹它,还是调皮的孩子在故意难为它,或者是它正在自顾自地即将散架,都不改变椅子"摇晃"、椅子"在摇晃"这件事情的性质。比较复杂的可能要算"椅子是红色的"。乍一看,"椅子是红色的"也是椅子的存在状态。这种性质的误认同样是语言的超级才华或语言自身的习惯使然。为了简单、平易地说明问题,不妨试着比较如下几个句子:

  A. 他是人。
  B. 他是好人。
  C. 他是狗娘养的。
  D. 他是猪。
  E. 他是个什么东西!

---

① 参阅[英]斯特劳森《意义与真理》,[美]马蒂尼奇(A. P. Martinich)编:《语言哲学》,涂纪亮等译,商务印书馆,1998年,第183~203页。
② 对此问题奥古斯汀(Augustine)有着极为精辟的论述。参阅[古罗马]奥古斯汀《论基督教的奥义》第二章,奥古斯汀:《论灵魂及其起源》,石敏敏译,中国社会科学出版社,2004年。

F. 他是个人吗?

在上述例句中,"是"后面接的,不过是"他"所具有的某种属性。这也是语言的威风所致,和手脚齐全的"他"没多少干系——因为"他"究竟怎样是给定的,有没有语言的介入都这个熊样——只不过没有语言的介入,我们不大可能对"他"进行如此这般的认证。康德(Kant)会告诉我们,这就是认识的实质;但言语实践更能通知我们,"是"意味着人对某"物"具有某种属性的判断和评价。依照罗素特别擅长的改写伎俩,我们可以将上面的句子改写如下:

A. 作为人的他。
B. 作为好人的他。
C. 狗娘养的他。
D. 作为猪的他。
E. 完全不是东西的他!
F. 不能算个人的他。

经过这道不变更句义的改写程序,"是"作为对某"物"具有某种属性的评价或判断,最终可以被大而化之地看成某物的一个**特称描述语**(即罗素所谓的 description)①。用同样的手法,我们也可以将"椅子是红色的"改写为"红色的椅子"。在这面照妖镜的照耀下,"椅子是红色的"作为隐藏起来的特称描述语(或曰摹状词),就无处藏身了。

除了这条颇为管用的路径外,我们还可以依照万德勒经过语言学复兼语言哲学的田野作业后的精辟之见,将"红色的"看成椅子的自然属性。万德勒认为,该属性甚至可以独立于事物本身而单独存在②。

---

① 一般通译"摹状词"。译作"特称描述语"是陈嘉映的建议。关于特称描述语或摹状词的一般理论请参阅[英]罗素《摹状词》,[美]马蒂尼奇编:《语言哲学》,涂纪亮等译,商务印书馆,1998年,第400~413页。
② 参阅[美]万德勒《哲学中的语言学》,陈嘉映译,华夏出版社,2002年,第293~296页。

语言哲学家万德勒的思路是从语句分析滑向实物。我们的思路刚好相反，需要从实物滑向语句：如果将"红色的椅子"只看成和语言无关的实物，"红色的椅子"就不能算做椅子的存在状态——它只是一个实物，即"红色的椅子"或"椅子"是"红色的"①。"红色的""椅子"即使没有被看见、没有被说出，它还是"红色的""椅子"、依然是"红色的""椅子"②。

只有"动"起来的"物"，只有横蹦竖跳般肩负了动作／行为的物，才配称为以如其所是的状态状态地存在着、以事情的形式存在着，也才配称为事情。古老而略显迂腐的《礼记》在这方面给我们留下了深刻的教益："动则左史书之，言则右史书之。"③《史记·五帝本纪》"正义"也有言："左阳，故记动；右阴，故记言。言为《尚书》，事为《春秋》。"排除《礼记》和《五帝本纪》"正义"中的道德面孔，综合《礼记》和《五帝本纪》"正义"的古老看法，不难窥知：我们的老祖宗很早就明白"言"、"动"之间的区别。联系《礼记》和《五帝本纪》"正义"中"言"与"事"的对照，更不难获知：所谓"动"，就是"事"；只有"动"，才能称为"事"、才配称为"事"。"动"、"事"不仅占有一定的空间，还占有连续性的时间和时间的连续性。任何"事"都有施"动"者或受"动"者；施"动"者或受"动"者只能是实物，绝不是寄居在语言大家族当中各种型号的名词或代词。"动"才是"物"的存在状态，"动"才是"物"的状态的存在方式。一言以

---

① ［英］贝克莱（George Berkeley）对此可以反问：如果没有语言，"红色"又是怎么来的呢？我们的回答是：没有语言，红色作为椅子的一种性状仍然是实存的，只不过语言给了这个性状一个叫"红色"的名号。"红色的椅子"不过是某个实物的名称；在不那么严格的角度上，也不过是一个特称描述语（即摹状词）而已。

② 张志扬先生深思熟虑的观点或许可以为我们的看法做一个上好的参证。张先生认为，诸如花是红的、椅子是红色的一类表达，其迷误就在于，把谓语表达式（是存在的，是红的）中的具体个别名词（存在的，红色的），变成抽象个别名词（存在，红），也就是把本来是表语的表达式（存在者是存在的存在者，花是红的花），有意无意地顺应主谓结构中的谓述化，即变成谓语表达式（存在者是存在的，花是红的）。张志扬据此认为，西方哲学史上的许多著名人物，就由此开创了他们那些颇有煽动力的形而上学的绝对本质主义体系（参阅张志扬《语言空间》，福建教育出版社，2000年，第90页）。

③ 《礼记·玉藻》。

蔽之曰:"动"即"事"、"事"即"动";不"动"无以成"事"。只有"动"起来的"物"才是谈论的基础①。

第二节 经验事实

语言哲学的基本常识是:凡是依照双重循环的严正教诲,寄居在语言空间当中的原初事实(即事情)都是**经验事实**。卡维尔(Stanley Cavell)说得好:对不受语言污染的原初事实的渴望,注定只能是一种"先验幻像"(transcendental illusion),因为一切可以被认识的事情,总是语言中的事情。② 经验事实和原初事实之间最重大的区别,就是有没有得到语言的效忠和效劳。T.帕森斯(T. Parsons)强调过:任何经验知识在某种意义上和某种程度上都是由概念形成的,全部经验观察都是根据一种概念系统来进行的——不仅复杂的科学观察如此,对事情最简单的常识性表述也是如此。③ 按照陈嘉映先生更为精准、更为具体的看法,经验事实不过是人为着自身目的,从事情身上截取的某些

---

① 海伦·凯勒(Helen Keller)是一位自两岁起就又聋又哑的小女孩,在晚年对其童年的学习生涯有过平静而令人惊心动魄的回忆:"有人在吸水。我的老师把我的手放在水龙头下。当清凉的水流冲洗着我的一只手时,她在我的另一只手中写下'水'这个字,先是慢慢的,然后渐渐加快。我在那儿一动不动,全部精神都集中在她手指的每一次移动上。突然,我觉得好像模模糊糊记起了一些已经遗忘的东西——我感到一种往事重来的颤栗,那语言之谜一下子迎刃而解。我知道了'水'就是指流过我指掌的那美妙凉爽的东西。"(《假如给我三天光明——海伦·凯勒自传》,李汉昭译,华文出版社,2002年,第15页)凯勒的亲身经历很可能道出了一个真理:只有言之有物的谈论才是交谈的基础;只有在事情存在的前提下(比如水正在流动),谈论才可能发生、认识才会发生;只有这样的谈论和认识才是言之有物的,才是有效的。只有事情,才是谈论的唯一基础和认识的唯一起点。

② 参阅 Stanley Cavell,"The Availability of Wittgensitein's Later Philosophy", Philosophy Review, Vol 71(1962), p86.

③ 参阅[美]帕森斯《社会行动的结构》,张明德等译,上海译文出版社,2003年,第31页。

片断——至于"人为着自身目的"是否与既有的意识形态或话语定式相关,明眼人不难得出准确的结论。经验事实在大多数情况下,只是原初事实的语言性切片;在某些特定的时刻,尤其是在我们受制于目的无意识而十分需要的时刻,经验事实也可能是原初事实的语言性整体。所谓经验事实,不过是原初事实或整体或片断地在语言中地被呈现;经验事实就是被说出来、被写出来的原初事实的整体或片段。

海德格尔的弟子、阐释学大师伽达默尔在20世纪60年代德国的某间斗室里,热情洋溢地颂扬过语言的伟大才华:只有语言才是经验中唯一的理性,语言才是使经验成为可能的根本条件,甚至堪称唯一可能的条件。按照伽达默尔的热情称颂,语言拥有先于一切经验而存在的特性和能力,所以它面对事情,就像路易十六对待法兰西的人民群众那样,能将一切可以想见的原初事实不由分说地改造为经验事实。① 相对于原初事实,语言从来都是拥有无限霸权的殖民者:只要我们愿意,只要有必要,只要我们依据双重循环或目的无意识的教导,对某件事情怀有或正当或不那么正当的目的,原初事实总能得到语言的包装和打

---

① 尽管双重循环(特别是双重循环中的第二个有趣的循环)始终在不遗余力地昭示我们:事情,尤其是属人的事情,总是和 discourse 一道相互造就了对方;但依照语言哲学和认知心理学的一般描写,具有自治、自在、自为能力的事情必须首先要被包裹在语言当中才能被认识,否则,它在我们的大脑皮层上不过是一堆感觉碎片,一堆杂乱无章的什物,一些鸡零狗碎,一些支离破碎的影像。与动物的"认识"大不一样,人类的认识始终是一种形式化的认识,老康德在这方面曾经有过辉煌灿烂的猜想——尽管他的猜想遭到了解构主义暴徒、凡事喜欢从相反的角度看问题的德里达等人的坚决反对。但哲学恐怖主义分子德里达可能也无法否认:形式化确实实来源于语言的威力,而且只能来自语言的威力。归根到底,是语言而不是别的任何型号的神秘东西,才给了我们认识世界的形式化能力。至于德里达讨厌的逻各斯中心主义是否存在于形式化和语言当中,那是另一个问题。这个问题属于德里达而不属于我们[参阅(瑞士)皮亚杰(Jean Piaget)《发生认识论》,范祖珠译,商务印书馆,1996年]。

扮,从而转化为某种高度形式化的、具有鲜明**意义倾向性**的经验事实。① 在这方面,每个能说会道的人都有可能是、都必然是路易十六程度不同的翻版。而所谓经验,按照晚期海德格尔不无诗意的看法,不过是物与其言词之间的关系;依据我们对 discourse 的分层处理,经验不过是事情在谈论中跃迁而成的经验事实。和经验事实一样,经验也是谈论的结果,只能是谈论的结果。所谓诚实,就是在语言中呈现出来的实"事"求"是"。

无论是奥斯汀、斯特劳森还是陈嘉映,他们关于事实的理论、关于真理标准问题的理论都可以作证:经验事实既然是对事情的语言性截取,就必然具有叙事特征。按照现代叙事学的一般教义,事情在自身的层次上,无疑从头到尾都遵循叙事学原理,所有的事情都是叙事性的。② 我们没有任何理由否认经验事实的叙事特征③。这也是"贝格尔号"在打造阶段就强调谈论拥有叙事功能的内在依据④。维柯的《新科学》、列维-布留尔的《原始思维》,或许还要算上列维-斯特劳斯(Claude Lévi-Strauss)的《忧郁的热带》,甚至摩尔根(Morgan)的《古代社会》,都通过实地考察得来的第一手资料通报我们:人类最早的认知方式就是抒情和叙事。我们的祖先面对令他们震惊、痛苦、恐惧、高兴的事情时,最常见、最习惯的反应就是"啊"! 这或许就是抒情在发生学

---

① [英]贝克莱的著名口号是:如果物质存在,我们也永远不能认识它;如果物质不存在,一切事物仍然保持原样。本书认为,这种极端的观点一方面夸大了语言的能力,另一方面也无限缩小了语言的认识能力,因而完全不可取,顶多只有语言游戏方面的"趣味性"。

② 参阅米勒(J. Hillis Miller)的论述[(美)米勒:《解读叙事》,申丹译,北京大学出版社,2002年,第22~43页]。

③ [法]罗兰·巴尔特认为:"叙事的功能不是再现,而是建构一种景观。""叙事并不展示,并不摹仿。"但他站在结构主义的立场,又走向了绝对化:"叙事中'所发生的'指涉(现实)的观点是无,'所发生的'只有语言,语言的冒险,对其到来的不断赞颂。"(参阅罗兰·巴尔特 Itroduction to the Structural Analysis of Narratives, in Image, Music, Text, p124)这或许也可以给我们一点参证。

④ 关于这一点还可参阅[法]尤塞夫·库尔泰(J. Courtes)《叙述与话语符号学》,怀宇译,天津社会科学院出版社,2001年,第58~60页。

上最早的起源。① 但这种质地的抒情,恰恰表征着初民们离动物不远,他们的"意识"尚未进入语言的稠密地带。紧接着而来的就是叙事:把直接面对的事情包纳在最原始的语言空间当中,叙事即告完成。② 现代认知心理学认为,在一切认知阶序中,和原始人一样,我们首先掌握的认知方式是无师自通的抒情(比如小孩子得不到玩具时哇哇大哭)③,然后是叙事:用最简单的话描述事情力图说服他人或自己。这一祖传的、来自人类基因深处的方式表明了:直接面对事情、并能有效消化事情的唯一古老方式、唯一原发性的方式就是叙事。这正是人类的幸运或宿命。就幸运这方面来说,我们一开始就能身受天启似的将事情包纳在语言之中;从宿命这方面来说,我们在直面事情并想较为清楚地说出事情时,只能首先采用叙事的方式,尽量按照事情的行进序列将事情安排在语言空间当中。但无论幸运还是宿命,我们都只能首先**依靠叙事性谈论**,才能最初级地消化事情并提供经验事实,从而完成各个含义层次的 discourse,达到对世界的认识——无论是肤浅的还是深

---

① 参阅[法]列维-布留尔《原始思维》,丁由译,商务印书馆,1981年。
② 耿占春先生很精辟地认为:"叙事知识如同各类知识的一个母体,不同的知识类型在其后的历史中从叙事形式中脱离出来。或变为一种概念的论说,抽象的思辨,或变为对材料的考据与分析。"(耿占春:《叙事美学》,郑州大学出版社,2002年,第16页)耿先生的看法或许可以为我们的论断提供帮助。
③ 参阅[瑞士]皮亚杰《儿童的语言与思维》,傅统先译,文化教育出版社,1980年,第15~19页。

刻的,也无论是正确的或错误的。①

  阿尔都塞有一句几乎是尽人皆知的名言:事实"总是已经预先存在的事实"②。但这个"总是已经预先存在的事实"绝不会是别的稀奇古怪的东西,只能是绝对意义上的原初事实。特定的原初事实只有一个,但每一个原初事实却可以在语言中被分解、被肢解为事情的若干片段。这些受制于目的无意识和双重循环而被分解、被肢解来的片段,就是所谓的经验事实。事情不仅和原初事实等值,而且是一个**较大的事实**。原初事实是事情的整体,是事情的全身相;经验事实则是一个**较小的事实**,它只是或主要是事情的某一个侧面的特写镜头。只有在某些极端的时刻,经验事实也可以是事情的全身相。至于人通过语言究竟是选取事情的腰部、臀部还是胸部进行特写(即**谈论**),抑或是给整体的事情

---

① 在早期维特根斯坦那里,"世界是事实的总和,不是事物的总和"[(英)维特根斯坦:《逻辑哲学论》1.1,贺绍甲译,商务印书馆,1987年]。"世界分解为事实"(《逻辑哲学论》1.2);而事实则是"事物状态的存在"(《逻辑哲学论》2)。《逻辑哲学论》解释过"情况所是的那样"就是"事物状态的存在","事物状态"则是"对象(事物,东西)的一种结合"。按照罗素的钢口铜牙,维特根斯坦的事实意指事物具有某种性质、事物之间具有某种关系[(英)罗素《逻辑哲学论·序言》]。这里不讨论维特根斯坦对事实的定义与本书对事实的定义有何差异,只强调和我们的论旨有关的那一小点:"事物具有某种性质"、"事物之间具有某种关系"只存在于叙事性的语言空间当中;"事物具有某种性质"、"事物之间具有某种关系"只在语言的水平上成立。在语言/意识触及(原初)事实之前,"事物具有某种性质"、"事物之间具有某种关系"只是自在之物。语言一旦假借谈论叙事性地触及原初事实,原初事实也就同时被修改为、框定为经验事实;"事物具有的性质"、"事物之间具有某种关系"才成为经验中的存在物,也才能为经验所把握从而成为可知之物。[意]卡尔维诺(I. Calvino)则以一个作家的天生敏感,深入而形象地道出了事实和语言之间的关系,可以为我们的论断作证:"在文字之中,外部与内部、世界与我、经验与幻想,都是由语言材料构成的;眼睛看到的形象与头脑想象的形象,都包含在由大写、小写、句号、逗号、括号等组成的一行行文字之中。由排列得密密麻麻、整整齐齐的符号构成的书页,代表了外部世界五光十色的景象。那一页页面积一样、文字不同的书,就像沙洲上大风堆起的一个个沙包。"[(意)卡尔维诺:《美国讲稿》,《卡尔维诺文集》,萧天佑译,译林出版社,2001年,第399页]

② 此处借用了阿尔都塞的著名断语:touj－ours－de－donnees。但本文不一定是在阿尔都塞的本义上使用这个断语,特此说明。

咔嚓一声照一张全身相,几乎完全取决于接下来要论述的问题。

我们可以从"张三打了李四一拳"这件特定的事情中,通过谈论截取张三打李四那一拳的某个部分:张三猛地挥拳,张三一拳打中了李四的鼻梁,张三趁李四不备,张三贸然下手。而在自治、自为的原初事实中,那一拳从来都是一个整体,无法被截取。原初事实倾向于拒绝奉献自己的器官和零部件——哪怕这个世上真地存在着逼它就范的 48 种刑罚。因为事情总是在"整体地涌动"(陈嘉映语),因为事情总是在一定的场域内、一定的时间连续性中整体地呈现。它是绝对意义上的全身相。因此,在现实世界上,所有被语言呈现出来的原初事实都必然要转化为经验事实;除了原初事实即事情之外的所有事实,都必然是经验事实。

听到如此这般的言论,不少人马上就会声称:这种说法大有乌托邦之嫌,也饱具实证主义之特性。据马丁·杰(Martin Evan Jay)介绍,法兰克福学派的创始人霍克海默(Max Horkheimer)早在 1937 年就猛烈批判过维也纳小组的逻辑实证主义;逻辑实证主义者相信知识虽然最初来源于感知,但它真正关心的,却是对包含在所谓"约定句子"中的感知的判断。逻辑实证主义的最终结果是把事实绝对化,并因此把现存秩序实体化。① 相较于视批判现实为第一要务的霍克海默,维也纳小组确实有一个维特根斯坦式的理论预设:神秘的不是世界是怎样的,而是它就是这样的。搞清楚"世界就是这样的"的逻辑构造、语言构造,确实有可能将现存秩序绝对化、实体化。但在维也纳小组那里,还有一个不言自明的立场:外科手术由外科医生来干,内科则让给更合适这种工作的内科医生,两者之间不允许串行。与霍克海默较为不同,另一个同样来自德国后来同样流亡美国的哲学家列奥·施特劳斯,则从另一个角度批评了所有形式、所有型号的实证主义:逻辑实证主义只不过是实证主义大家族中最为极端的一种。或许正是有鉴于此,施特劳斯才说,各种形式的实证主义的目标,"已经不像神学和形而上学那样针对

---

① 参阅[美]马丁·杰《法兰克福学派史》,单世联译,广州出版社,1996 年,第 74~75 页。

'为什么'的绝对知识,而是只针对'怎样'的相对知识"①。也正是在这个意义上,施特劳斯对实证主义才给出了一个堪称辛辣的讽刺:道德上的迟钝是科学分析的必要条件。但在本书看来,逻辑实证主义的最大失误不在于是否把现存秩序实体化,也不在于是否具有道德上的迟钝,相反,它的失误恰恰在于过度夸大了、透支了语句对事情的呈现能力,让语句面对事情时拥有了绝对傲慢的神情;更有甚者,它让语句在呈现事情时将事情大面积地抛开了,并过度强调命题内部的逻辑关系,由此,经验事实反倒失去了自己的主要位置。事实上,与事情截然不同,经验事实始终是形式化的——霍克海默、施特劳斯抓住的实证主义的要穴在实证主义那里恰恰是无法避免的,因为经验事实的实质,就是要给出事情在语言中的秩序。实证主义强调的,不过是尽量按照事情的本来面目来为事情赋予秩序;霍克海默、施特劳斯等人强调的,则是事情应该具有怎样的秩序。前者在"所是"(即 is,即事情的未来面目)的层面展开,后者则在"应是"(即 ought,即理想中的某种状态)的角度抒发情怀。在霍克海默一类的哲人那里,承认现有秩序的永不完美才是他们思考一切问题的出发点。有必要承认,相对于生活世界并为了生活世界,这当然是一个伟大的出发点。但是,相对于各种形式的实证主义,霍克海默等人的工作又恰恰受制于某种完美主义的支配——尽管这是一种不断生成、不断成长的完美主义——并在语言中给了现实世界或事情一种堪称颠倒的秩序。福柯则较为公道地认为:"秩序既是作为物的内在规律和确定了物相互间遭遇的方式的隐蔽网络而在物中被给定的,秩序又是只存在于由注视、检验和语言所创造的网络中;只有在这一网络的空格,秩序才深刻地宣称自己,似乎它早已存在那里,默默地等待着自己被陈述的时刻。"②

因为语言具有各种各样的局限性,因为目的无意识始终在调配语言的行进步伐,同一个原初事实几乎必然性地会导出诸多不同的经验

---

① 参阅[德]列奥·施特劳斯《什么是政治哲学》,《现代政治思想:关于领域、价值和趋向的问题》,杨淮生译,商务印书馆,1985年,第63页。
② [法]福柯:《词与物》,莫伟民译,上海三联书店,2001年,第8页。

事实,有时候甚至是截然相反的经验事实。"张三狠狠打了李四左眼一勾拳"作为一件已经发生的、不可变更的事情,在不同的人那里很可能得出无数种性质迥异、面貌不同的经验事实:张三打了李四一拳,张三只不过摸了李四一下,张三是打了李四但对李四不构成任何伤害,张三根本就没有见过李四……在神州大地每一个小派出所和小法庭都能见到的这些事例中,我们很容易推断:经验事实不可能是原初事实的原样再现。从语言哲学的维度,我们可以更进一步断言:原初事实和经验事实是两种不同水平、不同层次的事实。经验事实不可能和原初事实全面相符。经验事实正确与否、在多大程度上正确与否的标准,始终攥在原初事实的手中。底牌不在经验事实的口袋内,因为经验事实的得来不仅受制于语言的局限性,更受制于目的无意识的严正法眼。"张三死了"作为给定的原初事实,不允许"张三今天还在上班"这种打胡乱"说"的经验事实出现;事情也拒不承认这种经验事实竟然胆敢为真。不过,请允许我们把话又给说回来,在双重循环始终或隐或显、或明或暗地存在着的前提下,在有着强烈目的性的法庭上,在道貌岸然、冠冕堂皇的各式历史决议中,情形自然要另当别论。

第三节 现实世界上的真实(性)

关于现实世界的真实有两类①。

一类是**客观真实**。所谓客观真实,就是人-物如其所是的存在状态按其本义呈现出来的本来面目,也就是通常所谓的事情真相。客观真实与原初事实相对应。和原初事实一样,客观真实(事情真相)也独立于语言和人的意识,它不依赖于我们的意识或语言独自成真。电子

---

① 关于真实观念在西方的演进史,至少是在文学史上的演进史,可以参阅 Erich Auerbach, *The Mimesis: The Representation of Reality in Western Literature*, trans. Willard Trask, New York, 1975.

在飞奔,恐龙在白垩纪的地球上飞扬跋扈,张三昨天晚上8点10分在北京看丹桥附近某间平房里唏溜唏溜吃面条,司马迁的男性军火库在汉代某间蚕室内灰飞烟灭,黄河在明代流向黄海……作为原初事实,它们的成真,无视语言的挖空心思,对意识的媚眼更是视而不见、不屑一顾。和事情或原初事实一样,事情真相也是物自体或自在之物。事情真相始终处在语言之外,处在语言给予它的形式的披风之外。

另一类是**经验真实**。所谓经验真实,就是客观真实或曰事情真相被语言所呈现。它是被说出来、被写出来的客观真实,是被说出来、被写出来的事情真相。凡是披上语言大褂、盖上了意识图章的事情真相就是经验真实。一切关于现实世界的真实都是经验真实而且只能是经验真实。和经验事实一样,经验真实只能存在于语言当中。语言,有着种种缺陷的语言,才是认识活动的唯一基础。而认识的一个基本才能,就是将客观真实置放在语言的框架内。因此,经验真实是而且仅仅是语言水平上的真实。奥斯汀的学生和重要追随者塞尔曾经这样写道:

> 有一次我同一位著名的民族方法学家进行辩论,他自称能够证明天文学家通过他们的研究和他们的话语实际上创造了类星体和其他天文现象。"瞧,"我说,"假定你和我都在月光下散步,我说'今夜月亮真美,你表示赞成。我们是不是在创造月亮呢?'"他说:"是的。"①

在接下来的文字中,塞尔对那位民族方法学家表示了含蓄和看似有力的鄙夷。一向算无遗策的塞尔恐怕多多少少有些失察,根据他的叙述,那位民族方法学家的意思倒很可能是:"今夜月亮真美"不过是语言仰仗自身的威力,为月亮赋予的某种属性。那位民族方法学家"创造"的月亮,则不过是语言空间之中的月亮罢了,丝毫不改变月亮之为月亮的客观真实性。萨特(Rean-Paul Sartre)在《恶心》中,就借他的主

---

① [美]塞尔:《心灵,语言和社会》,李步楼译,上海译文出版社,2001年,第18页。

第一章 关于现实世界的 discourse

人公之口表达过一个小意思:语词是一阵微风,它只吹拂了事物的表面,并不改变事物本身。面对这样的精辟之言,我们顶多只能追加一句:这阵微风改变了我们对事物的看法。这不过是在说,经验真实是属人的、经过了人的目的性打磨过的形式化的真实。由于语言是供人驱使的(首先是供人驱使的),在不少时刻,人有什么样的目的,人遵循何种目的无意识的教诲,就注定会有何种性状的经验真实。有着浓厚实用主义倾向的哲学家普特南(Hilary Putnam)在其大著《理性、真理与历史》的某处曾写道:"只要对象与怎样使用符号和如何使用符号是没有关系的,符号就并不必然地与对象符合。但实际上由特定使用共同体以特定方式使用的符号确实与在这些使用者的概念模式之内的对象符合。'对象'并不独立于概念模式而存在。当我们引进某种描述模式时,我们就把世界划分成对象。由于对象和符号同样内在于描述模式,就有可能说什么与什么相匹配。"很明显,普特南不过是在说,经验真实和客观真实(或称事情真相)有着截然不同的性质,拥有不同质地、不同功用和不同性状的生育系统。客观真实是荒地,经验真实无疑就是种上了稻子的水田;客观真实是风,经验真实就是破浪的白帆。按其本意,经验真实始终愿意和经验事实相对应。经验真实是经验事实的标的和属性。经验事实就是在某种特定的目的无意识的支配下,为这种目的寻找到的证据——它只不过号称自己是真实的。

所有的经验事实都必然得自语言的效忠——对于一开始就拥有特定目的的人来说,所有的事实都必然是而且只能是经验事实。因此,既不存在有关现实世界的超验事实,也不存在超验真实;①既不存在有关现实世界的将来的事实,也不存在将来的真实。"超验事实"和"超验真实"、"将来的事实"和"将来的真实",都是矛盾用语——它们是悖论,是语言的吊诡,是聪明过头的语言为自身制造的反讽或赞美。

晚期维特根斯坦十分坚定地认为:语言是对世界的"反应"而不是"反映"②。这实在是一个至为精辟的论断③。通过这一论断,维氏不

---

① 任何被谈论的东西都是、都已经是、都必然是经验范围之内的东西。比如我们谈论孙悟空是不是存在就属于这个范围之内。只要我们谈论一个东西,它就是存在的,无论是以观念的方式存在还是以实物的方式存在。正是在这个意义上,本书才说,不可能有超验的事实。当然,诸如"孙悟空不存在"这样的表达式所存在的悖论——此为"迈农悖论"——有很多解决方法(参阅陈嘉映《语言哲学》,北京大学出版社,2003年,第38~39页)。本书这么说,丝毫没有塞尔所认为的反对外部实在论(External realism)的意思。本书认为,外部实在始终独立于我们的意识之外,而外部实在要想被我们认识一定要经过语言的安排,即在语言逻辑结构中获得自己的秩序。这或许就是早期维特根斯坦的精辟论断:语言的界限就是一个人的世界的界限。

② 参阅[英]维特根斯坦《哲学研究》,汤永宽译,上海人民出版社,2001年。

③ 按照霍克海默时代的法兰克福学派的观点,概念式思维,至少在黑格尔的意义上,曾保持了主客体中介的原始敏感。德文词"概念"(Begriff)据说和"掌握"(greifen)相联系。Begriff就是那些能够完整掌握其内容的概念,包括肯定性的和否定性的要素[参阅(美)马丁·杰《法兰克福学派史》,单士联译,广州出版社,1996年,第296页]。这实际上是在说,语言能够死死抓住和掌握事物。

仅汤清水白地将语言世界和现实世界区分开来①,还正确地点明了语言和世界之间的隐秘关系:世界是世界,语言是语言,犹如"桥归桥,路归路"一般。基于维特根斯坦司令级别的立论,我们不妨趁机下一个小结论:经验真实不可能是对客观真实的原样再现。考虑到目的无意识、双重循环在言语实践中的无处不在,经验真实就更不可能是对客观真实的原样再现。现代语言学和语言哲学也几乎从各种可以想见的角度证明过:客观真实和经验真实只能是不同水平、不同层面的真实。客观真实针对、对应于事情,经验真实则是语言中的事情整体或片段(在绝

---

① 语言当然是为了"切中"世界、把握世界而被创造出来的。但被创造出来的语言在把握、切中世界时,并不是和世界呈一一映射的关系。语言只在整体上和世界相勾连。语词"不是造出来和自然界里已经一一排列妥当的实体、属性、活动和关系一一对应的,它们是功能各异而又联合配套的设施,我们依赖这些设施而能够把各个相异的整体事境分解为一些固定因素的组合,作为因素的组合来看待来述说来处理。……语言在本质上是分析性的,特定的整体的情景被分析成了由元素组合结合而成的整体,事件被分析成了物体、形式、举止行为、关系等等。这些类别当然反映在语法范畴中,但它们首先是哲学范畴。事境被分解成物与物、物与属性的、物与动作的关系。这就是说,通过语言,事境被看作这些单元的联系。并非先有主体才有行动,而是我们把事件分解为、理解为主体和他的行为举止。"(参阅陈嘉映《思远道》,福建教育出版社,2000年,第51页)"萨丕尔—沃尔夫假说"主张语言决定了人的感知方式。如果这个主张有道理,那么,语言切中世界时,世界已经成了语言中的世界,与自在世界已经大不相同,而且这种不同是性质的不同。语言中的世界当然不等于自在世界。而在索绪尔看来,语言只是一种逻辑关系,对世界的表达即言语是语境关系。语词在语言中具有价值(value),在言语中具有用法(signification)。无论索绪尔这样说的目的是什么,上述言论都是对语言再现世界的坚决反对。

大多数时刻是片断)。经验真实和客观真实是两种性质迥异的真实①。

1989年11月某日,戴维森(D. Davidson)在哥伦比亚大学第六次"杜威讲座"的第一句话就是:如果没有可以思想的造物,世界上就没有一样东西、没有任何对象或事件可以是真的或假的。从语言哲学叛逃至实用主义阵营的理查德·罗蒂在分析索绪尔的结构主义语言学时,笔锋一转,突然指出了索绪尔理论中有可能蕴涵着的一个论断:"没有一个词获得其意义的方式是自亚里士多德到罗素为止的哲学家们所期望的:成为对某种非语言的东西(如情绪、感觉材料、物理对象、理念或柏拉图的形式)的直接表达。"饶是如此,罗蒂迫于来自事情本身的压力,还是忍不住马上指出:这并不意味着不存在对非语言的语言学指称这样的事情。他无可奈何地说:"'有一只野兔'是在出现一只野兔时说出的一个典型句子。"②保罗·利科(P. Ricoeur)一口咬定:"归根到底,

---

① 逻辑实证主义者克里普克认为,名称具有历史的、因果方面的来历;命名和必然性有关[参阅(美)克里普克《命名与必然性》,梅文译,上海译文出版社,2001年]。从克里普克至为清晰的论述中,我们能较为容易地察觉出来,他并没有忘记——也不大可能忘记——语言和世界归根到底是两种不同的东西。在这方面,我认为有必要听取我们老祖宗的教诲。袁宗道就公开说过:"本无名相,安可言说?""才说合,便离了也。"(袁宗道:《读〈论语〉》)排除种种神秘主义的味道,袁宗道似乎暗示了:语词和语词所要命名的对象之间有着遥不可及的距离,但语词与对象之间并非没有可被我们把握的关系。经验真实和客观真实之间的关系也大致上与此相类:经验真实不过是一系列语词及语词之间按照语言规则的相互组合,客观真实则无疑是经验真实意欲抓取的对象。据说,卢梭写完意在向世人真实地介绍自己的《忏悔录》后再重读自己的大作时惊讶地说:"我十分惊异自己竟然编造了这么多的谎话。我记得当时是把它们当作真话来讲的。"(参阅杨正润《回忆的缺陷》,《文汇读书周报》2002年3月8日)德里达说:"文本之外,无物存在。"罗蒂则说:"我认为,'事实'这个观念本身正是我们应当加以放弃的观念。"德里达和罗蒂那种种关于事实的看法正是造成卢梭上述感叹的众多原因中的一部分——尽管德、罗的目的并不是要为卢梭的感叹寻找依据,但我们依然可以认为,只注重语言、只注重文本的存在的真实性(比如德里达),只承认实用主义所认可的那种合理性(比如罗蒂),从逻辑上说,必然要反对客观真实性,也就自然要反对原初事实以及原初事实的存在。这就是话语拜物教、文本拜物教的典型症状。

② 本段文字到此为止中的引文及观点请参阅[美]罗蒂《后哲学文化》,黄勇译,上海译文出版社,1992年,第104~105页。

第一章　关于现实世界的 discourse

对现实的指称是对能够指出来的那种现实的指称,就是说,对'围绕'着话语实例本身的现实的指称。……在实际言语里,人们所说的话的理想意义,集中于一个真正的指称,也就是集中于人们所说的'那些东西'。"无论实用主义者罗蒂在说这些话时是否暗含嘲讽,也无论解释学信徒利科如何斩钉截铁,我们都不妨说,也仅仅是在戴维森道出的那个层面上,两种不同水平的真实、两种不同性质的真实始终在相互往来、对话和谈判。正如罗蒂在另一本书中所说:"哲学无法回答这个问题:我们的词汇和世界所是的方式一致吗?它只能回答这个问题:我们能够明白无误地把我们所使用的各种词汇同另一种词汇相联系,从而消解似乎在我们从一种词汇转向另一种词汇所产生的哲学问题吗?"①无论罗蒂的问号究竟是出于赞美还是出于嘲讽,我们都可以用如下方式来理解罗蒂的断语得以成立的基础:世界是世界、语言是语言,永远都是两件不同的东西,正如同"桥归桥,路归路"一般。

虽然经验真实不可能和客观真实完全相符,但要想认识现实世界,也不可能完全不相符。在现实世界上,客观真实按其本义,按其卑微的自我以及自我的尊严,绝不允许经验真实和客观真实全面的不相符,正如《沙恭达罗》所吟诵的:"你无论走得多远也不会走出我的心,/黄昏时刻的树影拖得再长也离不开树根。"黄河流入东方的黄海、恐龙在白垩纪统治地球,作为现实世界上的客观真实(即事情真相),除了专制到准备自我爆炸的君王,除了掌握历史书写权的超级妙人——他们是在双重循环和目的无意识的极端指引下生产出来的特殊人种——绝不允许在描述现实世界的谈论性的语句中,得出如下所谓的经验真实:黄河向西流,恐龙 2003 年 10 月 1 日上午在北京郊区漫游。

客观真实和原初事实紧密团结在一起。依照它们的天性,客观真实肯定和原初事实分毫不差地全面符合——至于这种性质的相符对于欲望强烈的人是否有意义,那是另一个问题。一个具体的原初事实只有一种客观真实。事情的真相永远是唯一的真相。在这个意义上,客

---

①　本段文字中的部分引文及观点请参阅[美]罗蒂《真理与进步》,杨玉成译,华夏出版社,2003 年,第 104 页。

观真实就是原初事实,就是事情本身。从逻辑上讲,一个具体的原初事实导出的经验事实却可以是无穷无尽的。由于认识的局限性、语言本身的缺陷,由于各种属人的目的性、倾向性的有意侵蚀,一个具体的客观真实也可能导出无穷无尽的经验真实。经验真实和原初事实之间并无必然的一一对应的关系。有关这一结论的明显例证,存在于各种型号的法庭,存在于各种生机勃勃、煞有介事的赌咒发誓,也永恒地存在于我们伟大的二十四史以及各种版本的历史决议的右腹腔。在不少时刻,所谓真实,诚如小说家李洱感叹的:完全是一个虚幻之极的概念①。赫西俄德(Hesiod)早在公元前8世纪就说过,为了惩罚人类,宙斯早就给语言赋予了说谎的能力,以便让人类在谎话中受尽磨难。②

　　上述描叙或许会被人指控为典型的**符合论**。众所周知,符合论在近世以来遭到了**诸多进步人士**的诟病。连一向对符合论充满同情的陈嘉映,也不乏善解人意地列举过符合论的三大困难:"第一,它似乎没有包括分析性的真理;第二,它似乎不能解释否定性命题如何为真;第三,符合论包含一个循环,要拿所说的和实际情况相比较,我们必须已经知道所说的是什么意思了,于是意义或意思似乎必须独立于实际情况就成确定,于是意义就变成了一个和现实脱离的自治的系统。"③没有任何理由否认陈先生列举出的困境的真实性;此处也没有必要引证自亚里士多德(Aristotle)以降直至莱布尼茨(Gottfried Wilhelm Leibniz)、康德、黑格尔、罗素及至海德格尔对这个问题的看法④,"贝格尔号"在

---

　　① 参阅李洱《花腔》,人民文学出版社,2001年。
　　② 参阅[古希腊]赫西俄德《工作与时日·神谱》,张竹明等译,商务印书馆,1997年,第3~4页。
　　③ 陈嘉映:《语言哲学》,北京大学出版社,2003年,第60页。
　　④ 关于此问题可参阅王路《"是"、"是者"、"此是"与真——理解海德格尔》,《哲学研究》1998年第6期。

此只想说一个渺小的事实,并希望以此能为符合论张目和壮胆①;当我们对现实世界上已经或正在发生的事情做出或历时或共时的谈论后,要想检验这个谈论或真或假,除了事情或事情真相,难道还有其他更权威的标准吗?即使我们把双重循环拖进来,即使我们相信双重循环在构造经验真实方面具有重大作用,即使亦步亦趋地遵照斯特劳森的观点(即事实与陈述是相互造就的,事实不在世界中,事实只是陈述所陈述的东西,是陈述的内容)②,也无法证伪如下命题:检验关于现实世界的谈论真假与否的标准只在于是否符合事情真相。确如一些哲学家所说,符合论简单、机械、近乎常识,不足以构成某些深思熟虑者、聪明过人者的挑战对象。"贝格尔号"想问的是,那些深思熟虑者,那些精研真理标准的哲学大师,不知考虑过没有:事情是事情,谈论是谈论,这当然不假;可是,真的只有在众多谈论组成的庞大阵营中,才能寻找到辨别某一个谈论真假与否的标准吗?这个阵营凭什么具有这样的资格?它从什么地方获得了授权?真是奇了怪了,你们谈论我做的事情,而在谈论这件事情真假与否的标准问题上却要我和我的事情闭嘴,全凭你们

---

① 也许对古老的符合论唯一值得警惕的,只是陈嘉映所谓的官僚主义的真理观。陈嘉映说:"事情总是为特定目的在特定框架和习惯中被描述为事实,不管目的而只为'符合事实',可称之为官僚主义的真理理论。"(陈嘉映:《事物、事实、论证》,《泠风集》,东方出版社,2001年,第189页)王路先生在引证了海德格尔的某些观点后也说,在海德格尔那里,说"是怎样怎样"与"是真的"差不多是一回事。而所谓真,不过是逻辑或语句水平上的真(参阅王路《真之追求·译序》,三联书店,1999年,第18~19页)。需要说明的是,这篇为蒯因的著作《真之追求》所写的"译序"是一篇谈论"真"的十分重要的文章。即便如此,有一点还是相当清楚的:陈先生所谓的真理理论的官僚主义之所以出现,仅仅因为我们在强调符合时把双重循环和目的无意识的暗中作用完全抛到了脑后。尽管我们的确应该强调描写现实世界的命题或谈论表达时想要成真,必须从事情那里取证;但事情如此这般地发生,却与我们在既有观念的影响下行事关系密切。因此,尽管符合是检验一个命题或语句真假的基本标准,但必须要考虑到双重循环和目的无意识的暗中捣鬼与施绊子。这是符合论唯一应该警惕的问题。

② 参阅 P. F. Strawson, *Logico-Linguistic Papers*, Methuen Co. Ltd, London,1971,p197。

在众说纷纭中所形成的谈论的大家族说了算,天底下那来的这样道理①?

实用主义宣称:真实(当然也包括真理)仅仅是个信念的效用问题,根本就不是世界的一部分和语言的一部分的关系问题。简单地说,它不是一个相符不相符的问题。威廉·詹姆斯(William James)坦然宣称,所谓真的东西,极而言之,不过是我们行为道路上的便利之计。②实用主义者普遍相信,绝对稳定的信念才是最真实的。真实甚或真理跟一切性质的符合论都没有缘分——除非符合效用。该阵营的当代表罗蒂给出了上述结论之由来的部分理由:在人类目的的便利性之外,不存在任何权威;为了使语词的使用合法化,人们可以求助于人类目的的便利性。对任何非人性的东西,我们不存在任何义务③。罗蒂的语调可真是斩钉截铁呀④。

针对实用主义的过激言论,老谋深算的列奥·施特劳斯较为不屑地说,效用和真理完全是两回事⑤。不知道罗蒂和他的实用主义同行对此轻蔑之词有何看法?陈嘉映对实用主义的真理观有过精辟的评

---

① 蒯因(又译作奎因)说:"正像符合论已经暗示的那样,真这个谓词是语词和世界之间的一个中介。真的是句子,但是句子的真在于世界如同句子所说。因此在调整语义上溯的过程中使用真这个谓词。"(蒯因:《真之追求》,王路译,三联书店,1999年,第72页)蒯因这么说,暗含了一个前提:人无法操纵事情的真相,但可以操纵语言对事情的安排。因此,面对事情真相而只能操纵语言恰恰意味着人对事情真相的无能。

② 参阅[美]威廉·詹姆斯《实用主义》,陈羽纶等译,商务印书馆,1979年,第114页。

③ 参阅[美]罗蒂《真理与进步》,杨玉成译,华夏出版社,2003年,第104页。

④ 泰勒(Charles Taylor)说:"忠实自我意味着忠实自我的独到性,这是某种只有我自己才能够阐明和发现的东西。在阐明它的过程中,我也在定义我自己。这是对现代真实性理想的理解背景,是对自我完成或自我实现的目标的理解背景。"[(加)泰勒:《现代性之隐忧》,程炼译,中央编译出版社,2001年,第34页]或许泰勒的言论能为罗蒂的观点做补充;但更为重要的是,关于真的问题,现代人已经有了更为实用的观点,而且是大面积的。

⑤ 参阅[德]列奥·施特劳斯《自然权利与历史》,彭刚译,三联书店,2003年,第7页。

论，也有过较高的评价。饶是如此，他还是忍不住说，实用主义的真理观如果不加限定地推广，最容易导致庸俗的实用主义①。陈先生似乎太善良了，在这里，我还想进一步说，实用主义的口气听上去完全是主观主义的；索性让我们再大胆一点，它是法西斯主义的。作为普通人，作为沧海一粟，我们当然有必要承认人类目的的正当性，但它是否就是真实性的出源？有用的、有效的、稳定的对于我们的目的来说当然是好的，但它一定是真的吗？实用主义是不是将正当性和真实性混为一谈了？曾经饱受庸俗实用主义之伤害的我等草民有理由相信，用这样的方式看待真实性或真理，既不合逻辑，更不合人性。人的目的肯定不能充当真实与否的标准，如果是这样，就无异于承认：我想获得幸福，能够在尘世建成天堂就既是真实的，也是铁定的真理，哪怕为这个真（理）付出累累白骨也在所不惜——希特勒治下的德国、欧洲，"文化大革命"时的中国是好例证；也无异于承认：我杀了张三，但按照怕死的本性（这个本性一般情况下堪称坚不可摧），我在法庭上的供词"我根本没见过张三"就肯定是真实的，是不容辩驳的真理——这样的真理观不用实用主义张目，早就藏于我们每一个人的心中。用人类的目的性或有用性充当检验真假的标准，最终很可能恰恰是反人性的：它给无穷无尽的恶棍提供了太多的借口，给恒河沙数的卑鄙私心敞开了太过宽阔的逻辑后门——尽管我愿意百分之百地相信，这很可能不是人家实用主义的真实用心。

另一种真理理论是法兰克福学派的当代掌门人哈贝马斯（J. Habermas）炮制出来的。哈贝马斯借用奥斯汀的言语行为理论，从普通语用学出发，断言真理根本就不是符合不符合的问题，而是说服对方从而达成共识的问题②。哈贝马斯之所以有这样的主张，按照他的理论走向，不过是为了创造一种可用于合理交往的"理想的语言环境"。哈氏的宗旨不仅仅在于描述现实世界，更在于现实世界上人际交往的

---

① 陈嘉映：《语言哲学》，北京大学出版社，2003年，第67页。
② 参阅曹卫东《交往理性和诗学话语》，天津社会科学院出版社，2001年，第83~89页。

有效性①。无论哈贝马斯意欲如何,无论说服从而达成共识有多么重要(在当今世界就更加重要了),但它仍然不能作为真实性的标准。我杀了李四,但我出于自身目的的考虑,完全可能说服你以致于达成共识:我没有杀李四——无论是通过金钱的方式还是通过权力的方式进行说服。这就是所谓的攻守同盟。任何一个低段位的罪犯东窗事发时,首先想到的恐怕都是这种性质的说服和共识。按照哈氏的理论及其理论上的极端走向,这显然是一种理想的语言环境,也是堪称真实的结论。这里边的悖论和矛盾哈贝马斯该如何处置?对于一般性的交往行为,甚至国与国之间、民族与民族之间的交往行为,共识当然有它了不起的作用;但作为真实性的出源,和詹姆斯、罗蒂所代表的实用主义一样,"共识即真实"依然会给众多的恶棍和卑鄙私心敞开大门、提供广泛的借口。②

第四节 对现实世界的 4 种谈论方式

即使是从乡长级别的反思水平上,我们也能一眼认定:谈论和语言相关,谈论和要谈论的事情(或曰"内容")相关。语言没什么不好理解,权且认做我们嘴巴里吐出来的有意义的声音就行了。要紧的是**内容**。面对物证、人证,犯罪嫌疑人吴清娃终于向法官低下了头:"我强奸了王晓喃,然后又杀了她。"这个谈论表达式除了语言还涉及事实。但这里的事实具有双重性:首先,它是原初事实。但原初事实作为事情真相(或称客观真实)完全不受人的调控,即使是号称"能让发生的事情成为

---

① 参阅[德]哈贝马斯《交往行为理论》第一卷,曹卫东译,上海人民出版社,2004年,第291~320页。

② 关于真理理论,自20世纪以来出现过很多有意义的观点,上述两种观点不过是其中的一部分同时也和我们的论述较为相关而已。关于其他真理理论,可以参阅陈嘉映《语言哲学》,北京大学出版社,2003年,第58~70页。

第一章　关于现实世界的 discourse

未曾发生的事情"的上帝也无能为力①；其次，作为谈论的结果，吴清娃的供词已经一跃而为经验事实了——只不过该谈论导出的经验事实和原初事实基本吻合，经验真实和客观真实大致相符。②

　　从上述例证中，我们不难从语言形式上识别出对原初事实进行语言性消化的基本方式：叙事性谈论。叙事性谈论只负责为其后进行的各种判断、论述提供依据：这个依据，就是被语言包裹起来的原初事实（即经验事实）。吴清娃的供词无疑是最简单的叙事，是叙事仅存的骨架、仅存的经脉。不过，那已经足够说明问题，至少按照中国的某部法律文本（即已经成为话语定式的具体模型），给吴清娃定罪、让吴清娃上断头台不是什么问题。当然，对吴清娃还可以采取非叙事性的说明、论述、抒情等表达方式。法院的判决书基本上使用了说明和论述；受害人家属的呼天抢地导致的语言表达，吴清娃在枪响之前尿湿了裤子所表征的语言性含义，差不多就是抒情。但一切形式的非叙事性描写（实际上就是 discourse 的第二层含义），都要建基于对事情的叙事性谈论。但叙事性谈论只是从语言形式处着眼；要想弄清对现实世界的谈论的

---

①　参阅［俄］舍斯托夫（Lev Shestov）《雅典与耶路撒冷》，张冰译，浙江人民出版社，2000 年，第 3 页。

②　在《逻辑哲学论》中，维特根斯坦有如下表述："1.世界是情况所是的那样。2.情况所是的那样，即事实，是事物状态的存在。3.事实的逻辑图像是思想。4.思想是有意义的句子。4.1 句子叙述事物状态的存在和不存在。……4.5 现在似乎可以说明最普遍的句子形式：这就是说，给出任何一种符号语言的句子的描述，使得每一种可能的意义都能够通过这种描述所适合的一个符号得到表达，而且如果相应地选择了名字的意谓，那么这种描述所适合的每一个符号都能够表达一种意义。……显然，在描述最普遍的句子形式的时候，只能描述其本质的东西。否则它就不会是最普遍的。……存在一种最普遍的句子形式，这是通过以下证明的：不允许有人们不能遇见其形式的命题。这种普遍的句子形式是：事物是如此这般的。"维特根斯坦显然是按照"世界—事实—思想—句子—真值函项—句子的普遍形式"的模式来思考问题的（参阅王路《走进分析哲学》，三联书店，1999 年，第 71 页）。维氏的目的在于力图保证句子对世界的保真性。这在维氏早期的哲学体系中表现为：不保真的句子是错误的句子；无法检验是否具有保真能力的句子是没有意义的句子。我们的小木船原则上接受维特根斯坦的指引，但我们同时也认为：语言哪怕歪曲性地消化了事情也不证明语句本身没有意义。这样的语句仍然是有效的语句——比如吴清娃说他没有见过王晓喃从而逃脱罪行。

具体方式和机制,尚须从原初事实(事情)出发。

可以这样设想:1998年7月1日晚10时,正当吴清娃对王晓喃实施饱含动作／行为的罪恶行径时,有一台具有全方位摄像能力的摄像机从头至尾跟着他们。在此,我们可以毫不犹豫地说,那台摄像机在对正在发生的事情进行共时性报道,即现在时谈论。这个报道与原初事实的诸进程同步,与事情的发展序列亦步亦趋。至于吴清娃1998年8月1日上午10时在法庭上的交代(无论他如何交代),则是对原初事实的历时性报道,即过去时谈论。因此,从事情本身着眼,我们又识别出两种对原初事实进行语言性打磨的方式:**现在时谈论**,**过去时谈论**。

还可以设想,吴清娃是在闻溪河上游某个名叫三江口的地方的一块大石板上,完成了他的罪恶行径。因此,那台具有全方位摄像能力的摄像机对事情的报道,就不仅具有"此时"的性质,还理所当然地具有"此地"的特征——摄像机是对发生在此地、眼下(即三江口)的事情的谈论。至于吴清娃在法庭上的招供,显然是对非此地、非眼下的事情的语言性打磨。因此,从事情那里,我们还能识别出两种对原初事实进行语言性消化的方式:**对眼下(此地)事情的谈论**,**对非眼下(远方)事情的谈论**。①

只有在语言的层面上,我们才能做出上述种种识别。好在原初事实一旦存在,事情已经摆在那里,它怎样进入言语行为、言语实践,它怎样被语言利用、打磨、修理和吸纳,已经不是它能左右的了。在人的目的性面前,在人的目的无意识的严正法庭上,事情不过是任由语言宰割的羔羊。只要稍微反思一下我们的言语实践,就不难看出,上述3**类**(即叙事性的、时间的、空间的)、5**种基本元素**(即叙事性谈论;现在时

---

① 早在公元前2世纪,亚历山大里亚学派就已经很详细地研究过动词。该派认为,动词有时间、人称和数的变化,动词可以分为五种式(直陈式、命令式、能愿式、从属式和不变式)、三种态(主动态、被动态和中态)、三种数(单数、复数和双数)、三种人称(谁说话、对谁说、说及谁)、三种时(现在时、过去时和将来时)[参见冯志伟《现代语言学流派》,陕西人民出版社,1999年,第3页]。这说明被谈论的事情的时间性和空间性早就被人们注意到了。从这里也可以看出,原初事实的空间性和时间性对谈论本身所具有的规定性。

谈论、过去时谈论；对眼下事情的谈论、对非眼下事情的谈论），始终在以一定的方式、一定的比例相互嫁接，从而形成对某件事情更充分、更完整、更清晰的谈论，以便给 discourse 其后相承续的一切含义层次提供可资利用的物质产品。叙事性谈论从语言形式着眼，现在时谈论和过去时谈论从时间着眼，对眼下（或称此地）事情的谈论、对非眼下（或称远方）事情的谈论则从空间着眼。从原则上讲，要对现实世界上某个原初事实进行完整的谈论，都需要上述 3 类元素（即叙事性、时间性和空间性）的帮衬与奉献：一个完整的谈论表达式必须既有语言形式，又有谈论本身所具有的时空因素。在此，事情可以不予考虑，因为它的存在状态是早就给定的；唯一需要考虑的是谈论的立足点。作为一种语言表达式，谈论必须以谈论本身所具有的时空充当谈论的出发点。因为谈论要处理的是事情——事情不是目的，谈论才是目的：是事情达于谈论，而不是相反。

无论在关于现实世界的**谈论表达式**中有没有明确出现时空元素，都不影响时空元素已经暗含在谈论之中；时空元素怎样暗含在谈论之中最直接的判断依据，就是盛纳原初事实的语言空间。张三对前来取证的法官说："我 3 点钟在打篮球。"这里面看起来没有空间因素。但张三的意思显然是，他 3 点钟肯定是在某个操场而不是在某张炕头打篮球，那个炕头上发生的所有事情一概与他无关。古诗云："雨中松子落，灯下草虫鸣。"这里面看起来只有空间因素。但作为一个中国人，我们真的不知道"雨中"和"灯下"表示的是什么时刻吗？① 正是从这个角度

---

① 康德认为，时间和空间具有如下特征：首先，空间和时间并不是经验概念；其次，时间和空间分别是构成一切外直观和内直观的基础的必然的先天表象，它们是使事物得以显现的条件；第三，空间与时间属于纯粹直观，不是所谓推论的或普遍的概念；最后，空间和时间必须被表象为量的直观而不是概念，并且这种量是无限给予的[参阅（德）康德《未来形而上学导论》，庞景仁译，商务印书馆，1982年，第 52~57 页]。无论康德接下来要拿他心目中的时间、空间来为自己的理论做怎样的证据，上述看法都可以为时间的先天性作证，可以为我们此处的描叙助拳。实际上，能强行把时间和空间区分开来的仅仅是语言的功能罢了，和时空始终联为一体没什么干系；和事情本身始终发生在一定时间、空间当中也没什么瓜葛。

出发，我们可以按照最简单的排列组合原则，得出4种谈论现实世界的方式：

> 叙事性的现在时的对眼下事情的谈论，
> 叙事性的现在时的对远方事情的谈论，
> 叙事性的过去时的对眼下事情的谈论，
> 叙事性的过去时的对远方事情的谈论。①

无论是从理论上讲，还是从经验的角度看，4种谈论方式都有可能偏离原初事实——考虑到目的无意识和无处不在的双重循环，情形就更其如此。吴清娃为了活命，肯定愿意打心眼里歪曲事情真相（即客观真实），以至于作出实用主义者大声称颂过的那种"有用"的陈述："1998年7月1日晚10时我根本就没有去过三江口，而是在钟鼓楼一间茶室里，和阿毛、鸡哥、铜罐等人打麻将。"与此同时，秉承着想要活命的目的无意识的教诲（比如"好死不如赖活"），吴清娃正在按照哈贝马斯的教导，想以此言论"说服"法官以图谋求"共识"。这无疑意味着：经验事实完全有可能偏离原初事实，经验真实也必然可能偏离客观真实。按照吴清娃的谈论所提供出的经验事实，可以得出这样的结论性命题：他吴清娃是个无辜的人，法庭和受害人家属对他的秃头机关枪和罪恶双手的指控，完全是别有用心。因此，检验上述4种谈论方式正确与否、在何种程度上正确与否的唯一标准，只能是原初事实以及和原初事实必然等值的客观真实。任何不加限制的所谓共识、所谓有用性，都不能充

---

① 海登·怀特认为，对历史事实（即历史上发生的事情）的叙事有4种方式：喜剧的、悲剧的、罗曼司的和讽刺的〔参阅（美）海登·怀特《后现代历史叙事学》，陈永国译，中国社会科学出版社，2003年，第75~80页〕。但怀特秉承新历史主义理论的召唤，使这种分类法仍然带有浓厚的形式主义色彩。怀特的全部历史叙事学理论的起点都是形式主义的。他的重心在于讨论何种形式的叙事将会把一段特定的历史——即发生了的事情——以何种面目呈现在我们面前。本书的思路与怀特的思路大异其趣。本书认为，形式当然重要，但形式的目的绝不在形式自身。这个世界从来不存在一种叫做纯形式的东西。

第一章　关于现实世界的 discourse

当这一标准。放弃了这一原则,一切都是可能的。比如吴清娃听到判决后不是吓得尿湿了裤子,而是高兴得口吐白沫。

一共存在着4种对原初事实进行语言性消化的基本方式。4种谈论方式都是对现实世界某一个侧面进行的或真或假、或接近于真或接近于假的叙事性表达。4种谈论方式只负责提供可用于包括价值判断在内的各种论述(即 discourse 的第二层含义)所需要的依据。它保证了认识有可能是建立在坚实的地基上。正是这个看似低级和凹凸不平的地基,从根本上宣布了话语拜物教暗含的荒谬性。

第五节　原初事实,discourse,动作／行为

导言中屡屡提及的**言之有物的谈论**,不过是借用语词、按照语言规则对原初事实做出的语言性消化,并在绝大多数时刻按照双重循环和目的无意识的指令,提供出让双重循环和目的无意识眉开眼笑的经验事实。"言之有物"中那个的"物"特指原初事实①。如果某个原初事实进入了谈论表达式,就意味着这个谈论言之有物——不管它以何种方式进入了谈论表达式,也无论它出于何种目的才拍马扬鞭进入了这个谈论表达式。②

---

① A. N. 怀特海曾将世界分为"活动的世界"(the World of Activity)和"价值的世界"(the World of Value)。活动的世界就是人的世界,相当于我们所谓的现实世界。活动的世界也意味着它必须是一种创造的世界(the Creative World)。在怀特海的念想中,与活动的世界相连的是事实世界,在事实世界中,最基本的成分是有限的活动(此即我们所谓的事情),价值世界的到来需要仰仗人给活动世界"赋值"(Evaluation)[参阅(英)《怀特海文录》,王维贤等译,浙江文艺出版社,1999年,第225~239页]。从 discourse 的生产过程来看,怀特海所谓的赋值就存在于 discourse 的诸层含义及其相互之间的关系上。不管怀特海同意还是不同意,我们都可以说,要保证赋值是有意义的、有效的,排开其他所有的东西,首先得保证叙事性谈论的言之有物。

② 参阅 Stanley Cavell, *Must We Mean What We Say*, in *Must We Mean What We Say*, Cambridge University Press, 1976, pp1~43.

人们倾向于相信,对原初事实进行语言性消化必须仰仗**意向性**(intentionality)。所谓意向性,按照塞尔(而不是胡塞尔)的主张,就是表示心灵能够以各种形式指向、关于、涉及世界上的物体和事实的一般性名称,是心理状态借以指向或涉及它们本身以外的对象和事态的种种特征。塞尔将意向性分为两种:内在的意向性(intrinsic intentionality)、派生的意向性(derived intentionality)。后者只能从前者生出①。塞尔之所以作这种明细的区分,最终是想论证意向性与实在之间的关系②。尽管我们不那么同意塞尔颇有心理学之嫌的教诲,但依然可以从他那里得到启发:认识世界的出发点是意识,是意识的意向性或意向性的意识,这种意向性显然早已经过双重循环和目的无意识的深刻熏蒸;通过意向性,我们能够将所有原初事实纳入意识／语言之中,从而成为被语言包裹起来的经验事实,最终能让谈论表达式言之有物。正如怀特海所言:"语言的本质是它既利用了那些最容易为了意识活动而被抽象化的经验要素,也利用了那些最容易在经验中被复制的经验要素。"③

如果一个谈论表达式不吸纳一定含量的事情,就不配称为言之有物;对于现实世界,这样的谈论就是失效的谈论,没有资格充当**论述**的基础。与此同时,在论述内部,一切前提、推论和结论也必将失去可靠而有效的依傍;如果有结论性命题出现,相对于现实世界,必然是错乱、错误的结论。话语拜物教的教民们——更不用说经典形而上学的大内高手——早已为我们提供了无穷的例证。失却坚实支撑体的论述得出的结论性命题,也不会轻易被某种或某类权力挑中,从而构成具有统辖能力的**话语定式**。考虑到众多的结论性命题中只有极少数拥有如此这般的幸运,情形就更其如此。任何一种权力,无论是经济的、政治的、世俗的、习惯的,还是军事的抑或道德的,都不致于愚蠢到利用毫无支撑

---

① 参阅[美]塞尔《心灵、语言和社会》,李步楼译,上海译文出版社,2001年,第81~94页。

② 塞尔所谓的实在就是本书所谓的原初事实,而不是经典形而上学所谓的现象背后那个更高的实在即本质。

③ [英]怀特海:《思想方式》,韩东辉等译,华夏出版社,1999年,第33页。

体的论述得出的结论性命题来为自己服务,来充当自己的话语定式,并让上升为话语定式的这种、这类结论性命题作为自己的形象代言人。权力也希望以理服人;所谓"理",归根到底,来源于结论性命题中必须仰仗和依赖的**事情含量**——是这样的事情机缘巧合在论述中,生产了这样的而不是那样的"理"。

书呆子浮士德在此是个好例证。根据歌德的描叙,此人在书房中穷极无聊,于是打开了《圣经》。翻到《约翰福音》的卷首,当即就看到了"太初有道"(In the beginning was the Word);但浮士德不满意这种宇宙开端论,在经过了多种多样的试探后,最后他写道:"太初有行"(In the beginning was the Deed)①。伯曼(Marshall Berman)对此有过有趣的评论:"浮士德很高兴对上帝有了这样一个观念,即通过行动、通过创造世界的原初行动能规定上帝。"②

儒家的"仁"同样是个好例证。根据美国学者 Bruce Brooks 和 A. Tack Brooks 的研究,"仁"的本义是指贵族阶层在长期的征战过程中形成的一种品德,包括尚武、忠诚、扶危济困、不避危险、同舟共济。③不管 Bruce Brooks 等人的研究是否会得到华土国学家的认同,它都说明了一个问题:像"仁"这种对历代中国人民饱具威慑力的概念(即意识形态),首先得自充满动作/行为的征战、得自作为事情的征战,然后才在漫长的演化过程中(比如文化遗传中)成为儒家的权力性概念。如果没有动作/行为性质的征战做底,"仁"是否会成为话语定式及至机缘巧合成为控制中国人民的意识形态,恐怕就很难讲了。

原初事实就是事情,事情总是已经发生或正在发生着的事情;能够让谈论表达式拥有言之有物之特性的事情,不过是发生了或发生着的一个或一组互相交织、互相关联的行为。因此,最终给关于现实世界的

---

① 参阅[德]歌德《浮士德》,钱春绮译,上海译文出版社,1982年,第74~75页。

② 参阅[美]伯曼《一切坚固的东西都烟消云散了》,徐大建等译,商务印书馆,2003年,第59页。

③ 参阅 Bruce Brooks, A. Tack Brooks, *The Original Analects: Sayings of Confucius and His Successors*, New York: Columbia University Press, 1998。

任何一个含义层次的 discourse 以坚实支撑的,始终是而且只能是发生在现实世界上的行为,能够让关于现实世界的任何一个含义层次的 discourse 言之有物的,只能是行为——无论是属人的还是非人的①。因此,将一切结论性命题(不管它有没有资格上升为话语定式)得以存在的基础归结到原初事实上,再进一步归结到行为上,就不能被简单地看成形而上学的还原论或还原论得以存在的无限倒退。行为,无论是属人的还是非人的行为,才是谈论的唯一地基,才是一切含义层次的 discourse 得以展开自身的坚实基础——无论这个 discourse 秉承着目的无意识的指引歪曲了现实世界还是切中了现实世界②。

---

① 在列维-斯特劳斯看来,即使是在原始社会,所有原始人的一切手势,都必须首先作为语言符号来处理。按照斯特劳斯无比坚定的结构主义观点,要理解手势的象征意义,就必须将一切手势系统像任何语言符号系统一样置于其关系形态中来考虑。这就直接把行为当成语言符号了。但在这里,我们同样可以看出,即使在原始社会,原始人的任何行为都是语言化的行为。列维-斯特劳斯几乎用了整整一本书来论述这个问题[参阅(法)列维-斯特劳斯《野性的思维》,李幼蒸译,商务印书馆,1987 年]。

② 按照双重循环的提示,目的无意识往往在一开始的时候就给了某些人以如此方式打量、消化原初事实的眼光,而由谈论带来的经验事实在进入论述过程当中时,依然或多或少要受到这种目的无意识的左右,并逼迫论述得出目的无意识想要得出的那种结论性命题。这个如此这般才获得的结论性命题,一定会得到目的无意识的鼓掌欢迎。在这种情况下,我们说,这个受到目的无意识鸣鼓而欢迎的结论性命题在某些时候会为某种权力挑中成为话语定式以及意识形态,本身就意味着逻辑循环。事实诚然如此。但我们必须要首先正视如下事实:如此这般发生(!)的逻辑循环本身,就是发生在现实世界中的一件特定的事情,这件事情就是以如其所是的方式如此这般地发生的。因此,在这里,逻辑的力量必须退居次要地位,逻辑在此只不过充当了事情得以发生的助推器。事情从来都是符合逻辑的,或者,事情根本就无所谓逻辑不逻辑的。逻辑是人弄出来的东西,与自在意义上的事情无关。

但行为无疑是一个十分笼统的概念①。张三和李四打了一架。意思是张三和李四共同完成了"一个"行为。但这个行为无疑是由诸多人体器官协同作战导致的诸多动作组合而成:张三打了李四的鼻梁一拳;李四一脚踢坏了张三的睾丸;张三捂着胯部忍住剧痛一头顶向了李四的肚子;李四爬起来后,又一脚命中了张三的臀部……从这个渺小的、在我们时代所有菜市场和汽车站都能见到的例证中可以看出,行为所指称的从来都是一个综合体,它由诸多独立自治的动作和合而成:行为可以被再行分解为更具体的动作②;但动作却是一个不可再行分解的概念。T. 帕森斯为了研究社会行动的结构,特意给动作取了一个芳名 unit act,可大致译为单位行为。帕森斯坚定地认为,单位行为是个不可再行分解的概念③。

在口语中,我们可以说:"动作组成了行为"、"诸多单一的动作组成了复杂的行为";但我们肯定不可以说:"某某东西(比如'肌肉'、'骨骼'或其他任何玩意)组成了动作"。对于动作来说,这个"某某东西"并不

---

① 日人清水澄所写的一部辞典中,有一个名叫"行为"的条目:"行为者,人之意思,现于外部之静状及动状也。故意思未现于外部时,不得谓之为行为。又虽于外部,有物界之影响,而不基于意思时,亦不得谓之为行为。然行为不特谓行事,即义务上应行而不行,所谓不作为者,亦得谓之为行为。行为者,基于意思,而为外部之举动。故非法律上有人格者,不得行之。"[(日)清水澄:《经济法律辞典·行为》,张春涛等译,上海群益社发行,1907年]清水澄至少说出了关于行为的两重意思:首先,它必然是动态的;其次,它必然是综合性的概念,可以再行分解。而按照 Raymond Williams 的看法,行为作为概念比我们这里说的还要复杂得多(参阅 *Keywords: A Vocabulary of Culture And Society*, Oxford University Press, 1976, pp43~45)。

② 即使是以行为主义心理学的代表人物名世的华生(John Broadus Watson)在论述行为时,也将行为分解为了更具体的动作。只不过在华生那里,动作主要是属人的动作(manual),因为他研究的是人的心理学而不是任何其他"物"的心理学[参阅(美)华生《行为主义》,李维译,浙江教育出版社,1998年]。

③ [美]帕森斯说:"一个物理学体系中的那些单位即粒子,只能根据其特性如质量、速度、空间位置、运动方向等加以说明那样,行动体系中的那些单位也有某些基本特性,如果没有这些特性就不可能设想单位是'存在的'。……单位行为是一个体系中的单位。"[(美)帕森斯:《社会行动的结构》,张明德等译,上海译文出版社,2003年,第48页]

存在,也不能被表达出来。更为重要的是,将"复杂"的行为分解为"单一"的动作(或曰单位行为),无须语言的帮衬。动作可以单独存在,动作是行为的最小元素①。张三打了李四的鼻梁一拳,李四一脚踢坏了张三的睾丸,作为动作,打、踢居然如此这般地发生,居然以如其所是的状态状态地存在着,根本不需要也不依赖旁观者对它的谈论——有没有旁观者的谈论,它都有独立成就自己的权力,它都在发生。和行为一样,动作也是一个时间概念;行为之所以能够被分解为动作,正因为行为是按照诸多动作在时间上的先后顺序和合而成的。行为作为一个概念,其语义似乎更靠近事情一端。"张三打了李四一拳"作为一件已经发生的事情,是某个行为以及该行为导致的后果的总和。因此,只要一说到行为,在我们语言性的意识中,总是将它与后果联系在一起:它表征着事情。动作则不然,它一方面来源于对行为的分解并组成了行为,另一方面,它又是纯粹"现象学"意义上的,即动作只发出,却不必考虑后果。但这丝毫不表明动作不带来某种后果从而组成事情,而是说,动作只是行为的最小元素,是某件特定事情的准备和开端。

因此,给关于现实世界的 discourse 的各个含义层面予以坚实支撑的,最终是而且只能是发生在现实世界当中的不可被再度分解为其他行为元素的动作。对现实世界的 4 种谈论方式,最终只能是对现实世界上诸种动作的语言性消化与语言性打磨。归根到底是动作——那些活生生的、连皮带骨、沾满露水或粪水的动作,构成了言之有物的谈论当中的那个"物"。现实世界上各种各样的动作——无论是属人的还是非人的——才是 4 种谈论现实世界之方式的核心对象;对动作的 4 种谈论方式,才是对现实世界进行论证、论述和形成话语定式的坚实基础,这样的话语定式才有可能是真实的。伟大的福楼拜(Flaubert)说:"仁慈的上帝寓于细节之中。"我们也可以模仿他的精辟之言:动作充当

---

① 照相术的出现,就必须仰仗动作的独立性。只有在动作拥有独立性的基础上,照相术才是可能的;电影胶片之所以能将一个个独立的动作构造成银幕上的行为甚或事情(故事),即是因为动作独立性为此提供了基础[参阅(美)苏珊·桑塔格《重点所在》,陶洁等译,上海译文出版社,2004 年,第 259~267 页]。

了有关现实世界一切含义层次的 discourse 的"细节";"动作"即"细节"。

很显然,在现实世界上一共存在着两类动作。一类是非人的动作。泰山在滑坡,黄河冲垮了开封城,那只叫黑子的公狗咬伤了严维强的大腿。从这些综合性行为中分解而来的最小元素,就是非人的动作。第二类是属人的动作。张三打了李四一拳,王五一脚踢翻了李四的水桶。在诸如此类的事情中所包纳的动作,只能是属人的动作。即便如此,仍然有一些十分特殊的情况值得考虑。

在口语中我们经常说:泰山矗立在泰安市旁边,张三坐在椅子上,狗在发怒。上述谈论,都可以大而化之地看成对某种原初事实的某种形式的语言性消化,上述人一物也似乎在以如其所是的状态状态地存在着。但我们还是可以问:真实发生的而不是语言空间中的"矗立"、"坐"、"发怒",又算哪门子动作?它们能算谈论当中"言之有物"的那个"物"的动作保障吗?在这种看起来十分紧要的关头,不妨引入万德勒的时相说(Time schemata)。万德勒在研究动词和时间的关系时,将动词分为两类:过程动词、非过程动词。过程动词又被分为两类:活动动词(activity)、目标动词(accomplishment);非过程动词也有两类:成就动词(achievement)、状态动词(state)。① 所谓动词,就是对动作——无论是属人的还是非人的动作——的语言性消化,是对动作的语言性呈现、语言性反应。按照万德勒的分类,"泰山矗立在泰安市旁边"中的"矗立"、"张三坐在椅子上"中的"坐"、"狗在发怒"中的"发怒",都可以大致归属到非过程动词中的状态动词上去。经过漫长而精彩的分析,万德勒很惊奇地说:状态是一个令人迷惑的范畴。在这个范畴里,动词的角色融化在谓词的角色里,动作或行为(action)蜕变为性质和关系。② 具体到我们这里,"矗立"、"坐"、"发怒",的确是动作,只不过是

---

① 参阅[美]万德勒《哲学中的语言学》,陈嘉映译,华夏出版社,2002年,第165～190页。

② 参阅[美]万德勒《哲学中的语言学》,陈嘉映译,华夏出版社,2002年,第185页。

一些较为特殊的动作,只不过它们在进入具体的谈论表达式之中时,仅仅蜕变成了某种性质(qualities)和某种关系(relations)。反过来,我们似乎也可以说,即使是作为人－物状态的"矗立"、"坐"、"发怒",在谈论中已经蜕变为某种性质和关系,它们仍然是人－物实施的特殊形态的动作①,是泰山、张三、狗在以如其所是的状态状态地存在过程中实施的动作;从对它们如此这般的谈论中,我们仍然能够看到,它们在以如其所是的状态状态地存在着的过程中所实施的动作,依然是言之有物的谈论的核心。② 当然,我们更可以说,上述谈论表达式不过是语言的威风的外在显形罢了。

但对于谈论和论述而言,最重要的动作始终是属人的动作;非人的动作要想得到语言的垂青,必须是在它们和人密切相关时才成为可能——不被谈论、论述的非人的动作肯定与人无关,或暂且与人无关。维特根斯坦"语言的界限就是人的世界的界限"的著名论断,在此来得更加正确无比。属人的动作在关于现实世界各个含义层面的 discourse 中,始终具有先在性——在此,这种貌似的人类中心主义不是出于人的自大,倒恰恰有可能出于人在认识上的无能。海德格尔通过分析存在问题的必要性、结构和优先地位精辟地证明了:这个世界上只有人才具有存在论上的优先性。小木船"贝格尔号"愿意接受海德格尔的一般结果:只因为人是唯一具有语言能力的物种,所以只有人才能意识到自己的存在。这种存在当然只是语言性的存在,或者,只是以语言打扮和语言包装为形式的存在③。出于同样或类似的道理,属人的动作也因此具有存在论上的先在地位。人的动作之于 discourse 具有第一等的重要性,人的行为在关于现实世界的 discourse 中始终具有优

---

① 有关这一点的汉语资料以及在汉语中的表达可参阅马庆株先生的精辟论述(马庆株:《汉语动词和动词性结构》,北京语言学院出版社,1996年,第1～12页)。

② 关于这个问题还可参阅[法]尤塞夫·库尔泰《叙述与话语符号学》,怀宇译,天津社会科学院出版社,2003年,第48～51页。

③ 参阅[德]海德格尔《存在与时间》,陈嘉映等译,三联书店,1987年,第3～77页。

先性。

　　从功能主义的角度看,我们可以依照哈贝马斯的分类,将人的行为分为两类:**外向性功利行为,内向性功利行为**。外向性功利行为又可分为两大类:**目的／手段性的技术经济行为、交往行为**。按照哈贝马斯的精辟看法,目的／手段性的技术经济行为服务于征服自然,服务于提高劳动生产率,以改善人的生活与生存的质量;按照哈氏的建议,交往行为不过是主体间以语言为媒介,通过对话达到人与人之间的相互理解和一致的行为,即哈氏几十年如一日津津乐道的共识①。"贝格尔号"愿意偏离哈先生的分类目的并给出它自己的结论:外向性功利行为旨在向外谋求发展,比如改造山河以获得高质量的生存;比如经过一番上蹿下跳,严维强终于找到了靓妞杨静红做老婆。而内向性功利行为只是外向性功利行为的预备操,比如读书、学习、锻炼身体、打扮自己,也就是在"鬻于帝王家"之前的"学好文武艺"。

　　属人的行为还可分为两类:**可视的行为**(比如操场上的运动),**不可视的行为**(比如思考)。可视的行为很容易理解,不可视的行为看上去就不那么好说了。但"不可视的行为"即使在语言的层面也几乎是个悖论。赖尔(G. Ryle)从探讨"谨慎的"、"愚蠢的"等心理谓词入手下结论说,诸如此类的语词绝不只是用来描述物理状态、肌肉活动的,同时也在描述心灵——那个看不见摸不着的领域。但心智活动不是脱离了物理活动的另一套活动,也不是什么"内在的活动"。心智活动是外在现象的某种特殊的、微妙的组织方式。就是在这个基础上,赖尔下结论说:"外在的种种有意识的行为并不是研究心灵活动的线索,它们就是心的活动。"经由诸如此类的思路,赖尔认为,"在心里"这样的词汇应该永久性地被废除②。人的行为最终会、也必然会体现为可观察和可感知的动作;动作就是心的活动。只有可观察、可感知的动作才能得到语

---

　　① 但有必要指出一点,哈贝马斯专门提到了交流行为具有语言特性,并不是说目的/手段性的技术经济行为不需要语言的帮衬。实际上,目的/手段性的技术经济行为必须要在人成为 discourse 的实施者时才可能实现。这似乎是不言而喻的"事实"。

　　② [英]赖尔:《心的概念》,徐大建等译,上海译文出版社,1988年,第55页。

言的有效消化和打磨;我们也才能以此为途径,管窥心的活动,管窥人的花花肠子。罗伯特·布兰登(Robert Brandom)也在某处说过,如果我们理解有机体如何开始使用逻辑词汇和语义词汇,我们就没有必要对它们如何开始拥有心灵给予任何进一步的解释:"所谓信念和意愿仅仅是玩一种部署这种词汇的语言游戏。"①和布兰登一样,休谟的观点或许刚好与赖尔暗合:"我们所有关于事实问题的推理都来自习惯,而不是别的。而这个信念,比较确切地来说,是我们本性之中感观部分的行为,不是思考部分的行为。"

赖尔的想法在行为主义心理学家华生那里也得到了回应。华生认为,必须要在心理学研究中抛弃意识这个概念。因为"'意识'(consciousness)既非可界定的,又非一个有用的概念;它不过是'灵魂'(soul)说法的另一种表达"②。之所以必须要这样做,是因为几乎任何意识都可以从刺激/反应的角度得到动作呈现,而且是精确地呈现。③在华生一类的行为主义者那里,甚至连语言也不过"是一种动作的习惯"或习惯性的动作④。无论是外向性功利行为还是内向性功利行为都可以得到观察;借助某些科学手段,我们甚至可以将肉眼看不见的行为(比如"思想")"观测"出来⑤。除上述诸位先哲言之成理的观点外,我们还有必要体察一下意义的行为主义(behaviorist theory)的圣虑:语词的意义是受语言刺激而产生的行为。皮尔士(C. S. Peirce)和杜威(John Dewey)就说起过,意义的同一和差别不在于头脑里观念的同一和差别,而是体现在行为中的同一和差别。

借助于赖尔、华生等人的工作,我们可以给出一个并非草率的结

---

① 参阅[美]理查德·罗蒂《真理与进步》,杨玉成译,华夏出版社,2003年,第100页。
② [美]华生:《行为主义》,李维译,浙江教育出版社,1998年,第1页。
③ 参阅[美]华生《行为主义》,李维译,浙江教育出版社,1998年,第22~86页。
④ [美]华生:《行为主义》,李维译,浙江教育出版社,1998年,第219页。
⑤ 对意识进行攻击的另一个人是威廉·詹姆斯,参阅[美]詹姆斯《彻底的经验主义》,庞景仁译,上海人民出版社,1987年,第1~20页。

论：那些能够被感知、被观察的行为只能是人的动作。任何乞灵于"灵魂"、"意识"来理解 discourse 的举动或许注定都是徒劳的，即使是现象学的创始人胡塞尔那么相信意识或意向性，也不得不承认，言语结构本身就是一种特殊的意识行为，语言表达有其特殊的意向结构。① 即使是对梦的处理，似乎也应该采用这样的方式。弗洛伊德在考察梦时，曾指出梦的内容包括了违背语法的情况，因此才形成不可理解的语义内容和片断意义；从行为方面分析，曲解性交往导致畸形的语言游戏，由于重复而产生固定不变的行为模式，形成了一套特殊的语义学符号，脱离了原来的语境，因此导致曲解或根本就无法理解。据弗洛伊德保证说，这就是梦的实质。我们尽可以说，以探究潜意识为第一要务的弗洛伊德在本质上依然是个唯语言主义者，但平心而论，按照弗洛伊德的精辟见识，梦的确可以从语言的角度得到理解，毕竟人掌握的唯一利器就是语言——弗洛伊德这样做纯粹出于无奈。塞尔则认为："无意识的大脑状态只有在原则上被认为能够引起意识状态的限度内才能被理解为心理状态。"② 洛克(John Locke)在《人类理解力论》中早就明确表示过，人类的思想来自我们的感官印象。上述种种言论或许都在暗示：可观察、可感知是属人的行为的固有属性。其直白的含义是：行为拥有如此这般的属性，它就是动作。

与行为的分类相对应，从行为那里再度分解而来的属人的动作也可分为两类：**外向性功利动作，内向性功利动作**。它们都是可视的、可感知的、可观察的动作。它们都包裹在时间序列之中并组成了可视的行为。亚里士多德说："凡是不能进入感官的，就不能进入理智。"③ 亚

---

① 参阅[德]胡塞尔《现象学观念》，倪梁康译，上海译文出版社，1986年，第28—47页。

② [美]塞尔：《心灵、语言和社会》，李步楼译，上海译文出版社，2001年，第82页。

③ [古希腊]亚里士多德：《论灵魂》432a,7f。

氏的看法或许真的是对的①。不管怎么说,动作因其可视性和可感性完全能够进入"理智",而进入理智也就意味着被谈论、被论述。正是这些可视、可感知的动作,才能成为现实世界中有关人的一切含义层次的 discourse 的可靠基础,才是我们观察生活世界、诉说生活世界的坚实根基,才能使一切含义层次的 discourse 言之有物。一切抛弃、无视这一特性而只愿意忠实语言和言语的人,都是话语拜物教的信徒,是后者心悦诚服的俘虏——尽管看上去是如此隐蔽,以至于不被人轻易察觉。

---

① 由于科学技术的发展,从前不可感知的动作,比如细胞的运动、电子的运动、红血球的运动,都可以被感知了。电子的运动基本上属于非人的动作;从纯粹物的层面上说,人的红血球的运动、人的细胞的运动,也是非人的动作。可以想见,随着技术的进一步发展,我们可以感知更多从前不曾被我们感知的动作/行为。比如夸克的运动[参阅(法)梅洛-庞蒂(Maurice Merleau-Ponty)《知觉的首要地位及其哲学结论》,王东亮译,三联书店,2002年]。

第二章　可能世界上的 discourse

> 土反其宅,水归其壑。
> 昆虫毋作,草木归其泽。
> ——《礼记·郊特性》

第一节　可能世界,愿望,可能事实

语言哲学的老生常谈是:语言不仅反映了世界,也构造了世界;或者,语言不是反映了世界,而是构造了世界。刘大为先生认为,上述断言得以长生不老的法门有二:"a. 我们只能对语言所表述的东西进行思考,不能被语言表述的便是无法理解的;b. 离开了语言的世界,在我们的经验中只是一堆感觉的碎片,语言的方式就是世界的存在方式。"在同一篇精彩的文章中,刘先生还意犹未尽地畅言:"实在的世界只有一个,然而它对于我们却可以有无数种可能的存在方式,我们也就有了无数个可能的世界。只有一个可能世界是实现了的,那就是现实世界。"[①]究其原因,不过是语言清理事境、重塑世界的特殊功能在暗中指挥人的思维,从而让自身发挥作用。语词按照事境的要求能够伸缩自

---

① 刘大为:《破格句研究》,《华东师范大学学报》1989 年第 2 期,第 75 页。

如的语义空间,也为可能世界之生成提供了便利。①

正是依靠语言制造世界的功能,各种型号的可能世界——比如太阳城、乌托邦、大同世界、理想国、超越生死轮回的涅槃、具有惩戒功能的阎罗殿、具有奖赏能力的天堂与极乐世界——才在人类历史的长河中被构造出来,就更不用说我们这些俗人基于某种现实境遇在幻想中制造出来的渺小天堂。这些极具煽情能力的可能世界,从来都不存在于现实世界,但总是以近乎完美的形式存在于我们的语言空间。作为惹人心动、光鲜无比的高迈境界,上述诸多形式的可能世界不过是discourse 各层含义之间经由语义上行所达成的结果。但它们的出现及其所拥有的大马力的煽情功能,肯定有所谓现实主义方面的原因。正如奥斯汀认为的那样,和现实世界不同,可能世界从一开始就是、且只能是语言的产物;所谓可能世界,就是由语言构造世界的能力所构造出的另一类性质的事情和合而成的世界。香蕉吃了大象,上帝创造了天地,公鸡下了一个蛋,张三明天打了李四,牛郎织女在鹊桥上相会,黄河向西流,孙悟空大闹天宫,蜜蜂为人类辛勤酿蜜……诸如此类匪夷所思的事情,在纯粹语言性的可能世界上,都是发生了的事情,都是无可非议的事情和正当的事情。

和现实世界由事情组成一样,可能世界也是由事情组建起来的,尽管它只是一个纸面上或口头上的世界。在古希腊人的哲学头脑中,世界一开始是无序的(chaos),尽管那时的太阳依然像今天一样在统领九大行星,但诸如此类的行径并没有得到语言的打磨,它们在人的意识中只能是一堆感觉的碎片;只有当无序变得有序(kosmos),才能形成属人的自然与世界。世界作为一个已知物在认识中的生成——也就是从

---

① 蒯因认为:"我们必须承认,科学理论的系统结构是人造的。是的,它是用来适合感性材料的,但它是发明的而不是发现的,因为它并不是完全由材料决定的。所有别的系统,所有我们做梦也没有想到的系统,也都可以与这个材料相适合。"[转引自黄勇《罗蒂实用主义的后哲学文化观》,(美)罗蒂:《后哲学文化·译者的话》,上海译文出版社,1992 年,第 9 页]科学理论是这样,没有任何理由认为普通语言不是以相似和同样的方式对付世界的。在这个意义上,我们可以说语言不仅反映了世界,还构造了世界。

chaos 到 kosmos——有一个必需的桥梁：那就是要寻找到属人的**世界理念**(eidos)①。早在"贝格尔号"出发前我们就知道：在我们关于世界的理念中早已充满了事情，这些事情必须得到理念的打磨；可能世界之所以能够成其为世界，主要得力于语言的功效，但它首先是我们关于世界的理念的产物，它也因此必须由我们杜撰出来的众多看似匪夷所思的事情来构成。它是一个有序的世界。较之于现实世界，它一开始就是我们头脑中至为有序的世界。至于说可能世界由事情构成，意味着两个结果。其一，凡是论证性的世界（比如逻辑世界），或者经由论证得出的世界（比如共产主义），都不能算是可能世界。它们属于更抽象的领域，只不过是充满事情的可能世界通过逻辑演算派生出来的产品。其二，一个有序的世界必须是活的世界，即使是在想象中，它也应该发出声音、做出它应该做出的动作，哪怕只是存在于纸面或口头。②

作为从理论上进行打击的靶子，一个名叫怀曼的反面角色被哲学家蒯因成功地杜撰出来了。按照蒯先生既定的哲学目标，该怀曼竟然弱智地相信子虚乌有的"飞马"居然是存在的。不过，为了建设自己的理论，也为了打击的对象不至于过于弱智从而显得自己武功不高、内力不强，蒯因旋即假定：那个名叫怀曼的荒唐之徒认为"飞马"仅仅是作为"未实现的可能事物"而存在。从逻辑上做了一通严谨、缜密的推理跳高游戏之后，蒯因除了得出他意欲得出的结论外，还附带性地对怀曼的看法持不屑一顾的态度。蒯因调笑式地认为，假如怀曼是正确的，排开其他种种恶果，至少会让宇宙显得人口过剩。很显然，在今天这个资源匮乏的时代，怀曼受到的指控实在是太严重了。接下来，蒯因几乎是用连珠炮似的发问，力图打击怀曼的哲学肾脏：

---

① 参阅赵汀阳《没有世界观的世界》，中国人民大学出版社，2003 年，第 7 页。

② 此处所谓的可能世界和西方哲学里的可能世界（possible worlds）有本质的不同。在西方哲学中，可能世界的大致含义是，如果给出了一组条件而定义了某个世界，无论是现在的、过去的还是将来的，无论是未知的还是想象的，只要自身不包含逻辑矛盾，就是一个可能世界。归根到底，西方哲学中的可能世界是逻辑世界。

怀曼人口过剩的宇宙在许多方面是讨人嫌的。它破坏了我们这些欣赏沙漠风光的人的美感，但这还不是它最糟糕的方面。怀曼的可能事物的贫民窟是滋长不法分子的土壤。例如，在那个门口的可能的胖子；还有在那个门口的可能的秃子。它们是同一个可能的人，还是两个可能的人？我们怎么判定呢？在那个门口有多少可能的人？可能的瘦子比可能的胖子多吗？他们中有多少人是相似的？或者他们的相似会使他们变成一个人吗？没有任何两个可能的事物是相似的吗？这样说和说两个事物不可能是相似的，是一回事吗？最后，是否同一性这个概念干脆就不适于未现实化的可能事物呢？但是谈论那些不能够有意义地说它们和自身相同并彼此相异的东西究竟有什么意义呢？①

站在实用主义的立场，也作为一个实用主义者，蒯因的指控大体上无可厚非。何况蒯因要讨论的是现实世界上"何物存在"的本体论问题；他对可能世界上的"何物存在"或许根本不感兴趣。但从我们的立场看，那个名叫怀曼的子虚乌有者至少有一点颇有道理："飞马"不过是语言的产物罢了②；是语言而不是别的，让"飞马"始终处于怀曼所谓的"潜存的状态"（subsistence）。蒯因实在是过虑了：一切可能的胖子，一切可能的秃子，根本不会成为现实世界中的活物。

多年前，钱锺书先生为他的小说集——那无疑是可能世界的另一个名字——撰写了一篇有趣的序言，其中一个小段落颇能说明我们的

---

① ［美］蒯因：《从逻辑的观点看》，江天骥等译，上海译文出版社，1987年，第4页。

② 比如"方的圆"这样的说法完全合乎语法规则，却不合乎原初事实。但"方的圆"可以成为语言经验中的某种东西。维特根斯坦在《早期笔记》中说，"一个图像可以表现并不存在的关系，"也隐含了这个意思（参阅 Notes books 1914—1916, ed. By G. H. Von Wright and G. E. M. Anscombe, Basil Blackwell, 1979, P8）。罗素在《数理逻辑导论》中也说："逻辑必须同动物学一样不承认有麒麟这种东西；因为逻辑恰如动物学一样只关切实在的世界。"［参阅（英）艾耶尔（A. J. Ayer）《二十世纪哲学》，李步楼等译，上海译文出版社，1987年，第31页］

问题,也能顺带反驳蒯因的"人口过剩"论,并嘲笑挂在"人口过剩论"嘴角边的冷笑:

> 节省人工的方法愈来愈进步,往往有人甘心承认是小说或剧本中角色的原身,借以不费事地自登广告。为防免这种冒名顶替,我特此照例申明:书里的人物情事都是凭空臆造的。不但人是安分守法的良民,兽是驯服的家畜,而且鬼也并非没管束的野鬼;他们都只在本书范围里生活,决不越规溜出书外。假如有谁要顶认自己是这本集子里的人、兽或鬼,这等于说我幻想虚构的书中角色,竟会走出了书,别具血肉、心灵和生命,变成了他,在现实里自由活动。从黄土抟人以来,怕没有这样创造的奇迹。①

我愿意指出钱先生的失察:凭借语言的创生功能、仰仗语言清理事境的才华、依靠各个语词的语义空间所具有的伸缩能力、借助诸多语义空间的相互焊接,凭空臆造的人物、动物、植物甚或无机物,并不必然不走出可能世界,并不必然不来到真实的人间——至少有一个名叫耶和华的子虚乌有者,就统治了欧洲达两千年之久;至少那个叫猪八戒的"猪人"或"人猪",就让中国人民真实地欢乐了上千年;更不用说另外一些更加显而易见、更具煽情功能的**历史目的论**:它让我们等,让我们笑,让我们哭,让我们为它而上吊。但对这个异常复杂的问题的处理将留待本书其后的章节,现在先来修理一个和我们目前的处境更为相关的问题:除了语言构造世界的功能这个外部原因,还有没有催生可能世界的内部诱因?

回答这个问题的最好方式或许不是马上给出答案,而是要像剥洋葱一样继续提出如下问题:人为什么要在唯一的现实世界之外,不安分地生造出那么多怪模怪样甚至荒诞绝伦的可能世界?生造出那么多牛头马面、颠三倒四的虚拟的事情?难道一个现实世界不已经让我们忙

---

① 《〈人・兽・鬼〉序》,《钱锺书论学文选》第 6 卷,花城出版社,1990 年,第 243 页。

得不可开交了吗？只要放眼历史，就会发现，各种性质的可能世界——从最平淡的到最离奇的——早已被制造了出来。考虑到人类好吃懒做的天性，尤其是考虑到人类只有在迫不得已时才愿意纠正懒汉主义的固有禀性，这种情形就更加令人触目惊心。可能世界，也包括那些浑身肿胀间或臊气难当的历史目的论，难道真的一点道理都没有？可能世界真地纯属"吃饱了撑的"？因此，从逻辑的角度说，上述发问必然性地要转化为如下问题：可能世界和现实世界一点瓜葛都没有吗？可能世界和现实世界有什么瓜葛？

任何一种属人的可能世界，包括某些用叙事性谈论炮制出来的别有用心的彼岸承诺，都无一例外地表达了人对现实世界的态度，都旨在表达对现实世界上的特定事情的特定态度。此处的态度，既有可能是认同现实世界，所谓"同仇敌忾"或"兄弟同心，其利断金"；更有可能是拒斥现实世界或现实世界上的原初事实，所谓"吾与汝偕亡"或"牢记阶级苦，不忘血泪仇"。可能世界的出现，正是基于我们对现实世界的态度；可能世界之生成，完全得力于我们对现实世界所拥有的态度。各种各样不同性质的态度，导致了各种各样不同型号、不同衣着、不同腰围的可能世界。只要我们愿意，只要我们对现实世界上的某些事情具有某种别样的态度——不管这种态度是否受到过目的无意识的暗中指挥——就可能会有甚至必然会有与之相对应、相适应的可能世界：老光棍总是梦见自己娶了嫦娥，穷措大天天幻想自己吃上了大鱼大肉，草莽英雄的白日梦向来都与黄袍、龙辇相关……而那些力比多之拥有量无比惊人的枭雄都在与天斗其乐无穷、与地斗其乐无穷，并敢叫日月换新天；至于梦想统治全球的诸多型号的希特勒就更不用说，因为那完全是可以想见的"事情"……

对现实世界的各种态度，必将转化为改变现实世界或认同现实世界的各种愿望①，必将合乎逻辑地转化为超越现实世界的各种愿望。人对现实世界的态度就是人的愿望。它们之间的区别仅在于：态度是

---

① 对愿望的特征的论述还可参阅[法]柏格森《时间与自由意志》，吴士栋译，商务印书馆，2004年，第6～7页。

愿望的初级阶段,愿望意味着态度有了皈依之所。通过这一转化,愿望包容和圆融了态度,从而使态度成为愿望的核心内容。① 语言构造世界的功能,语言清理事境的超级才华,也给人类在想象中实现自己的愿望提供了机会和方便——在诸多改变或认同现实世界的方式中,创制可能世界或许是最不费力的方式;是属人的愿望和语言构造世界的能力上下其手、里应外合,最终催生出、生产出众多以至于无穷种不同类别、不同性质的可能世界。因此,可能世界更进一步的定义,就是在想象中对愿望的语言性消化、语言性打磨,即**对愿望的叙事性谈论**。②

作家 K. 巴乌斯托夫斯基(Константин Георгиевич Лаустовский)生活在灭绝人性和想象力的前苏联。在他温柔而忧郁的笔触中,安徒生(Hans Christian Andersen)坐在了一辆夜行的驿车上,从威尼斯去维罗纳。在亚

---

① 在谈到权力时,罗素曾经说过的话很值得此处参考。罗素说:"愿望能对外在的世界(无论是人类的还是非人类的)产生预期的效果。这种愿望是人性中的一个主要部分,就奋发有为的人说,还是很大而且很重要的部分。每一种愿望,如果不能立时得到满足,就会使人希求得到满足它的能力,从而引起对权力的某种形式的爱好。不管是最好的愿望还是最坏的愿望,这一点都是真实的。"(参阅罗素《权力论》,吴友三译,商务印书馆,1983年,第187页)

② 为了说明问题,我愿意引用鄙人在多年前的一篇文章中说过的话:"人在现实世界上为什么需要抒情?诗歌为什么面对事境总是需要作出哪怕是有限度的价值赋予?这肯定基于人性骨骶深处的某种东西。正因为我们要死,所以我们渴望不死;正因为我们渺小,所以我们企求伟大;正因为我们没有翅膀,所以我们希望飞翔……缺少什么就追求什么是我们的亘古遗传;而追求和追求不得之间的永恒矛盾,则构成了抒情的永恒性。感叹、感喟、悲伤、绝望、偶尔所得带来的狂喜……正是抒情冲动的外部表现。抒情来源于我们内心深处的宿命。"(敬文东:《追寻诗歌的内部秘密》,《中国诗歌评论》,2002年第三辑,人民文学出版社)这一切实在是没什么好说的,因为它来源于我们这些肉身凡胎之人所拥有的局限性。对我们来说,无穷大的东西从来都不是宇宙星辰(它不过是我们顶礼膜拜的对象),而是我们的局限性以及由此带来的"人心不足蛇吞象"。这种局限性始终是无穷大的局限性。但它在此显然不仅仅是个微积分的问题。还有一个问题值得在此申说:按照塞拉斯的看法,愿望作为意识的一部分或意识的变种,本身就是一个语言事件。因此,此处说"可能世界就是在想象中对愿望的语言性消化、语言性打磨",初看起来,会给人留下同义反复或逻辑循环一类的口实。其实不然。有关这个问题此处暂时不予理会,本书接下来会有详细的论说。

平宁半岛的夜晚滋生出的难以抵御的寂寞中,贫穷、丑陋却又无比伟大的童话诗人开始和同车人聊天。他对同行的各色人等畅所欲言:

> 去年夏天我在日德兰半岛,住在一个熟悉的林务员的家里。有一次我到林中散步,走在一块林间草地上,那里有很多菌子,当天我又到这块草地上去了一趟,在每支菌子下面放了一件礼物,有的是银纸包的糖果,有的是枣子,有的是蜡制的小花束,有的是顶针和缎带。第二天早晨,我带着林务员的小女孩子到这个林子里去。那时她七岁。她在每一支菌子下找到了这些意外的小玩意儿。只有枣子不见了。大概是给乌鸦偷去了。……她的眼睛里闪着该是多大的喜悦啊。我跟她说,这些东西都是地下的精灵藏在那里的。……不,这并不是欺骗,她会终生不忘这件事。我敢说,她的心,不会像没有体验过这个奇妙的事情的人那样容易变得冷酷无情。①

正是意欲世界不要那么冰冷的愿望,才产生了安徒生一系列看似轻柔、易碎实则无比坚强的童话世界;安徒生有K.巴乌斯托夫斯基笔下那种被虚构出来的举动,完全起因于后者愿意为人间偷送想象力的愿望。毕竟在K.巴乌斯托夫斯基那个粗鄙的时代,想象力是一件弥足珍贵的礼物。在《夜行的驿车》的"题记"中,K.巴乌斯托夫斯基就画龙点睛般地写道:"我想单辟一章来说明想象的力量以及它对我们生活的影响。但当我想了一下之后,便写下了一篇安徒生的故事。我觉得这个故事可以代替这一章。"巴乌斯托夫斯基的话,差不多就是对愿望、可能世界和现实世界之间所拥有的隐秘关系的较好说明,"题记"也差不多近乎完美地道明了:愿望和现实世界上诸多原初事实之间有着怎样密切的血缘关联。艺术恐怖主义分子波德莱尔(Charles Baudelaire)在《现代大众与摄影》中,则从另一个角度申说了这个问题:"再现现存的

---

① [俄]K.巴乌斯托夫斯基:《金蔷薇》,戴骢译,漓江出版社,1997年,第183页。

东西是令人生厌的,因为任何现存的东西都不能让我感到满意……我宁愿要我幻想中的恶魔也不要现实中的琐碎东西。"

诚如双重循环昭示的那样,人的愿望,始终是在某种观念的支配下,对现实世界上某些特定事情做出的特定反应。穷措大之所以天天梦见自己吃上了大鱼大肉,无疑受到了"人人都要吃上饭"、"吃得上大鱼大肉的人就是上等人"、"每个人都愿意当上等人"这类观念的指引;老光棍之所以梦见自己娶了嫦娥,不过是在诸如"人人都需结婚"、"爱美之心,人皆有之"一类说教的支配下所生产出的普通想象,尽管这些想象所植根的现实境遇本身就是双重循环的产物。大致上就是在这样的情形下,诸如此类的愿望被生产出来了;当愿望被生产出来后,紧接着就会被拖进谈论、论述的领域;在谈论和论述过程中,谈论、论述依然会受到目的无意识、双重循环的有意干预。因此,所谓对愿望的谈论、论述,不过是在谈论、论述一个既定的话语定式或以话语定式为形式而存在的意识形态。正是在这里,我们又一次看到了双重循环的无处不在:一方面,愿望是由双重循环生产出来的;另一方面,对愿望的语言性消化、打磨,不过是在证明特定的目的无意识或特定的话语定式所拥有的超级正确性。

凡是进入语言空间、凡是被语言包裹起来的事情都是经验事实;愿望作为意识的组成部分,本身就是基于某种原初事实才被生产出来的语言事件。因此,愿望最终是存在于现实世界当中的半个经验事实,也是一个微型的、有待展开的结论性命题——它是对某种原初事实造成的人生际遇所作出的评判。该结论性命题来源于双重循环的教诲和利诱,来源于目的无意识的唆使和威逼。因此,**愿望始终是半个经验事实与结论性命题的统一体**。此处之所以发出这种笼统之言,乃是因为愿望既得之于原初事实,又是人依据某种标准对某种原初事实作出的观察;愿望不仅是叙事性谈论的产物,更是谈论的最终结果。① 我们其后的航行会一一表明:非叙事性的但又是结论性的愿望,只有再度得到叙

---

① 这里边的"心理学"原因很复杂,不妨参考一下[丹麦]克尔凯戈尔(Sren Kierkegaard)在《恐惧与颤栗》(肖聿等译,华夏出版社,1999年)中的论述。

事性谈论的帮助,才可能得到真资格地展开,才能由此组建一个光怪陆离的可能世界。愿望作为一个语言事件,它展开自身、推演自身而成的可能世界,不过是对愿望进行再度语言性消化的产物。

所有愿望都是根据某种目的无意识的教诲、基于对眼前的原初事实(即事情)的别样态度,对未来、过去或者当前所作出的语言性想象。"眼前的原初事实"中的"眼前",表明此在的人始终存身于唯一的现实世界;"眼前的原初事实",则意指唯一的现实世界中已经发生和正在发生的事情;所谓"未来、过去或当前",不过是指在愿望中发生的事情的时态,而不是愿望的时态。按照 H.伊格尔顿的论证,想象本身就是某种意识形态的产物,在大多数情况下都是对现实世界的抗议和拒斥,在大多数情况下就是意识形态①。阿尔都塞也有类似的看法②。夸特罗其(Angelo Quattrocchi)等人引述过法国五月风暴期间的一张大字报,颇能说明伊、阿二人的钢口铜牙:"我们正在发明一个原创性的全新世界,想象力正在夺权。"③

基于对明王朝覆灭这个不可变更的原初事实的不满,身处现实世界**此时此刻**的朱家子弟的如下妙想就是再真实不过的了:"吴三桂十年前打败了清兵,使我这个皇帝现在当得还不错,明年我还要给吴三桂封王。"正因为无穷的人已经死了这个根本性的、不可变更的原初事实,恐怖不堪的西方人才编织了"上帝创造天地"的神话,以便他们有机会进到"我主"的怀抱得以永恒;正因为"三年自然灾害"(!)前后的杨朔同志打心眼里认同社会主义祖国热火朝天的幸福现实,才构造了辛勤为人类酿蜜、最后死在蜂巢边的蜜蜂那种种无私的奉献行为,却丝毫不问人进入蜜蜂的领地去摘取人家的劳动果实时,蜜蜂会不会对人实施攻击,当然更不用征得众多蜜蜂的同意。杨朔同志的所作所为正好把许多重

---

① [英]伊格尔顿:《二十世纪西方文论》,伍晓明译,陕西师范大学出版社,1986年,第23～24页。
② 参阅陈越编《哲学与政治:阿尔都塞读本》,吉林人民出版社,2003年,第353～354页。
③ [意]夸特罗其等:《法国1968:终结的开始》,赵刚译,三联书店,2001年,第132页。

要的东西给摆明了：他之所以有这种胆大包天的想象，是因为他的愿望来源于一个更高的目的，即命令他这样想象而不是那样想象的意识形态。

因此，愿望的最终结果只能是：在语言的武装下，在语言的打磨和包装下，在特定的目的无意识的唆使下，愿望假借语言构造世界的能力生产出了诸多不同类型的事情。正是这些合乎愿望自身需要的、在语言性想象中发生的事情，才算体现了愿望，才算实现了愿望或渺小或高大的自我。愿望必须要以虚构出来的事情为渠道，才能让自身得到体现；虚构出来的事情就是愿望秉承自家意志从而让自身得到具体化、细节化和肉身化。愿望得到如此这般的谈论后，才能跃迁为一个可以被称之为可能世界的空间，并借以承载自身。和现实世界一样，可能世界也是由事情组成的；可能世界要想稳当地成立，从 discourse 的角度说，愿望也首先要得到叙事性谈论的帮助。没有叙事性谈论，可能世界根本没有机会从子宫深处大摇大摆地探出头来。这些通过叙事性谈论谈论愿望从而虚构出来的事情，既可能是过去发生的，也可能是正在发生的，还可能是将来发生的、将来发生了的；正是在此基础上，才生产出可能世界上诸多不同性质、不同情状、不同口径的事实。

但这显然不是一般意义上的事实。可能世界上的事实和现实世界上的原初事实有着截然不同的性质：原初事实可以不受语言的污染独自成立，可能世界上的事实则必须仰仗语言才能来到人间。由愿望通过语言运演生发而来的事实、被叙事性谈论催生出来的事实，只能是存在于纸面上、口头上、银幕上的**可能事实**。可能事实和原初事实始终保持着千丝万缕、难以被统计学全部搜罗进去的联系。可能事实有能力随时拨通原初事实案头的电话，并强迫原初事实为可能事实的合理性、真实性作证——如果有必要的话。从最严格的意义上说，可能事实只不过是经验事实的特殊形式。

愿望得之于原初事实即通常所谓的事情（本书命名为**事情 A**）①；

---

① 在本书中，事情 A 通常简称事情；在不做特殊说明的情况下，凡是说到事情，都意味着事情 A，都表明它是现实世界上的事情。

愿望在得到语言的再度打磨而被肉身化后,事情A和愿望当即就被可能世界上虚构出来的事情所取代(可能世界上的事情本书命名为**事情B**)。事情B和事情A有着本质的区别:事情A可以是自在之物,事情B从一开始就是语言的受造物;事情A只有或片断或整体地进入语言空间才能成为经验事实,事情B一开始就是可能事实——这一结局的起根发苗,就是因为可能事实来源于愿望的再度语言化,来源于人对愿望的叙事性谈论。事情B就是可能事实;或者,事情B就是可能事实和事情的统一体。无论我们动用多么先进的仪器,也很难将事情B和可能事实精确地分拆开来,尽管从笼而统之的层次上我们依然可以说,可能事实是事情B提供的。更准确的说法在这里:无论是事情B,还是来源于事情B的可能事实,都是由愿望和叙事性谈论通力合作给生产出来的。同样很容易想见,事情B不过是事情A经由愿望、经由愿望被再度语言性消化的转弯抹角的后果。现实世界是由事情A组成的,可能世界是由事情B组成的,因此,可能世界不过是对现实世界某种程度的变形,是对现实世界程度不同的故意性颠倒。事情B是对催生愿望的事情A的改头换面,是把张三的鼻子故意摆在了李四的臀部。孙悟空无论如何高明,他说的也是人话——而且还是明代的汉语;唐僧肉虽然可以让人长生不老,但也靠五谷杂粮喂大。再超级的想象力都得植根于现实生活:想象力始终受制于现实世界,受制于我们看到和体验到的事情A,受制于管辖我们言语实践的目的无意识。要不是遵照某些特定的话语定式的指导,丑男人如夸西莫多者怎么会想到去娶王嫱、西施?要不是某些世俗性的意识形态的教唆,小科长如李四者又怎么会做"顷刻之间便臻富贵"的春秋大梦?

　　上述看法显然建立在对双重循环过分尊敬的基础上,或者说,上述论断不过是道明了双重循环在言语实践方面的现实后果。饶是如此,另一个问题却不可不察:"香蕉吃了大象"、"公鸡下了一个蛋",诸如此类看似无聊、看似纯粹语言游戏般的可能世界上的可能事实或事情B,又是基于何种愿望呢?它们难道也和道貌岸然、板着面孔的双重循环有关?或者,必须从双重循环的角度去理解它们?从最低的反思水平上,我们可以说,它们基于人利用语言进行游戏以解决寂寞、无聊以及自己给自己提供乐子的愿望。语言作为现实世界中的存在物①,本来就在挑逗我们产生利用它进行自我娱乐的愿望,这是一方面;人类素来都有苦中作乐、故意为自己找乐的癖好,毕竟人类生活按照诗人昌耀的看法实在是以无聊的时刻居多,这自然就是另一个方面了。现在流行的各种匪夷所思的手机短信,酒桌间流传的各种搞笑的黄段子,都算得上有说服力的例证。诸如"香蕉吃了大象"、"公鸡下了一个蛋"之类的事情B,作为某种特定愿望的语言性产物、语言性结果和语言性实现,在可能世界上也必然是可能事实。② 它们同样满足了、体现了某些人在某些时刻的特定愿望,尽管称不上有多高明。只要承认这些不那么高明的可能事实来源于不那么高级的愿望,只要联想到愿望的实际生产过程,就不难明白:这些匪夷所思的事情B和双重循环以及目的无意识到底有没有关系、有怎样的关系。这些被我们名之为事情B的东西在现实世界上或许并不存在,但它们真实地存在于我们的口头、我们的手机屏幕、我们的纸张之上,却有十分充足的合理性:它们分别体现了我们在不同角度上的愿望。这些愿望都得之于不同性质或不同角度的现实境遇;同时,也是寄存在我们脑海深处的目的无意识,是让自己的灵魂充塞在言语实践的各个角落的双重循环,让我们面对如此这般的现实境遇时,才生产了如此这般看似怪模怪样的愿望。这些怪模怪样的愿望生产出的怪模怪样的事情B,以它们怪模怪样的有趣——至少是以它们怪模怪样的有趣——最起码让我们有了一笑的可能,从而让无聊的生活、惨痛的人生获得了些微亮色。这情形,正如终生热爱蝴

---

① 奥斯汀认为,要想使用语言,就必须有和语言不同的某种东西,即运用语言加以沟通的东西,这种东西可以被称为"世界"。奥斯汀主张:除了因为在特定场合作出特定陈述本身涉及世界外,在其他任何意义上,都没有任何理由不把语言包括在"世界"之中(参阅奥斯汀,*Truth*, *Philosophical Papers*, P121)。

② 刘大为希望通过引进"真值"概念,让"香蕉吃了大象"、"公鸡下了一个蛋"成为不矛盾的事实(刘大为:《破格句研究》,《华东师范大学学报》1989年第2期,第72~78页)。这颇有道理。但刘先生只是在严格的语言学内部寻求解决之道,并希望从语言学的角度为可能世界争得合理性、合法性。本书限于题旨,不打算在这条路上继续走下去。

蝶、称蝴蝶为天下最美之物的纳博科夫(Vladimir Nabokov)所说：

> 我要倡言，这个非常而绝对不合逻辑的世界就是精神之家，在这样的世界中，战神们是不实在的，倒不是因为它们和台灯的实在性与钢笔的实在性之间隔着遥不可及的空间，而是因为我无法想象有什么情况可以侵犯那默默存在的可亲而又可爱的世界。相对地，我倒是很容易想象得到，有成千上万个和我一样的梦想家，蔓布地球的各个角落，在最黑暗的时刻，在肉体的危险、痛苦、混乱、死亡最令人眩惑的时刻，仍然坚持着同样这些非理性的、神圣的标准。①

第二节　可能世界上的真实(性)

可能世界来源于人对愿望的再度语言性打磨和语言性谈论，来源于人通过语言对愿望的肉身化、细节化和具体化即叙事化；和唯一一个现实世界有些相类，在一个已经被生产出来的可能世界上首先存在的，也是已经摆在那里的事情 B。只有这些看起来子虚乌有、牛头马面的事情 B，才能鲜明、具体地展现愿望。愿望，那个集半个经验事实和结论性命题于一体的愿望，只能通过叙事性谈论，才能实现愿望本身或渺小如尘埃或高大如巨木的自我。

或许正是在这里，我们又一次遇上了那个十分难缠、在我们的言语实践中几乎无处不在的双重循环，尤其是双重循环在可能世界上的诸多变种。一方面，现实世界上属人的动作／行为组成的事情 A 和 discourse 相互造就，事情 B 又是事情 A 转弯抹角的产物，以上两项相

---

① Vladimir Nabokov, *Lectures on Literature*, ed. Fredson Bowers, New York: Harcourt Brace Jovanvich, 1980, p373.

加就无异于说,事情 A,尤其是属人的事情 A,总是由人的目的无意识所造就,因而事情 B 也最终来源于某种既定的目的无意识。另一方面,虽然事情 B 来源于人对愿望的再度语言性消化,但人产生怎样的愿望、人如何通过语言消化愿望,依然要受制于某种既定的目的无意识,要受制于既有的话语定式或以话语定式为存在方式的意识形态。**因此,愿望和 discourse 也是相互造就的**。任何愿望(当然也包括由此而来的事情 B)绝不是任意的和随便就能得出的,即使是"香蕉吃了大象"这类看似任意之极的事情 B 或可能事实,也不会是任意的——它同样表征着愿望和 discourse 之间的相互造就。

正因为可能世界的生产过程具有如此这般的特征,双重循环在可能世界上具有诸如此类的嘴脸,判断关于现实世界的 discourse 的真实性标准,就不能见用于可能世界上的 discourse——无论是对于叙事性的谈论,还是紧随其后的论述和话语定式。尽管可能世界只是现实世界的变形,只是现实世界程度不同的颠倒形式,但它们首先是两种不同性质的世界。说"飞马 2003 年 10 月 1 日上午在北京郊区被人骑着打猎",对于现实世界,蒯因有理由不屑一顾;如果说"飞马载着上帝在天堂漫游",相对于可能世界,怀曼完全可以立于不败之地。按照赵汀阳的看法,可能世界一直在要求我们按照它自身的眼光去看待可能世界,比如可能世界大家族中最典型的形式——艺术①。奥斯汀也为此做过辩护:"'真'是一个仅有的最低限度或是一个虚幻的理想。"从奥斯汀的既有思路推断起来,那不过是因为只求真不大符合人性的需要②。你我都知道,夜半难眠、寂寞得想自杀的老光棍尤其知道:无论在任何时代,无论在任何境遇中,愿望才是人性最重要、最根本的指标之一③。

正是出于这样的依据,博尔赫斯(Jorge Luis Borges)才杜撰了一

---

① 参阅赵汀阳《二十二个方案》,辽宁大学出版社,1998 年,第 241 页。

② Austin, *Truth*, *Philosophical Papers*, Oxford University Press 1950, P130.

③ 这里没有考虑福柯所谓的人性是一个发展的、历史的、变迁的"话语"。不过,不管怎么说,也不管有没有人性,奥斯汀的结论都将是无可非议的。理由似乎很简单:只要问一问你此时此刻的"人性"就行了。

个有趣的故事。一个造梦人创造了他的梦中人物,并派梦中人到某条河流的下游的某个神庙充当祭司。人们都感叹这位祭司的神力,并将这位祭司当成了神的化身:因为他可以在火焰中行走。只有这个造梦人知道,祭司胆敢在火中行走而毫无危险,仅仅因为这个祭司只是他梦中的心象,并不具备实体的性质。火可以毁灭一切,却独独无法毁灭一个空无的东西,一个徒具形式的东西。但到了最后,造梦人也向一片火焰走去,"火焰并没有吞食他的皮肉,而是抚爱地围住了他,既不灼,也不热。他宽慰,他屈辱,他恐惧,他明白,他自己也是一个幻影,一个别人梦中的产物"。这个故事明显表征着一个令人震惊、炫目的可能世界。在这里,众多的事情 B 构成了这个世界,但这显然是依据某种世界理念再度谈论了愿望之后才得出的世界。按照我们的理解,依凭我们的定义,也参照上面的故事,我们可以再唠叨一次:可能世界就是语言对愿望进行再度消化与再度打磨的结果;而愿望,具体到这个例证中,则是博尔赫斯在制造、生产这篇故事时那个特定的愿望。至于作为一个复合概念,这个愿望应该姓甚名谁,我们没有必要追究。要紧的是它肯定存在。

　　诚如赵汀阳所言,可能世界的真实性根本就不是现实性;在大多数情况下,也不具有现实性,甚至还要有意反对一下现实性。在大多数时刻,可能世界唯一具有的现实性,只是得之于现实世界上或合人意或不那么合人意的原初事实按照双重循环的一般规则生产出来的愿望。现实世界以及事情 A 始终是生产愿望的"母机"。那实在是一架有着无限生育能力的"母机"、青春永存的"母机",它保证了可能世界与现实世界之间无时不在的亲缘关系:可能世界最终来源于现实世界;事情 B 经由谈论的闪、转、腾、挪,最终来源于现实世界上横蹦竖跳有如鲤鱼的事情 A;可能事实最终曲曲折折来源于原初事实。尽管可能事实承认牛长"牛头"在现实世界上具有唯一的真实性,却又在可能世界上毫不犹豫地给这个货真价实的"牛头"配上了一个匪夷所思的"马面"。可能世界对现实世界的有意颠倒,在这个过程中轻而易举地完成了。

　　因此,与判断关于现实世界的谈论的真实性标准大不一样,检验可能世界上的 discourse 的真实与否的唯一标准的,只能是原初事实与人上下其手生产出来的愿望；而可能世界就是愿望的语言化，是愿望在谈论中的语言性实现，是愿望的具体化和叙事化。以上两项相加，我们可以得出一个十分简单的结论：检验可能世界真实与否的路径只有一条，那就是可能世界对自身进行的验证。这是一种典型的**自证式检验法**，颇有些类似于儒家所谓的反求诸身、反求诸己。当然，这很可能就是赵汀阳的建议：要用可能世界自身的眼光看待可能世界，绝不能拿现实世界上的张三长了两条腿，去调笑可能世界上的张三居然胆敢拥有三只脚。自证式检验法是可能世界上的铁血法则、根本大法。既当运动员又当裁判，在现实世界上一定会遭人唾弃，在可能世界上则会赢得一片掌声，但首先是赢得了引领可能世界之成立、之生成的愿望的首肯——愿望在自证式检验法中完全、彻底地实现了它的自我。愿望对于可能世界的作用，相当于"永恒之女性"对于浮士德或者歌德的作用。因此，可能世界上经由谈论愿望而发生的一切事情 B，都只能是真的，必然是真的；一切型号、一切性质的可能世界在自身的意义上，在语言的水平上，都是真的，只能是真的。

孙悟空变成一只渺小的虫子，钻进牛魔王老婆的肚皮里大喊大闹，抓住牛夫人的肠胃荡秋千，逼迫牛夫人交出芭蕉扇扇灭火焰山上的熊熊烈火，以保唐僧去西天取经……这一连串从现实的"只眼"看来匪夷所思的事情 B，这些在谈论中被具体化、被细节化和被肉身化的愿望，只可能是真的，没什么多余的道理好讲。因为它们发生在一个叫做可能世界的特定空间里，因为它们来自构造这个世界的吴承恩彼时彼刻的特定愿望。拉伯雷的巨人出人意料地从母亲的头部而不是阴部来到人间，蒲松龄的崂山道士轻轻一跃就坐在月宫里和友人纵酒聊天，作为可能世界上给定的事情 B，只可能是真的。因为它们分别得之于拉伯雷、蒲松龄在生产可能世界时的特定愿望，因为愿望虽然始终遵循双重循环给予的大致线路得之于现实世界。但只要我们愿意，它就注定有能力、有翅膀飞升至看似虚无缥缈的可能世界，并给双重循环中给定的意识形态或话语定式增加一道恒常恒新的证明。对于愿望来说，这种质地特殊的翅膀总是先在的：那就是语言的创生功能，以及给予这种创生功能以莫大支持的意识形态、意识形态内化而成的目的无意识。"洞房花烛夜,金榜题名时",作为一种人人都认可的、饱具威慑力的话语定式,它所表征的光辉前景,永远都是现实世界上的老光棍和不第才子的梦想与奢求。老光棍、不第才子始终是这个给定的话语定式的手下败将。而愿望,除了某些妙人,恐怕没有人不承认,本质上就是梦想和奢求。

即便如此,从理论上和逻辑上我们依然可以问:假如孙悟空没有七十二变的本事,《西游记》中所陈述出来的、由事情 B 构成的情节序列还能成立吗?可能世界可不可以在自身范围内成为一个自相矛盾的世界?允不允许可能世界在自身范围内是一个自相矛盾的世界?可能世界是否真地拥有无限特权,以至于既让自身内部自相矛盾又丝毫不影响它的稳固性?人在生产可能世界时,是否也要剽窃现实世界上用于判断现实世界的某种、某些逻辑来拯救自身,以使自己免于这种逻辑的审判?关于这些疑问,我们可以用远到天边再近到眼前的方式作出回答。

从"远到天边"的角度说,可能世界的根本定义之一,就是要和事情 A 发生矛盾(即颠倒、变形事情 A 从而成为事情 B)。与现实世界发生矛盾只是外部矛盾,和可能世界内部的结构毫不相关。在可能世界上,牛头马面不算矛盾,方的圆不算矛盾,黄河向西流、东海干了、苍蝇开口说话、夏雨雪……就更不算矛盾。至于蜜蜂辛勤为人类酿蜜,放在具有高超革命想象力和文学八级工的荣誉证书获得者杨朔同志炮制出来的可能世界上,也完全合理,因为杨作家早已受到某种政策性的目的无意识的支配。它们只和现实世界矛盾,却没有能力伤及可能世界的一根寒毛。如果孙悟空为了逃命,一筋斗只翻了两公里,恰好落在某个女妖精的胸脯前;如果杨朔的蜜蜂自私自利而不顾人类的死活,恐怕就是自相矛盾。好在吴承恩、杨作家基于自身的愿望,不可能让孙悟空如此无能、不可能让蜜蜂拥有某种小人心性,以至于犯下如此低级的错误。

从"近到眼前"的角度说,愿望自始至终是人和现实世界相抗拒或相认同的产物,愿望自始至终具有鲜明的目的性、明确的指向性。可能世界归根结底与既有的话语定式、始终存在于现实世界上的话语定式相互造就。愿望在叙事性的谈论中被完成、被细节化时,它鲜明的目的、明确的指向,不会允许自身被置于自相矛盾的境地。它绝不会如此弱智地允许这样的"事情"出现。才子们秉承着"金榜题名时"的教诲,不会产生不能金榜题名的愿望;男人们接受"洞房花烛夜"的指令,绝不会幻想自己一生必定、必须孤苦一人。这种性质的愿望,这些可以叫做愿望的东西,会给予事情 B 以鲜明的逻辑,以便让事情 B 合乎愿望自身的需要,让愿望得以稳当站立。

最后,我们可以从"远到天边"和"近到眼前"相结合的角度说,语言在消化愿望以构造可能世界的过程中,肯定要俯首帖耳地听命于语言自身的律令。归根到底,是语言按照自身的规则消化了愿望才造就了可能世界,因此,无论多么荒诞离奇的可能世界,在其内部,都不可能发生左脚绊右脚般的自相矛盾。如果考虑到目的性极强的可能世界本身就是在某种世界理念的帮助下才被生产出来的,本身就具有超强的秩序,情形就更其如此了。说可能世界会自相矛盾,从最低的反思水平上,无异于指控语言是非理性的、无理性的;说可能世界会自相矛盾,本身就是一个荒谬绝伦的矛盾。

第三节　对愿望的 3 种谈论方式

可能世界意味着愿望的语言性实现,并且始终是语言性实现:那些可能的秃子、可能的胖子,只能存在于语言空间当中。但愿望——那个作为半个经验事实和结论性命题之统一体的愿望——向来都是一个十分特殊的东西:它一头伸向现实世界(现实世界是它的母体、它的出生地),另一头则伸向可能世界(可能世界是它的语言性实现)。愿望是连接可能世界和现实世界的长江大桥。是某种、某类原初事实(即事情 A)授予了愿望以长江大桥的光荣称号,是某种、某类或合人意或不合人意的原初事实所造就的某种、某类现实境遇,允许愿望得之于现实世界又飞升至看似虚无缥缈的可能世界,并以**成品的可能世界**为方式①,给人以并非虚无缥缈的心理安慰,给人以并非虚幻的心理充电。如果不将愿望再度语言性消化,不将愿望叙事性地改造成事情 B,愿望就不可能最终成立。许多具有空想性质的专书都是叙事性的、充满了事情 B 的人造世界,《太阳城》、《乌托邦》绝好地分享了叙事的魅力。《太阳城》、《乌托邦》的作者都是思想家,他们不采用一上手就直接论述的方式,而采用叙事性的谈论来体现愿望,这一做法本身就是意味深长的。或许他们正是看中了谈论的直接性。对于可能世界来说,谈论首先面对的是愿望;而对愿望的谈论生产出的事情 B 较之于干巴巴的说教,对一般民众更有诱惑力也更具直接性。这情形恰似斯汤达(Stendahl)所感慨的:我多么希望上帝让我忘记《一千零一夜》的故事情节,以便再读一次,重新享受那些美妙的故事带来的快乐。

愿望首先是**现实世界之中**的愿望,是由某种、某类原初事实引发出来的,是已经摆在现实世界上的事情 A 勾引出来的。从空间上说,愿望只能立足于现实世界中的此地;从时间上说,愿望只能立足于现实世界中的此时。所谓愿望,从来都是现实世界中**此时此地的愿望**。那个被称为半个经验事实和结论性命题之统一体的愿望,向来都是一个特殊的质点:一方面,它包含了即将存在于纸面上或口头中那个巨大时空的胚胎形式——尽管这种胚胎形式是潜在的、内敛的,正在耐心等候语言制造世界的能力对它进行推演和超度;另一方面,它也身披现实世界赋予它的时空外衣——这个类似于质点的愿望在现实世界上占有它自身的时空,无论这个时空看上去多么渺小。

对于我们而不是对于吴承恩来说,后者创制《西游记》时的愿望当然是过去了的别处的愿望,仅仅是一件发生在现实世界之中的事情 A;但对于写作《西游记》时的吴承恩,那个促使《西游记》之诞生的愿望,却始终是老吴居有的那个现实世界上此时此地的愿望;仰仗这种愿望,吴

---

① 此处之所以说成品的可能世界,是想突出这个世界是一个叙事性的世界,是愿望得到了事情 B 来体现的世界,是一个完成了的世界。这里必须要说明,成品的可能世界就是可能世界,它们是一回事。

承恩才有能力生产出一个光怪陆离的可能世界。因此,从严格的逻辑立场、也从现实世界的立场上看,另一个值得注意的问题是:愿望只能是"我"的愿望,**愿望之所以为愿望,端赖于它只能以第一人称单数为形式**。我们经常听领导说:"这是我们共同的愿望。"但这只是将愿望当成了一个既成事实、一件特定的事情 A,而不是正要被推演为可能世界的那个此时此地的愿望。即使从语用学的维度进行分析,"我们共同的愿望"落实到谈论上也只能是"我"的愿望,毕竟任何一个说话人或写作者都在以第一人称发言——正如梭罗(Henry David Thoreau)在《瓦尔登湖》中宣称的那样。只要说到"你(们)"的愿望、"他(们)"的愿望或"我们"的愿望,那不过是说:我们在谈论一件发生在现实世界上的事情 A,是在谈论作为事情 A 的那个愿望,亦即某一个愿望如何诱导、教唆了某一个可能世界之生成。毫无疑问,创制某个可能世界就是发生在现实世界中一件特定的事情 A。

一旦"我"的愿望被"我"的语言消化并形成了可能世界,事情 B 就不一定非得是"我"做的事情、"我"正在做的事情、"我"将做的事情——事情 B 不必以第一人称单数作为主人;事情 B 的发出者不过是"我"——尤其是"我"的愿望——的众多变体。将"我"的愿望肉身化为事情 B 时,可以借用任何人称,可以借用任何人称代表的那些肉身凡胎的、活物的人,甚至是动物、植物和无机物。众多神话、童话和科幻小说以及手机段子完好地表明了这一点。只有将愿望死死看成此时此地的"我"的愿望,才能首先将愿望合乎逻辑地限定在现实世界当中,才能给愿望一个稳定的基点,也才是识别愿望被语言性消化的方式的可靠基点。

我们被告知:愿望只是一个处于现实世界当中的可用于创制可能世界的出发点;这个类似于质点的愿望在语言构造世界的能力的帮衬下,只要"我"愿意,只要"我"有这种心思,就注定要演变为可能世界。《太阳城》《乌托邦》甚至更早一些时候的《理想国》《孟子》而不是《资本论》《纯粹理性批判》《金刚经》《道德经》等伟大经典的实地操作,早就明确地分享了这个出发点。但是,当愿望仰仗语言的保驾护航,在谈论中被语言消化并跃迁为成品的可能世界时,愿望就不再是一个质点。它已经"肉身化"为众多的事情B、众多的可能事实;它胚胎式的时空形式已经被语言制造世界的能力推演为巨大的时空形式,以承载可能事实和事情B;它在现实世界上所占有的渺小时空,也已经被语言放大从而转变为可能世界上的时空型。

或许有人会问:连人的意识都是语言事件,连人的灵魂都是语言赐予人类的礼物①,难道愿望从一开始就不是一个语言事件吗?如果答案是肯定的,说"可能世界是愿望的语言性实现",说可能世界中的谈论"都是对愿望的叙事性的语言性消化",又有什么实际意义?它会不会是同义反复或者逻辑循环?这样的发问确实具有警示性,却不足以危及此处的立论。理由很简单:虽然愿望是语言性的,虽然愿望作为一个语言事件从一开始就是对事情A的结论性命题,并且从事情A那里获得了经验事实的身份,但愿望的"语言性"和"对愿望进行语言性消化"的那个"语言性"仍然有质的不同。请对比下列例句:

a. (因为)我是个老光棍,(所以)我想找一个老婆。

b. 我已经娶了织女为妻,昨天晚上我已经敲锣打鼓将她迎进了洞房。我在洞房里拿捏了她,我抚摸了她,我……

a显然是现实世界上某种、某类原初事实生产出的愿望:它是对现实世界上某种、某类事情的某种总结,是对现实世界的某种结论。站在现实世界的立场,**a是半个经验事实**,同时也是**结论性命题**;在此,a当然是语言性的。但同样明显的是,a尚未被推演为可能世界,尚未被超度为乌托邦和太阳城那样广具煽情功能的可能世界。与a大为不同,b显然是对愿望(即a)的"语言性实现",即已经是一个成品的可能世界了——尽管它的体积十分渺小。在此,语言性的愿望(即a)已经不再停留在干巴巴的、浑身无毛的**结论**或**总结**的水平上,而是被语言制造世界的能力推演为具有自身时空型的可能世界(即b),以及可能世界上众多鲜活的、夸张的、毛茸茸的事情B和可能事实的统一体。a表征的

---

① [英]怀特海:《思想方式》,韩东辉等译,华夏出版社,1999年,第38页。

第二章 可能世界上的 discourse

只是一个质点，b 表征的则是充满了动作／行为的事情，尽管都是些虚拟的、杜撰出来的事情。因此，愿望的"语言性"（即 a）与"愿望的语言性实现"（即 b）所仰仗的那种"语言性"，是性质不同的两种"语言性"。后者（即 b）是对前者（即 a）的叙事性展开。所谓展开者也，就是通过叙事让 a "肉身化"为 b，就是将质点的愿望转化为满储着动作／行为的事情。

大明朱姓的某一个后代在明朝灰飞烟灭后（即给定的原初事实或事情 A），完全可以做这样的白日梦：谢天谢地，吴三桂总算击溃了多尔衮。我直到今天还是皇帝，还在发号施令。我明年要生一个太子，要让太子拜吴三桂为师傅。这就是来源于某种具体的原初事实的愿望被语言消化后所生产出来的可能世界，哪怕它只是一个极其粗糙、四处漏雨的可能世界。和谈论现实世界的方式有些类似，从上述事例中，我们可以从语言形式上，识别出**叙事性谈论**的存在。对愿望的叙事性谈论的含义是：让语言性的、结论性命题的、半个经验事实的、质点般的愿望"动"起来，让愿望所拥有的胚胎式的时空型按照愿望自身的逻辑线路推演开去，最终形成形形色色甚或荒诞古怪的事情 B，借以生产出成品的可能世界——那个由滚动着的、横蹦竖跳的事情 B 所构成的可能世界。

依据大明朱姓后代的白日梦，从**时间**上看，我们还可以识别出三种谈论愿望的方式：**过去时谈论**（谢天谢地，吴三桂总算击溃了多尔衮）、**现在时谈论**（我直到今天还是皇帝，还在发号施令）、**将来时谈论**（我明年要生一个太子，要让太子拜吴三桂为师傅）。**空间**问题初看起来就有些复杂了。从愿望立足于现实世界这方面来说，凡是在可能世界上发生的事情都在**别处**（因为它们都处于现实世界之外）；从愿望已经被肉身化为可能世界这方面来说，凡是发生在可能世界上的事情 B 都有此地和彼地之别——对身居天宫担任弼马瘟要职的孙悟空来说，他梦中的水帘洞就是"彼地"。但只要立足于愿望首先存在于现实世界上的**此时此地**这一立场，我们就没有必要考虑事情 B 所具有的空间问题。道理似乎显而易见：无论愿望催生了发生在别处、在远方的何种离奇、古怪、荒诞的事情 B，无论事情 B 具有何种模样的时空型，但对愿望的语言性消化,却始终发生在此时此地的现实世界当中。因此,在现实世界上一共有 3 种谈论愿望的方式可用于创制、催生、生产可能世界:

对眼下愿望的叙事性的过去时谈论,
对眼下愿望的叙事性的现在时谈论,
对眼下愿望的叙事性的将来时谈论。

3 种谈论方式都立足于现实世界之中的质点式的愿望,都立足于质点式的愿望首先存在于现实世界。除了和现实世界可能矛盾、甚至在不少时刻必然要矛盾外,在可能世界上,3 种谈论愿望的方式绝不会为自己设置"以子之矛、陷子之盾"式的陷阱或悖论。更为明显的是,3 种谈论愿望的方式都具有双重性。首先,它们都立足于现实世界,都是对现实世界上的愿望的谈论,因此它们只能存在于现实世界。其次,通过它们的运作,可能世界生成了,可能事实和众多的事情 B 呱呱坠地了。在这个过程中,3 种谈论又存在于可能世界,属于可能世界。这一切,都是愿望既立足于现实世界又注定要飞升至可能世界这个更为原始的双重性所决定的。这正是无处不在的双重循环和目的无意识在言语实践中的一般后果。关于这一点,我们还会更进一步地领教。

第四节 谈论及其目的

在小木船"贝格尔号"跨越过两片不同的水域后,我们终于收获了两种性质不同的**谈论**:对现实世界的谈论,可能世界上的谈论;或者说:对事情 A 的谈论,对愿望的谈论。这两种不同性质的谈论既有相似之处,又有重大的、本质的区别。就相似之处来说,两种谈论秉承着 discourse 具有三层含义的教诲,在本质上都是叙事性的:关于现实世界的谈论将原初事实的整体或切片包纳在叙事性的句子当中,可能世界上的谈论则将愿望吸入叙事性的句子之内,并命令愿望直立行走起来，从而拥有存在于纸面上的动作／行为方面的典型特征。就本质的区别来说，关于现实世界的谈论通过叙事性的句子，将事情 A 修改成了 discourse 其后各层含义都可资利用的经验事实；可能世界上的谈论则通过叙事性的句子，将愿望现实化、具体化和肉身化，并将愿望推演为事情 B 和可能事实的统一体。

  对人来说，一共存在着两类不同性质的谈论方式。**第一类谈论方式针对现实世界**。对于事情 A，我们有 4 种对之进行语言消化、语言打磨的基本方式。它们都是对现实世界某个侧面甚或整体所进行的或真或假、或接近于真或迹近于假的叙事性陈述。4 种谈论方式只负责提供可用于包括价值判断在内的各种论述（即 discourse 的第二层含义）所需要的依据。**第二类谈论方式针对可能世界**。在语言性的可能世界上，同时也在现实世界中，一共存在着 3 种对愿望进行语言性打磨的基本方式。它们都是对立足于现实世界的愿望进行的必然为真的叙事性陈述。它负责从质点式的愿望出发，为愿望打造可能事实，借以肉身化地、饱满而圆融性地攻击、拒斥现实世界，或具体地饱满地赞美、认同现实世界。有必要指出的是，只有"我"此时此地的愿望经由谈论将愿望推演为成品的可能世界，并给事情 B 以恰切的时空型，才是"我"此时此地的可能世界。除此之外，一切可能世界，一切关于愿望的谈论方式，都注定发生在现实世界之中，都是现实世界上已经发生的事情 A。可能世界因此具有浓厚的**即时性特征**。所谓即时性特征，不过是说，某个特定的可能世界被完成后，就是现实世界中特定的物。充满妖气的《西游记》一经完成，就不过是现实世界当中的一个物件；充满瘴气的《西游记》的炮制过程，永远都是发生在现实世界上一件特定的事情 A。

  对人来说，一共存在着两类不同性质的谈论，一共存在着 7 种基本的谈论方式。它们共同构成了我们认识现实世界、认识我们自身的**认知原型**。7 种谈论方式在谈论过程之外的任何时刻，都没有任何理由不存在于现实世界——对此，奥斯汀说得再明白不过了。要想对现实世界进行真实的描写或有效的描写，首先要选取第一类谈论方式；至于动用第一类谈论方式中的哪几种甚至全部，取决于谈论者此时此地的目的性，某个更高、更大之权威赋予谈论者的目的性。要想准确、完备地谈论"我"此时此刻基于某种原初事实生发出来的愿望,并生产出符合自身愿望的可能世界,首先要选取第二类谈论方式;至于动用第二类谈论方式中的哪几种甚至全部,须由被谈论的愿望所拥有的目的性(比如"我想找一个老婆")来裁定。

但依然需要考虑如下情况:在一次具体的谈话或在一个具体的文本中,往往既存在着对现实世界的描写,也存在着对愿望的陈述。两类不同性质的谈论在一次具体的谈话中,在一个特定的文本中,各自贡献出自身"存货"中的某几种甚或全部,并按照一定比例**以入股的方式**通力合作,最终构成了一次有效的谈话、一个有效的文本。应该说,在现实生活中,这种情况不但不少见,反而更符合实际,更接近言语实践的真相。就是在这个基础上,我们可以认定:两类不同性质的谈论通过各自的演算、变形与转换,通过一定比例的相互交织,最终形成了各种各样符合自身目的的语境(context)。至于演算、变形与转换的具体情形,且听下回分解。

依照双重循环的基本含义,原初事实经由 4 种形式的语言性消化、语言性打磨,并不仅仅是为了中性地描写现实世界上发生的事情 A,更是为了给其后有目的的论述(即 discourse 的第二层含义)提供依据。悲惨的爱洛伊丝(Heloise)在致她更为悲惨的情人阿伯拉尔(Abelard)的信中所说:"你对我们欠下的债既不需要证据,也不需要证人,如果有人怀疑的话;即使整个世界保持沉默,事实本身也会站出来说话。"①悲惨而虔信天主的爱洛伊丝在绝望中不将她的主当成依据,反而求助于事实,是能够说明一些问题的。出于同样的道理,4 种谈论原初事实的方式捎带出来的结果,最终要进入论述领域,从而对现实世界形成某种或某类带有倾向性的决议,以用于判断现实、判断生活,甚至是指导现实、指导生活。立足于现实世界的愿望经由 3 种形式的语言性打磨、语言性消化,是为了从想象的维度、虚构的维度,对现实世界作出合乎自己内心需要的判断:或者拒斥、攻击现实世界,或者赞美、认同现实世

---

① [法]蒙克利夫编:《圣殿下的私语:阿伯拉尔与爱洛伊丝书信集》,岳丽娟译,广西师范大学出版社,2001 年,第 57 页。

界。它们以不同的方式,为即将对现实世界所进行的不同性质的论断,提供了或坚实或脆弱的基础,提供了必不可少的依据。

无论是判断现实还是攻击或赞美现实,都注定要听从双重循环的严正教诲,都需要观看双重循环的嘴脸行事。在此,7种谈论都绝不是任意的——即使是对愿望的谈论,也不可能是任意的。一如我们所知,一如我们所述,愿望的生产始终受制于现实世界、受制于现实世界上给定的意识形态以及由意识形态内化而来的目的无意识。

第五节　可能事实,discourse,动作/行为

通常我们会说,所谓愿望,就是寄存在我们脑海中的某件东西。另一种常见的说法是这样的:愿望是一种无声无息、看不见摸不着的心灵活动。数千年来,地无分南北,人无分老幼,都这么异口同声,几乎从来没有人觉得有什么问题,似乎心灵、意识更像一个显而易见的实体。16～17世纪的比利时医生爱尔蒙(Jan Baptista Van Helmont)就有趣地认为:心灵的位置在幽门。典型的机械主义者梅特里(La Mettrie)对此评论道,该爱尔蒙"除了把部分当成了全体以外他其实并没有说错"。因为梅特里就承认:"心灵就在我们的胃里。"①这显然是一种把心灵不断往下安置的典型方法。但依赖尔之见,这种种对心灵的看法,终究不过是笛卡儿(R. Descartes)心／物二元论的拙劣翻版,不过是将心灵处理成了"机器中的幽灵"——尽管笛卡儿采取了和爱尔蒙、梅特里完全相反的心灵安置线路。早在18世纪,一个叫康迪耶克(Etienne Bonnot de Condillac)的法国哲学家就提醒过他的同胞,我们绝不能忽略的第一个目标是研究人心,不是为了发现它的本性而是为了了解它的运作。一百多年后,赖尔响应了这一号召,他特别希望通过揭示语词的错误用法如何导致心／物二元论,以及由此产生的种种哲学上或认

---

① 参阅[法]梅特里《人是机器》,顾寿观译,三联书店,1957年,第22页。

识论上的疑难杂症,来说明心／物二元论的荒谬和大言欺人。赖尔认为:在诸如此类的问题上出现的失察,导源于某种严重的范畴错误——误将语法上的同一当成了逻辑上的同一。要矫正关于心灵的范畴错误,我们必须弄清楚如下问题:对心灵的描述不是在对"机器中的幽灵"作出的推论,而是在描述人的特殊种类的公开行为;①当我们使用一个心灵语词(mentalistic terminology)时,我们不过是在使用一个语汇有效地预测一个有机体在各种不同的情况下可能会做什么或说什么。②

因为这个问题对"贝格尔号"太过重要,此处有必要再次引述赖尔的妙论:外在的种种智力行为并不是研究心灵活动的有效线索,它们就是心灵活动本身;因为"绝对的孤寂是灵魂无法逃避的命运,惟有我们的躯体才能彼此相见"③。正是在此基础上,赖尔甚至不无极端地向我们提出了如下忠告:为了防止不必要的误解,最好是将"在心里"这样的语汇永久性地罢黜掉,让它回到其来有自的乌有之乡。④ 毕竟心灵是任谁也看不见摸不着的东西;心灵只有借助外在的、可视的动作／行为才可能被有效分析,被准确识别。⑤ 如果愿望仅仅停留在愿望的层面上,那它就没有得到更具体、更细节化的语言打磨,就没有因此催生出至少是在纸面上或口头上可感知、可视的可能世界,也就意味着愿望

---

① 参阅陈嘉映《语言哲学》,北京大学出版社,2003年,第220～221页。
② 参阅[美]罗蒂《偶然、反讽与团结》,徐文瑞译,商务印书馆,2003年,第15页。
③ 参阅[英]赖尔《心的概念》,徐大建译,上海译文出版社,1988年,第9页。
④ 对此,柏格森有过精辟的论述,只不过柏格森不是从语言哲学而是从时间、空间、量和强度这个角度展开论述的。有意思的是,他也得出了非常接近的结论,只不过他的结论和语言哲学试图得出的结论有着不同的目的[参阅(法)柏格森《时间与自由意志》,吴士栋译,商务印书馆,2004年,第109～111页]。
⑤ 罗蒂的言论可以在此作一个有意思的参证。他在评论塞拉斯的著名观点——"意向性范畴本质上从属于公开的语言行为的语义学范畴"——时,就明确地指出过:"这个断言的确切意思是,如果你理解我们如何开始使用元语言的词汇去评论和批评公开的语言行为,你就会理解意向性如何开始存在。你可以把意向性、拥有信念和欲望的能力、合理性、试图使那些信念和欲望更为连贯的自我意识,看作是在时间过程中出现的。"[参阅(美)罗蒂《真理与进步》,杨玉成译,华夏出版社,2003年,第102页]

最终是不存在的。"我想娶一个老婆",不言而喻,只是存在于脑海中的一个结论性命题,一个愿望;如果没有在这个愿望支持下的诸种动作/行为,我们很可能真的不知道某人有这样一个愿望。因为我们只有通过可能世界以及可能世界上寄存的事情 B,才能一窥愿望之真相。没有这种回溯方式,愿望就不可能被观测——即使是愿望的主人也难以了解自身的愿望,尤其是不能了解他的愿望将以何种具体的方式在想象中得到实现。因此,可能世界以及可能世界上寄存的事情 B,并不是研究、窥知愿望的线索,它就是愿望自身。有意思的是,罗蒂十分坦然地将赖尔视为心灵方面的非化约的行为主义者。罗蒂认为,赖尔只不过是不想用行为主义式的术语来谈论信念和指涉①。需要指出的是,此处所说的事情 B"就是愿望自身",恰恰是非行为主义的——尽管我们的行文有可能造成这样的误会。

因此,通过 3 种谈论愿望的方式将愿望转化而成的事情 B,始终是可能世界上各个含义层面的 discourse 的坚实基础。只不过和谈论现实世界相比,这里的谈论有着性质上的不同:对现实世界的谈论既有可能为真也有可能为假,对愿望的谈论则绝对成真——极而言之,对愿望的谈论只有好坏、美丑问题,不存在真假问题。正因为愿望对于可能世界之成立、之模样关系重大,我们才有必要再一次将目光投放到愿望上。

可能世界是对来源于现实世界的愿望的语言性消化、语言性打磨;愿望本身就已经是**半个经验事实**,已经是对某个、某类特定事情 A 的**结论性命题**——不管它和双重循环或目的无意识有没有瓜葛。这个简单明了的境况,使得愿望和可能世界之间立马获得了某种特殊的关系:愿望既是可能世界的原因,也是可能世界的目的;既是可能世界的起点,也是可能世界的终点。但这里并没有诸如"阐释学循环"一类的东西存在,也没有鬼鬼祟祟的形而上学或逻辑循环从中捣鬼,有的只是愿望如其所是的存在状态及其本有特征——归根到底,是双重循环给予

---

① 参阅[美]罗蒂《偶然、反讽与团结》,徐文瑞译,商务印书馆,2003 年,第 16 页。

它的一件摆脱不掉的礼物。在这个意义上,而且只在这个意义上,愿望就是可能世界;或者更明确地说,愿望就是寄居在可能世界上绝对为真、绝对成真的事情 B。对愿望的语言性消化,对愿望更为细节性的言之有物的谈论,也最终让愿望转化成事情 B。但这显然不是一般的事情:它一开始就是可能事实和事情 B 的统一体,因为它从一开始就寄存于语言的披风当中,就是语言的幽暗肠胃辛勤劳作的结果。因此,所谓**言之有物地谈论**愿望的 3 种方式,不过是将已经作为语言事件的愿望进行再度地、更为具体地推演。而被谈论出来、被说出来的事情 B,也就同时性地转化为可能世界上的可能事实。当此之际,事情 B 与可能事实早已将愿望自身的时空型、将现实世界赋予愿望的时空型更加具体化了;所谓更加具体化的时空型,不过是承载可能事实和事情 B 的容纳器。愿望自身的时空型的具体化和事情 B 以及可能事实同步生成,同时来到可能世界。它们共同受制于我们关于愿望和世界的理念。

依据双重循环和目的无意识无处不在的暗影,愿望的生产过程本身就是现实世界上一件特殊的事情 A;愿望又是一个"语言事件",是语言赐予人的一件珍贵的礼品。只要我们愿意,愿望就可以在 3 种谈论方式的帮助下飞升至可能世界,并生产出一个成品的可能世界。即使愿望不上升到可能世界,不寄居在可能世界当中,愿望在本质上也是论述性的。而论述性的基础仍然存在于事情 A 中包含的各种属人或非人的行为。不过,当这个论述性的、结论性的、质点式的愿望,被 3 种谈论愿望的方式肉身化为成品的可能世界后,愿望就成为一个叙事性的世界。在这个世界上,事情 A 中包含的属人或非人的行为,最终被事情 B 中包纳的各种行为所取代、所置换。因此,从可能世界上的 discourse 的来源看,支持各个含义层次的 discourse 得以成立的基础,始终是事情 A 中包纳的属人或非人的行为;从可能世界的角度看,支持各个含义层面的 discourse 成立的基础,则是经由 3 种谈论愿望的方式生产出的事情 B 中包纳的行为,是这些横蹦竖跳的行为取代了现实世界上生产愿望的那些更为肉感的行为。但这丝毫不改变事情 B 中包纳的行为与现实世界上引发愿望的行为之间,有或直接或间接的关系。一言以蔽之：事情 B 中包纳的行为最终来源于事情 A；事情 A 才是可能世界上一切 discourse 的动作来源。

在现实世界上，行为可以分解为动作，也必然能够分解为动作。一切动作都是可感知、可视的动作。在可能世界上，情形同样如此。只不过在可能世界上动作的种类和属性自有其特殊性。除了和现实世界上的动作相似的那些动作外（比如狗啃骨头），在可能世界上，狗会说话、叩头，香蕉会咬人，大山会生孩子，老鼠在空中飞翔，黄河往西流……总之，可能世界上的动作大都是拟人化的，它们在可能世界上较之于在现实世界上更具有属人的特性，也更具有可视性、可感知性。因此，在可能世界上，动作／行为始终是各个含义层面的 discourse 的核心。可能世界上的动作／行为不过是对现实世界上的动作／行为的故意颠倒，可能世界上的动作／行为最终来源于现实世界，来源于现实世界上始终在"整体涌动"（陈嘉映语）的事情 A。失去了动作／行为，就不存在对愿望有效的、真实的、肉身化的谈论，更不可能有对愿望的论述，具有权力色彩的话语定式照样会失去维生的口粮。

和对现实世界的谈论一样，对愿望进行言之有物的谈论也是为了其后的论述——假如有必要的话。只不过和对现实世界的谈论相比，可能世界上的情况比较特殊：在可能世界上，论述的终点往往与质点式的、半经验事实的、结论性的愿望相重合。虽然对现实世界的谈论也可能出现同样的结局，但没有可能世界那样极端和明目张胆。实际上，对愿望的谈论，就是试图通过制造成品的可能世界，来论述现实世界何以是不尽如人意的，或何以是太尽如人意的。如不尽如人意，就以成品的可能世界为方式予以坚决拒斥——曹雪芹构制的大观园按某些好事者的话说，就是对所谓的"封建社会"唱出的一曲不尽的挽歌；如太尽如人意呢，那就大声赞美吧——杨朔同志在"三年自然灾害"前后几经起、承、转、合，终于制造出一个美妙无比的"海市"；秉承着双重循环在言语实践中的一般作用，"海市"里的中国人民过着不可思议的幸福生活。作为一个旁观者，我能担保，那里的人民群众遵循着"海市"携带的目的无意识，也不敢不过着不可思议的幸福生活。

与关于现实世界的论述相比，存在于可能世界上的论述自有其特殊性。除了依照目的无意识的教诲,并最终通过成品的可能世界再一次证明目的无意识之外,可能世界上始终存在着两种更为具体的论述模式。

第一,叙事性的、成品的可能世界本身就是一种论述,因为它早已将愿望直接溶解在叙事过程之中,因为没有任何一个得之于现实世界的愿望是呈中性的——双重循环、目的无意识总是在发挥作用——所以,任何一个叙事性的、成品的可能世界都有强烈的意义倾向性;3 种谈论方式从一开始就得到了来自目的无意识的有意赋值(Evaluation)。就是这个赋值过程,使叙事性谈论还肩负着论述的重任。特殊之处只在于:造成某种目的无意识的意识形态(或话语定式)得到的待遇或奖赏,就是成品的可能世界。

第二,3 种谈论方式所带出的可能事实,也可以给可能世界上更抽象的论述提供基础。《聊斋志异》是中国人民十分熟悉的文言小说集,里边尽是些妖魔鬼怪的故事。但在许多匪夷所思的故事后边,蒲松龄都附有议论性的"异史氏曰"(模仿司马迁的"太史公曰"),其目的,就是要给可能世界意欲得出的结论性命题予以明确地陈述。在《丁前溪》极尽怪诞之能事后,蒲松龄如是写道:"异史氏曰:'贫而好客,饮博浮荡者优为之;最异者,独其妻耳。受之施而不报,岂人也哉?然一饭之德不忘,丁(前溪)其有焉?'"①这差不多就是可能世界上依据可能事实给出论述并得出结论性命题的一般情形。但无论是第一种论述方式还是第二种论述方式,都和双重循环以及目的无意识有着或直接或间接的关系。

从愿望的角度出发,将得之于愿望的可能世界上升为话语定式和把对现实世界的某些论述上升为话语定式一样,都有好有坏。对现实世界的谈论、论述有可能为假,因而话语定式虽然具有权力,一旦它不那么真实,就注定会是一种**虚假意识**。说可能世界相对于生产可能世

---

① 蒲松龄的论述当然是建立在对某种既成话语定式或目的无意识的基础之上。但我们在此可以暂时不考虑这个问题,这里的关键是,蒲松龄的论述来自他杜撰的可能事实。

界的愿望一定为真,并不意味着作为半个经验事实的愿望相对于现实世界一定为真——愿望毕竟是关于事情 A 的微型结论性命题。从生产愿望的过程来看,愿望完全可能偏离原初事实从而成为**虚假的愿望**①。当虚假的愿望被谈论愿望的 3 种方式处理成可能世界后,虚假的愿望就得到了绝对**真实地呈现**。悲剧正潜伏在这里:在上述情况下,越是真实的可能世界,就越是在为一种虚假的愿望鞠躬尽瘁。因此,将可能世界——实际上最终是将愿望——上升为话语定式,在不少时刻更有机会成为虚假意识。一切"子曰诗云"般美妙的彼岸承诺,大体上都属于这种性质的话语定式。由于这种话语定式天生神力、内功高强,它的破坏性,往往比直接得之于事情 A 的话语定式所带来的破坏性更为惊人。布鲁诺被点天灯,伽利略在教廷上违心地说假话,遇罗克、张志新被割断喉管,"三年自然灾害"生产出来的累累白骨,都是基于某种愿望的彼岸承诺所制造出来的好例证。怀曼先生臆想中的那些可能的胖子、可能的秃子,钱锺书笔下那些虚构的人物,终于有机会摇头晃脑,满载着他们的权力和规定性来到现实世界。有意思的是,他们的到来,在不少时刻,不但没有像蒯因担忧的那样让世界更为拥挤,反而起到了让世界消肿瘦身的作用;他们在无意间,竟发挥出超级减肥药的功效。这一结局的到来,照例由双重循环预先注定——当然,这也没什么好抱怨的,它不过来源于我们绝对的、无穷大的局限性。

---

① 这里边的问题十分复杂。一个人基于具体的事情 A 得出的愿望对这个人来说肯定是真的,对于别人来说就不一定是真的。但依据我们的看法,所谓愿望相对于事情 A 绝对成真,是对拥有那个具体愿望的具体之人来说的;所谓愿望有可能成为虚假的愿望,是对除那个人之外的其他所有可能的人来说的。不过此处最好是考虑愿望的第一人称特性。

第三章　discourse 的动作来源及其他

> 因此，宙斯为人类设计了悲哀。
> ——Hesiod

第一节　discourse 的动作双重性，discourse 的无自性

所谓**谈论**，就是对动作的语言性消化。无论是对事情 A 的谈论，还是对愿望的谈论，都是为了提供事实（即经验事实，可能事实）；由谈论生产出来的事实，最终都是为了对**现实世界进行论述**，都旨在表明对现实世界的态度。只有经过论述后产生的结论性命题——不管这种命题是真实的，还是故意建立在捏造的事实之上因而是虚假的——才有可能被某种或某类别有用心的权力机构挑中，从而成为**话语定式**或**意识形态**，并作为该机构的形象代言人。

动作始终是各个含义层面的 discourse 得以产生和成立的基础。

动作催生 discourse①。所有动作都或直接或间接地来源于现实世界。米兰·昆德拉(Milan Kundera)在长篇小说《不朽》一开篇,就故意卖弄说,他的主人公,就来源于有一天他在游泳池看见一位年轻女士教一个老女士游泳;他是根据这位老女士僵硬的肌肉的工作情形来塑造小说主人公的。② 这虽然只是昆德拉先生的"小说家言",但按照我们已有的描叙,动作滋生谈论进而滋生论述和话语定式,应该不会有什么问题。事实上,昆德拉就是从此开始讨论不朽这个古老的意识形态在人的动作／行为中的含义及其作用。昆德拉暗中挪用了双重循环的基本含义,并趁机加固了他的小说家地位。

一切含义层次的 discourse 还有另一重更为重要、更为致命的动作特性。无论是谈论、论述还是基于权力挑选才得以形成的话语定式,归根到底都是属人的动作／行为。只有将谈论、论述、论述的结果——即结论性命题甚或话语定式——首先理解为属人的动作,我们才有可能正确理解 discourse 的真正来源。被谈论、被论述和被权力挑选的动作无论来源于现实世界,还是来源于对愿望的语言性消化(即可能世界),都为 discourse 的出现提供了必要条件。我们可以把这种性质的动作,即充任 discourse 之"内容"的那些动作,称之为 discourse 的**条件性动作**。人依据某种目的无意识的支配,将谈论、论述和挑选本身当成动作,则最终让各个含义层面的 discourse 化为了现实。这一类极具目的性、饱受意识形态之熏蒸的动作从头至尾都内在于 discourse,并和各个含义层面的 discourse 同步性地相始终。我们可以将这一类动作

---

① 当然,动作与 discourse 相互造就的特征在此还是十分明显的,双重循环的作用也是显而易见的。巴特利(W. W. Bartley)在分析维特根斯坦时有过精辟的言论:"传统的原子主义主张,合法的理论必然来自感觉观察材料,反原子主义的传统论点则针锋相对地主张,不沾染理论的感觉观察材料根本不可能,也就是说,所有观察都为理论所浸透。而且,这些论证持续说,即使纯粹的观察材料能够存在,也不足以产生所有的合法理论。"[(美)巴特利:《维特根斯坦传》,杜丽燕译,东方出版中心,2000年,第118页]巴特利的介绍能够为我们此时的论述目的作证。

② [捷克]米兰·昆德拉《不朽》,宁敏译,作家出版社,1992年。

称之为 discourse 的**完成性动作**①。

任何一个含义层次的 discourse，各种含义层面的 discourse，要想较为彻底地实现和完成自身，要想初步性地实现或渺小或高大的自我——这个自我的"大小"与目的无意识的严重程度成**正相关关系**——必须同时仰仗完成性动作和条件性动作的帮衬。这就是 discourse 得以存在与成立的**动作双重性**。来源于事情 A 和事情 B，但归根结底来源于事情 A 的条件性动作对于 discourse 生死相依的重要性，我们已经谈得较为仔细了，此处只简单聊聊完成性动作。所谓完成性动作，不过就是**说与写**②。没有属人的或非人的条件性动作，意味着 discourse 失去了依凭，discourse 将不会存在；没有说与写，则意味着 discourse 根本不可能化为现实，同样不会有 discourse 存在。对于任何一个 discourse、任何一个含义层次的 discourse 来说，在一切属人的动作/行为当中，说、写始终具有先在地位，完成性动作始终具有头等重要性。无论是关于现实世界的 discourse，还是关于愿望的 discourse，都注定是完成性动作（即说与写）的直接产物。③

完成性动作有较高和较低两种层次。就较高的层次说，它直接参与了 discourse 的建设，是纯粹的完成性动作，具有君临一切事情 A 和一切愿望的特权；就较低的层次说，它本身就是一种特殊形式的条件性

---

① 根据有些学者的研究，我们此处所谓的完成性动作绝不是空穴来风，也不可能是我们的发明。至少政治思想家波卡克（John G. Pocoke）就视写作为写作者有意采取的行动，并强调个人之实际经验与所作文本之间的关系；而波卡克的研究者在援引波氏的研究方法时，特别重视作者撰述时的动作，并试图通过解析这种动作重建作者之用意以及在作者历史上的作用（参阅杨贞德《历史、论述与"语言分析"》，贺照田主编《学术思想评论》第九辑，吉林人民出版社，2003 年，第 433 页）。尽管在波氏那里，所谓的动作并不全等于我们所说的完成性动作，但大体意思是差不多的。

② 因为有了新的媒介的出现，比如电脑、电话等，说与写的方式也发生了变化；但即使把这些变化考虑进去，也不影响此处的立论。因为不管怎么说，它们都不过是说与写的变种而已，并没有改变说与写作为完成性动作的性质。

③ 参阅［瑞士］皮亚杰《儿童的语言与思维》，傅统先译，文化教育出版社，1980 年，第 17～19 页。

动作。其直白的含义是：领导生产过一个 discourse 的说与写，可以成为另一个后起的 discourse 消化、打磨与吸收的对象。它是被殖民的领域，是绝对意义上的拉丁美洲。除了参与某一个 discourse 的建设因而是绝对的完成性动作外，在其他任何时刻，没有任何理由不将说与写看成条件性动作。很明显，完成性动作具有鲜明的**即时性**：它一旦完成一次谈话或一个文本的建设与生产，这次谈话如何被后来的其他"说"所"说"，这个文本如何被后起的其他"写"所"写"，已经和它没有太大的干系。① 完成性动作的即时性深刻地意味着，说与写除了可以**主动**生产 discourse，充当条件性动作的挑选机或凝结剂，也有可能是另一个完成性动作生产另一个 discourse 的原料、砖石与泥瓦；任何一个**即时发生**的完成性动作只在构建一个特定的 discourse 时，才具有完成性动作对于一个 discourse 所应该具有的那种品性，除此之外的任何时刻，它都是原料、砖石和泥瓦，都是条件性动作，并且是已经发生的、给定的条件性动作，即已经发生的事情 A——无论该事情 A 是否得到过某个目的无意识的授意；当然，它肯定得到了某个目的无意识的授意。

  关于现实世界的任何一种 discourse、任何一个含义层次的 discourse，都必须建立在动作双重性的基础上；可能世界初看起来只是完成性动作的产物，不过，一旦可能世界成形，关于愿望的一切含义层次的 discourse 中所寄居的动作，都和现实世界上的条件性动作有千丝万缕的联系：可能世界上储存的所有动作，不过是通过 3 种谈论愿望的方式以虚拟、变形的动作，置换和取代了催生愿望的事情 A 中所包纳的动作。从构造、生产可能世界的过程的角度，我们也可以说，可能世界上的动作至少是模仿了现实世界上存在的动作。鲁迅就说过，即使是最富想象力的作家写出来的最为怪诞的作品，其中的人物和现实中的人物也不过大同小异，只不过鼻子不长在鼻子的位置，而是被有意安置在屁股的位置上罢了。顺着鲁迅的思路，我们不妨说，那些怪诞的人

---

  ① 本书下卷的部分内容会表明：无论这个说如何被说、这个写如何被写，都得有一定的规矩和限定。说、写有误会被说的那个"说"、被写的那个"写"的权力，但这个权力绝不是无限的。很显然，这里牵涉到解释学问题。

或物的诸种动作,和人世间的人或物的诸种动作差不了太多。想象力的极限或局限在此起了巨大的作用。但从成品的可能世界的角度上说,可能世界上的条件性动作是和对愿望的**谈论同时产生的**。这就是可能世界和现实世界相比在这个问题上所拥有的唯一特殊性:可能世界上的动作具有间接性。因此,无论话语拜物教信徒如何夸大语言的功能,discourse 都没有独立自主的本性,话语拜物教自有它虚妄的一面。为了较为详细地说明问题,我们不妨稍微远足一下。

20 世纪以前的西方哲学家,大致上都按照"事物—思想(观念)—语言"的模式来考虑语言和世界的关系问题①。斯威夫特(Jonathan Swift)在《格利弗游记》中就很有趣地写道:拉普顿岛的居民总是随身背着一个大口袋,装满他们交谈时可能需要的所有物体,并把这些物体直接拿给别人看,以此作为他们的谈话方式;梅里美(Prosper Mérimée)在《卡门》中也很有趣地说起过,按照西班牙人的话说,一个女人要称得上漂亮必须符合三十个条件,或者换句话说,必须用十个形容词,而且每个形容词都能适用于她身体的三个部分。上述种种"小说家言"或许已经从最低的反思水平上最有趣地暗示了:人(至少是西方人)总是习惯于从"事物—思想(观念)—语言"的模式考虑语言与世界的关系。20 世纪的西方哲学家一开始倾向于相信语言的指称论(referential theory meaning)。密尔(J. S. Mill)被认为是第一个发展出系统指称论的人物。在《逻辑体系》一书中,密尔把大多数语词视为名称,一类是所谓的专名(proper names),一类是所谓的通名(common names, general names 或者 class names)或概括语词(general term);密尔干脆一不做二不休,把语句称为"若干单词组成的名称"。单词和语句的意义就是它们所指称的东西②。密尔的观点除了让人联想到斯威弗特的描叙外,也容易让人想起荀子的教诲:"名无固宜,约之以命;约定俗成谓之实名。名[有]无故善,径易而不拂谓之善名。"③

---

① 参阅徐友渔等《语言与哲学》,三联书店,1996 年,第 2 页。
② 参阅陈嘉映《语言哲学》,北京大学出版社,2003 年,第 48 页。
③ 《荀子·正名》。

自20世纪以来,语言意义的观念论(ideational theory)也开始大规模出现。早期罗素和早期维特根斯坦被认为是这方面的范例。这一派的基本主张据传是这样的:一个语词的意义是它所代表的观念或者意象。早期罗素可以算成主观观念论,早期维特根斯坦则可被视为客观观念论①。但指称论和观念论很快就被大规模地抛弃了,塞尔就讽刺前者为"'菲尔'—菲尔理论"。罗蒂也认为:"我们不可以用一个物体来检验一个句子。一个句子的检验只能通过其他的句子才能进行,所有的句子都通过许多迷宫般的相互参照的关系而连接在一起。"②说这话的罗蒂不大像个实用主义者,倒像个变了形的索绪尔的门徒。经过所谓语言转向之后西方哲学的大规模运作,致使西方哲学以及人文社会学科中普遍存在着一种语言拜物教:很多人真诚地相信,语言不仅是现象的反映,更是产生这些现象的种子。③ 这类观点除了暗合双重循环的本有含义外,更多的是在强调语言相对于现实世界和事情A具有超强的独立性。这种种弊端导致了一个严重的问题:语言可以独立于世界,却有意忘记了语言只是或首先只是世界的一部分。恩斯特·卡西尔就认为,相对于现实世界,语言符号是另外一个世界④;语言学历史上的枢纽式人物索绪尔更是强调,语言是和现实世界全然无关的共时系统⑤。这种情况似乎已经到了一种较为严重的程度:因为语词已

---

① 参阅陈嘉映《语言哲学》,北京大学出版社,2003年,第52页。
② 参阅[美]罗蒂《实用主义之进程》,[意]艾柯等著《诠释与过度诠释》,王宇根译,三联书店,1997年,第123页。
③ 参阅 L. Hjelmselv, *Prolegomena to a Theory of Language*, 1953。
④ 参阅[德]卡西尔《语言与神话》,于晓等译,三联书店,1988年,第29~44页。
⑤ 参阅[瑞士]索绪尔《普通语言学教程》,高名凯译,商务印书馆,1996年,第144~190页。

经被认为不指涉事物,完全具有独立自治的能力①,诸多理论家成天宣称"言"与"事"的分家,已经导致了中国作家韩少功先生所谓的"语言的空心化"现象②。奇怪的是,就是那同一个塞尔,后来却为用语言否定实在论找到了一条理由,并坚决地痛斥了这条理由。在塞尔看来,对实在论的否定起源于一种"权力意志":

> 如同我在前面所提出的那样,许多人觉得厌恶的是,我们,以及我们的语言、我们的意识、我们的创造力竟然会去从属于、符合于一个无言的、愚蠢的、惰性的物质世界。为什么我们要去符合这个世界?为什么我们就不能把"实在世界"设想为某种我们创造的东西,因而是某种可以适合我们的东西呢?如果全部实在都是一种"社会构造",那么有权力的正是我们而不是世界。否定实在论的深层动因不是这个或那个论据,而是一种权力意志,一种控制欲望,一种深刻而持久的怨恨。③

即使不从**动作双重性**和双重循环的角度,仅仅从语言的层面上,

---

① 关于这个问题,可参阅 Ogdem and Richard, *Meaning of meaning*, London Routledge and Keqan Paul Ltd. 1956, p32。而 20 世纪的语言哲学很快就抛弃了指称论;到了结构主义那里,外部的事物更被看成是和语言无关的东西。在结构主义那里,语言是纯然自足的共时系统,完全无须仰仗外部世界。结构主义暗示了两个世界的存在,一个是实存的世界,一个是语言的世界,两者之间完全无须往来。

② 参见韩少功《暗示》,人民文学出版社,2002 年,第 329~330 页。

③ 参阅[美]塞尔《心灵,语言和社会》,李步楼译,上海译文出版社,2001 年,第 34 页。

discourse 也不具备独立自主的本性,尽管语言有着不可思议的记忆功能①;**话语拜物教**除了对完成性动作拥有高度尊重外,并没有更多的道理——而完成性动作无疑是双重循环最重要的代言人。无论如何,语言总是人创造的,语言只是一种人工制品。西方人宣称语言是上帝创造的,不过是要证明或强调语言的复杂性和神秘性②。马克思·缪勒(Max Muller)在《语言科学讲话》中,曾将语言看成自然界的"第四王国",索绪尔对此嗤之以鼻。索绪尔批评了缪勒的语言自然主义观点,也顺带反驳了施莱赫尔(Aug Schleicher)将语言当成"自然有机体"的

---

① [古希腊]克拉底鲁(Cratylus)用手指物而拒绝说话(拒绝为物命名),因为他认为万物不断流动,因此语言无法给任何事物命名。正是在这种情况下,他才拒绝开口说话,只用手指来指事物[(古希腊)亚里士多德:《形而上学》,1010a]。克拉底鲁完全忘记了语词其实是有记忆功能的,这种记忆功能就建立在语词对事物的识别功能的基础之上。关于语言的记忆功能还可以参阅列夫·维果茨基(Lev Semenovich Vygotsky)的论述[(俄)维果茨基:《语言与思维》,李维译,浙江教育出版社,1997年,第2~8页]。休谟修改了洛克知识的材料来源于两个不同的源泉——感觉和反省——的学说。在休谟看来,感觉与反省完全属于一个种类,他将它们称之为"印象",并且说它们起源于"不知道的原因"。观念区分于印象,是由于它们具有较低程度的"生动性和强烈性"。休谟作出概括说,"每一个简单观念都有一个与它相似的简单印象";因此,一个观念就是一个印象的"微弱的意象";这种微弱性有不同程度:"较为生动和强烈的"属于记忆的观念,较为微弱的属于想象的观念[参阅(英)索利《英国哲学史》,段德智译,山东人民出版社,1992年,第178~180页]。当然休谟这样论述是为了给他的哲学体系找到一条通衢,但通过观念等语言造物达致对原初事实的记忆在休谟那里却是清晰可辨的。

② 奥古斯丁认为上帝创造世界是用语言来完成的[(古罗马)奥古斯丁:《忏悔录》,周士良译,商务印书馆,1996年,第235~236页]。但这个看法在卢梭那里受到了挑战。不过卢梭的语言起源论又带有强烈的浪漫主义色彩,有唯心主义的嫌疑[参阅(法)卢梭《论语言的起源》,洪涛译,上海人民出版社,2003年];也受到了J.G.赫尔德(Johann Gottfriedvon Herder)的挑战[参阅(德)赫尔德《论语言的起源》,姚小平译,商务印书馆,1998年]。尽管语言的起源问题至今还是一个谜,但语言不是上帝创造的也许已经能够成为肯定的结论。这里不妨提出语言起源的另一种思路:即"信号——囫囵语——语句"理论以供参考(参阅陈嘉映《思远道》,福建教育出版社,2000年,第48~50页)。

看法①。"第四王国"、"自然有机体"之所以有误,主要的原因或许在于,它们把语言看成了一件纯粹的自然行为,否定或忽略了它的人造性质。这为无限夸张语言的功能以及话语拜物教从逻辑线路上暗中大开了后门。相反,索绪尔仅仅将语言看成一种社会制度,是约定俗成的产物,具有契约论性质②。此处没有必要评价索绪尔的贡献和失误,我只想说,无论语言多么神秘,归根到底只有人才是语言的创造者,只有人才是各种含义层面的 discourse 的实施者③;discourse 本身就是世界的一部分④,discourse 是对语言的应用。相对于 discourse 得以存在的动作双重性,语言根本不具备本体论的特性。

保罗·利科的下述观点在汉语学界可谓耳熟能详:discourse 是个语言事件,它具有时间性,并携带信息,因此具有现实性。利科反对结构主义"话语转瞬即逝,语言结构的共时性永存"的教条,转而信任信息载体(即 discourse)才能给语言以实际的存在。很遗憾,当我们还来不及为利科叫好时,他已经在明目张胆、心悦诚服地为话语拜物教叫好。在海德格尔看来,语言只是勾连存在与人的中介,人只有通过语言,通过语言所具有的**让物是其所是**之功能的摆渡,才能把存在转移到人身上。在此,语言既不是纯然本体的东西,也不是纯然非本体的东西。海德格尔当然只是从纯粹思辨的角度回答这个问题的,即语言不具备本体论的地位。但似乎也可以有另一种思路:把人类的生活内容给拉进来。中国哲学家李泽厚就认为:"各种语言亦即各人类群体从古至今之

---

① 参阅[瑞士]索绪尔《普通语言学教程》,高名凯译,商务印书馆,1996年,第23页。

② 参阅[瑞士]索绪尔《普通语言学教程》,高名凯译,商务印书馆,1996年,第37页。

③ 汉语学界早已耳熟能详的兰波(A. Rimbaud)名言"话在说我",确实有一定的道理,但这种说法也仅仅是在强调语言对人有一种规范、规训的作用。比较有意思的是,在所谓"语言转向"后的诸多哲学和语言学的论述中,"话在说我"被无限夸大了,以致于忘记了语言、discourse 和现实之间的关系。

④ 伯格曼(G. Bergmann)认为,语言和它所表达的思想一样,也是世界的一部分(参阅 G. Bergmann, *Acts, in Logic and Reality*, The University of Wisconsin Press,1964)。

所以能够互相交流和沟通,也正因为语言主要是人吃饭、人活着即人类生存—存在的经验载体(即语义),是人类生活经验的历史声音。……也正因为任何时空的人群都需要吃饭、活、食衣住行,于是翻译才有可能,交流才有可能。可见,语言并无独立自主的本性。"①——当然也就不具备本体论的特性。但我认为李先生的看法还稍嫌笼统。一如我们早已坦陈过的,"贝格尔号"的任务,是想把 discourse 的基础落实到更为具体的**动作双重性**上。

由于索绪尔及其开创的泛形式主义派别的影响实在太大,以至于所有的学术民工都普遍愿意相信:discourse 只是、仅仅是语言中的一个时刻,仅仅是一个语言事件,和外部世界以及外部世界上的动作／行为毫不相干。再加上武功高强、九阴神功已臻至炉火纯青境地的福柯推波助澜,致使各种性质的懒汉主义信奉者更加坚信:支配人的一切行为的东西——那只"看不见的手",只能是话语定式;话语定式才是人的第一主体。必须要承认,正如双重循环明确知会我们的那样,话语定式(或以此为存在方式的意识形态)确实对人的动作／行为具有某种程度的支配作用,但某些高明的理论家很可能搞颠倒了:对人具有支配作用的话语定式、以话语定式为存在方式的意识形态,首先是**条件性动作与完成性动作合谋的结果**。退一万步说,最起码的现实也应该是:discourse 与动作／行为互相造就(即双重循环中的第二个循环)。

很多人都愿意相信福柯的观点的主要含义是:话语定式一经形成,就有了自我繁殖的能力;世界最终是或基本上是一个文本组成的网络。德里达颇为自信地宣称的"文本之外,无物存在",不仅是这种逻辑的结果,更是这种逻辑的必然归宿。那些结构主义的大师们更是宣言:所有的文本都是二级文本②,世界只是文本间性(intertextuality)的世界,不存在一个比文本间性的世界更真实的世界。结构主义大师和后结构主义大师们的艰苦努力生产出的现实后果是:完全抽空了让 discourse 得

---

① 李泽厚:《历史本体论》,三联书店,2002年,第10~11页。
② 参阅[法]蒂费纳·萨莫瓦约《互文性研究》,邵炜译,天津人民出版社,2003年;《热奈特论文集》,史忠义译,百花文艺出版社,2001年。

以成立的动作双重性，更无视动作双重性对于 discourse 的关键作用①。今天存在着的种种几近于空壳、接近于语义空转的话语拜物教，其深刻原因正在这里，其致命失误也正在这里。对这种较为荒唐的情形的描述，或许用得上塔西佗（Tacitus）在《阿格里柯那（Agricola）的传记》中的一句断言（不过得反过来用）：凡是人所未知的东西，他都把它缩小了。

第二节　动作／行为的"期待视野"

现实世界上的动作／行为可分为两类：属人的动作／行为，非人的动作／行为。属人的动作／行为又可分为两类：外向性功利行为，内向性功利行为。外向性功利行为还可分为两类：技术／经济行为，交往行为。无论是属人的还是非人的动作／行为，在不少时刻都是有目的性的，都有专属于它们的期待视野（Horizon Expectation）。这里先说非人的动作／行为。

---

① 除此之外，结构主义的致命失误还在于：它将人的行为与世界／社会构成都看成结构的，人因而成了"结构人"，世界成了"结构世界"。按照结构主义的一般教义，结构人和结构世界都是万难更动和变动的。弗朗索瓦·多斯在评价拉康的精神分析学时就说过：拉康"鼓励人们对弗洛伊德进行崭新的解读。在这里，连续阶段论不再是人们的主要关切点；他把那些阶段交给俄狄浦斯结构，而俄狄浦斯结构的主要特征是它的普遍性，它摆脱了一切时空偶然性而保持独立。甚至在历史开篇之前，这一结构就已经进入了自己的位置"[（法）弗朗索瓦·多斯：《从结构到结构：法国 20 世纪思想主潮》上卷，季广茂译，中央编译出版社，2004 年，第 145 页]。因此，从最根本的角度说，结构主义是一种十分隐蔽的悲观主义理论，它昭示我们必须要受制于、听命于结构。不过，有趣的是，结构主义在变动不居的社会生活中被生活事实击得粉碎。巴朗迪耶（Georges Balandier）在接受弗朗索瓦·多斯的采访时，有感于 1968 年的法国剧变，十分鄙夷地说："全部的 1968 年都证明了结构世界（mode structural）和结构人（homme structural）的虚妄不实。"[（法）弗朗索瓦·多斯：《从结构到结构：法国 20 世纪思想主潮》下卷，季广茂译，中央编译出版社，2004 年，第 158 页]

稻子扬花,狗狂奔,喜鹊喳喳叫。这些非人的动作／行为都有"主体",都有各自的生产者或施"动"者。作为动作／行为的"扬花"、"狂奔"、"叫"被生产出来都基于生产者自身的目的。完全可以这样设想:稻子扬花是为了繁衍后代——依照稻子的本意,肯定不是给人类提供大米;狗狂奔也许是它发现了异性同类,也许是嗅见了前边不远处的骨头发出的幽香,总而言之是想给自己的某个器官谋求快感;喜鹊唱枝头很可能是在召唤自己的伴侣或爱子。按其本意,喜鹊太太大概也没有为人类报喜的任何雅兴。稻子、狗、喜鹊的动作／行为都充满着自身的期待视野,都是为了达到自己意欲达到的目标,却未必有给人类作贡献的活雷锋精神。"有人问我西来意,笑指长天落晚霞。"①人类对动作／行为的有意误解纯粹是出于人类的自恋,纯粹基于人类中心主义观念的从中作祟、捣鬼。② 但这的确不是没有目的性的,而是饱受目的无意识的深刻熏蒸。

　　非人的动作／行为拥有自身的期待视野,属人的动作就更有目的性。T.帕森斯十分公道地认为,人的动作(unit act)主要包括:

　　　　1.一个当事人,即"行动者";2.这个行动必须具有目的性,即该行动过程指向的未来事态;3.该行动必然在一种处境内开始,其发展趋势在一个或几个重要方面不同于该行动所指向的事态即目的等等。③

---

①　清·敬安:《答柳溪居士》。
②　据卡尔维诺说,他的同胞,意大利作家加达特别讨厌代词,尤其是讨厌"我"。该人在其自传《识得愁滋味》里甚至不无极端地将代词看成思想里的寄生虫:"我,我!……这个最醒觉的代词!……所有代词,都是思想里的虱子。思想里的虱子,就像身上长了虱子一样,人就要挠……结果代词,那个人称代词……就会挠到指甲缝里去。"[(意)卡尔维诺:《美国讲稿》,《卡尔维诺文集》,萧天佑译,译林出版社,2001年,第404页]也许加达的极端看法可以纠正我们的自恋。尤其重要的是,加达无疑是在提醒我们:不能把现实世界上所有非人的动作/行为都看成是于人有利的。
③　[美]帕森斯:《社会行动的结构》,张明德等译,上海译文出版社,2003年,第49页。

实在应该感谢帕森斯,因为他向我们道明了某种真实的讯息,暗示了目的无意识在我们的动作／行为中的超级作用。诚如帕森斯所言,在通常情况下,人所做出的每一个动作都具有鲜明的目的性——即使不考虑目的无意识在其中的作用,情况也应该是这样。人在任何时刻都不会**自觉地**实施毫无目的性的动作／行为。"自觉地实施毫无目的性的动作／行为",是一个极端错误的、违背逻辑的说法,如同说"方的圆"一样。无论是张三打了李四、王五向周局长鞠躬,还是龚六吃饭、马七洗衣……都是具有鲜明目的性的动作／行为,尽管这些动作／行为都预先受到了目的无意识、双重循环程度不同的陶冶和熏蒸。这些连皮带骨的动作／行为都"言"在此而"意"在彼。借用索绪尔的术语,属人的有目的性的动作／行为从来都是能指,它的目的性体现在所指上;或者,动作／行为的所指是目的,能指则是最广义的肉身化的动作／行为。和语词的音响形象(能指)与其意义(所指)血肉相连较为相似,有目的的、属人的动作／行为的能指与所指也无法彼此分割。它们同样是一枚硬币的两面。

属人的动作／行为和非人的动作／行为相比有一个重要特征:属人的动作／行为的期待视野渴望得到同类的理解和认同,在不少时刻,还特别渴望得到自身的理解和认同。无论这样的理解和认同来自何处,所谓理解和认同,就是要得到相应的动作／行为作为回报。那种种充当回报的动作／行为有可能来自别人,比如李四回击了张三一拳或李四倒下了,周局长赏了王五5000块;也有可能来自自身,比如吃过饭的龚六精力充沛地在操场上打篮球,洗过衣的马七正在穿一件已经洗干净的衣服,或已经穿上了干净衣服。

初看起来,动物,尤其是高等动物,比如叫琳达的那只英国小猎犬,也具有和属人的动作／行为颇为相似的特点:琳达的动作／行为也渴望得到来自同类或异类(比如人)的理解和认同;这种理解和认同同样需要相应的动作／行为来体现——毕竟只有通过可视的动作／行为,我们才能反窥动作／行为之发出者的目的。但是,任何属人的理解和认同都必定是语言性的、形式化的,与此相对应,作为对人的有目的性的动作／行为的回报,作为理解和认同的动作／行为也就必定是语言性的、形式化的。张三打了李四,作为回报和答谢,李四还击了张三一飞腿。李四的飞腿就不能仅仅被认为是纯粹肉体的动作——尽管它首先是本能的、纯粹肉体的动作;实际上,它早已浸泡在语言的福尔马林溶液中、预先浸泡在了语言的福尔马林溶液之中。理由很简单:这一飞腿是李四自觉做出的一个动作——诸如"哪里有压迫,哪里就有反抗"、"人不犯我,我不犯人"一类耳熟能详的话语定式,正充当着李四那记飞腿的指导性原则、那记飞腿的商标。依塞拉斯之见,所谓自觉,就是有意识;而任何意识,从来都是一个语言事件。与此相对照:一只叫黑子的公狗向母狗琳达求欢,作为回报,琳达亮出了自己的臀部。从最一般的意义上说,琳达亮出臀部当然是对黑子的理解和认同,是对黑子的有目的性动作／行为的期待视野的回报,但这种理解和认同肯定不是语言性的,也不是形式化的。它只是动作,仅仅来源于发情期的琳达的本能反应,就像"鸡栖于埘,牛羊下来"仅仅是鸡、牛、羊对日暮时分的本能反应一样。

上述议论并不能否认另外一种情况的真实性:无论在属人的还是非人的动作／行为中,都存在着大量无目的性的动作／行为。① 泰山在滑坡,长江流向东海,严八纯粹生理反应地眨了一下眼⋯⋯凡此种种,都可视为无目的性的动作／行为。无论怎样玩弄语言花招,无论怎样操练过度阐释的小伎俩,都很难发现泰山滑坡、长江流入大海会对泰山、长江带来什么好处或坏处。好处、坏处是人发明的概念,和泰山、长江毫不相干。海德格尔在《存在与时间》的第一部分中,早已从存在论的角度明确地证明了这一结论。即便如此,我们还是很容易断定:严八眨眼完全是下意识的动作,在严八的语言／意识里,不存在让眼皮眨动的指令;严八也没有自觉赋予眨眼以明确的期待视野。至于纯粹生理性眨眼对肉体性的眼皮有何好处,满足了眼皮的何种目的性以及

---

① 但属人的动作中有意识的动作/行为——无论是外向性功利行为还是内向性功利行为,无论是经济－技术行为还是交往行为——都是有目的性的动作/行为;这里所说的属人的行为中也有非目的性的动作/行为,是指诸如下意识地眨眼一类的动作。

第三章 discourse 的动作来源及其他

期待视野,完全是另一个问题,和严八本人的目的性——来源于目的无意识的目的性——概无瓜葛①。因此,在现实世界上,无论是属人的还是非人的动作／行为中都有不少具有期待视野,某些动作／行为的期待视野的欲望还挺强烈,宛若"刺破青山锷未残";但也有很多动作／行为毫无目的性,它自生自灭、旋生旋死,犹如"云在青天水在瓶"。纯粹从数量上、从统计学上去计算有目的性的动作／行为和无目的性的动作／行为之间的比例,是毫无意义的,也不能说明"贝格尔号"愿意说明的任何问题。

可能世界是愿望被再度语言性消化的结果;而愿望,按照目的无意识和双重循环的一般教义,永远来自人对特定事情 A 所持的具有特定意义倾向性的态度。因此,说半个经验事实的、结论性命题的愿望有着强烈的目的性,应该一点问题都没有。实际情况也确实是这样:人在任何时刻,都不会有意识地做出任何毫无目的性的愿望或遐想;即使是看似怪诞、离奇、匪夷所思的愿望也是有目的的,只不过在有些时候有些愿望很难被人察觉,或很难被人言传。基于这种知识无产阶级的逻辑起点和论证立场,我们可以说,和现实世界上的情形较为不同,可能世界从一开始就是一个有目的的世界,或许还是一个太有目的的世界:它由非中性的属人的愿望具有的期待视野所致。因此,**在可能世界上**,无论是属人的动作／行为(比如唐僧念咒令孙悟空头痛不已),还是拟人化的动作／行为(比如小蚂蚁向妈妈说话),都是有目的性的。否则,在说和写中构造出这些动作／行为的怀有某方面愿望的人,要么是十足的疯子,要么根本不可能将愿望化为现实。再说了,内化为目的无意识的话语定式或意识形态对此也会持截然相反的态度。说可能世界上的动作／行为——尽管它们只存在于纸面、口头或荧屏——是无目的

---

① 说起来,倒是晚唐诗人兼理论家司空图,无意间给了我们启示。很明显,下述描述和诗句中所包纳、消化和打磨的属人或非人的动作,有相当一部分就是无目的性的:"愚常自负,既久而愈觉缺然。然得于早春,则有'草嫩侵沙短,冰轻着雨销';又'人家寒食月,花影午时天';又'雨微吟足思,花落梦无憀'。得于山中,则有'坡暖东山笋,松凉夏健人';又'川明虹照雨,树密鸟冲人'……"(参阅司空图《与李生论诗书》)

性的动作／行为，本身就是一个彻底的悖论，是逻辑混乱或毫无逻辑。①

第三节　discourse 与动作／行为的目的性

任何一个 discourse 要想存在，任何含义层次的 discourse 要想有效地成立，都需要同时得到两类动作的帮衬、效劳和效忠：**条件性动作**即被谈论、被吸纳的动作，**完成性动作**即说与写以及说与写在新的技术条件下的各类变种。从最基本的层面上看，说与写首先是谈论，是 discourse 的基础含义。在现实世界上的诸多条件性动作中，一部分有鲜明的期待视野，另一部分则毫无目的性可言，但内在于 discourse 之全过程的完成性动作，秉承着目的无意识的持久召唤，从一开始就具有鲜明的目的性。埃德温·亚历山大（E. Alexonder）以自己的亲身经历专门研究过失语症，他的结论是，即便是得了失语症，人也有完全不同于动物的表达能力。这是因为表达不仅仅只有纯粹肉眼可观察的形式，还有某种不可见但可感知的运用语言的潜在动作。② 司马迁对完成性动作的目的性也有一个上好的陈述："伯夷、叔齐虽贤，得夫子而名益彰。颜渊虽笃学，附骥尾而行益显。岩穴之士，趣舍有时若此，类名堙灭而不称，悲夫！闾巷之人，欲砥行立名者，非附青云之士，恶能施于后世哉？"③ 司马迁暗示了一个真理：只有作为完成性动作的写，才能使贤明益显而有济于世，恶名益彰而有昭于世。

当条件性动作和完成性动作里应外合、上下其手共同催生出某个特定的 discourse 时，按照双重循环的本义，依据皮亚杰给出的概念，我

---

① 参阅赵汀阳《论可能生活》，中国人民大学出版社，2004 年，第 49～50 页。
② ［俄］埃德温·亚历山大：《失语症——一位哲学家病人和医疗机构的蠕虫眼视野》，见［法］施兰格等著《哲学家和他的假面具》，辛未等译，社会科学文献出版社，1999 年，第 237～255 页。
③ 《史记·伯夷列传第一》。

们完全可以顺竿爬；条件性动作已经得到了完成性动作的**同化**；条件性动作必须**顺应**完成性动作的要求，必须具有屈从的本领，才能共同催生一个完整的、有意义的、指向明确的 discourse。好在现实世界上，条件性动作作为事情 A 的核心部分，作为围绕着包括人在内的所有物（作为大共名的物）建立起来的事情的心脏或大脑，完全可以受人、尤其是受人的语言能力的任意摆布。条件性动作天生就具有屈从于语言的本能和脾性；它一旦被吸纳进 discourse 那消化能力极强的肠胃，无论先前是有目的性的还是没有目的性的，全都拥有了鲜明的目的性。海登·怀特在谈及过往时代（主要是 19 世纪）的历史学家的工作时，很有感慨地说：

> 米什莱在其关于法国革命的历史巨著中视为浪漫主义的超验戏剧的东西，在其同时代人托克维尔笔下却成了反讽悲剧。不能说他们中哪个人对记录的事实有更多的了解，只是他们认为哪种故事类型最适合他们所了解的事实。也不能认为他们讲述关于大革命的不同故事是因为他们发现了不同的政治事实和社会事实，他们拣取不同的事实是因为他们要讲述的故事不同。①

有必要承认，新历史主义者怀特道出了实情，也揭示了完成性动作消化、打磨、吸纳、凝结条件性动作的一般机制。排除怀特新历史主义叙事理论当中成色较重的形式主义成分，也就是在他提供的这个较为坚实的立足点上，我们可以放胆下一个断言：一切已被语言消化、打磨的事情 A 中所包纳的动作／行为，对于三种含义层次的 discourse 都是有目的的动作／行为。或者反过来说，有目的的动作／行为全部来源于完成性动作的强制作用——很显然，此处所谓的强制作用，在绝大

---

① ［美］海登·怀特：《后现代历史叙事学》，陈永国译，中国社会科学出版社，2003 年，第 177 页。

多数时刻，都来源于目的无意识无微不至的关照。①

　　泰山滑坡，长江流向东海，严八纯粹生理反应地眨了一下眼……尽管这些动作／行为在现实世界上毫无目的可言，也不存在属于泰山、长江、严八的期待视野，不过，只要它们一旦落入 discourse 的法网，坠入 discourse 滑腻、幽暗的肠胃，都无一例外地具有鲜明的目的性。原因很简单：人在生产任何一个 discourse 时，都必须要、必然要使用完成性动作；完成性动作则是人为了某种目的而设置、而实施的特殊动作，它旨在通过谈论种种看似毫无目的性或太有目的性的条件性动作，来论述与人有关的**事情 A**，从而达到论述者自身的目的——无论这个目的是高贵的还是卑鄙的。"我"之所以要谈论严八纯粹生理反应地眨了一下眼，很可能是想说明严八下意识的动作实在滑稽，实在令"我"愉快，而人应该追求愉快恰恰是最大、最顽固的意识形态；"我"谈论泰山在滑坡，不仅是在谈论一件事情，更是在表明滑坡的泰山可能对我们造成的威胁或对我们的生计产生的影响……诸如此类，不一而足。现实世界上无目的性的动作／行为如此，有目的性的动作／行为似乎更不成问题；discourse 可以让无目的性的动作／行为变得于 discourse 有利、有用，并充满鲜明的目的性，也能够让有目的性的动作／行为得到改造。在绝大多数时候，discourse 可以让、也必须要让现实世界上有目的性的动作／行为的目的性，变得和自身的目的性完全不同——这正是 discourse 的题中应有之义。喜鹊呼唤伴侣或爱子被认为是在向

---

①　按照阿兰·谢里登（Alan Sheridan）的理解，在福柯看来，在欧洲的 17 世纪，自由思想是新生的理性主义特有的形态——所谓自由思想，不过同时是理性内部的无理性的骚动意识。而自 17 世纪中叶起，自由思想分化为互相对立的两种状态：一种是站在理性的一边，去发展给所有的无理性披上理性外衣的理性主义尝试，另一种，则是理性的话语定式编织成它自身的无理性目标的无理性情结。而如今，自由思想这个术语的意义既不是思想的自由，也不是道德的自由，仅仅是一种理性受制于感情欲望的奴役状态［参阅（英）阿兰·谢里登《求真意志：米歇尔·福柯的心路历程》，尚志英等译，上海人民出版社，1997 年，第 37 页］。虽然福柯描叙的只是西方自由主义概念在时间长河中的历险记，恕我们大胆，或许正足以说明此处我们意欲说明的问题：完成性动作从目的无意识那里获得了授权，从而让自身具有了鲜明的目的指向。

人类报喜,稻子扬花则被看成稻子有意为人类贡献大米。龚六用手挥动筷子是为了吃饭,马七往盆子里倒水是为了洗衣。但**谈论**龚六挥动筷子却不是为了吃饭,**谈论**马七倒水也不是为了洗衣。只要有必要,饱具目的性的 discourse 完全有能力也有可能说:龚六挥动筷子是为了捅瞎他老婆的眼睛,因为他老婆昨天偷了马七;马七倒水是想报复邻居家的小孩,因为那个小孩曾向警察叔叔揭发过马七偷人。这是两种不同性质的目的性,尽管它们都被我们的语言唤成了同一个**目的性**。作为被吸纳、被消化的一方,条件性动作的目的性始终要受制于、让位于完成性动作的目的性。即使完成性动作偶尔不扭曲条件性动作,也不能理解为完成性动作具有菩萨心肠,而要理解为秉承目的无意识之教诲的完成性动作此时此刻的目的性,与条件性动作的目的性正好重合。但这种情况如果不是没有,也极为罕见。

可能世界上的所有动作／行为就更是有目的性的了。因为它本来就是完成性动作对愿望实施再度打磨、消化之能事的直接产物,甚至连可能世界上的条件性动作也是完成性动作在制造 discourse 时与 discourse 一同产生的。因此,可能世界上一切动作／行为都具有鲜明的目的性,而且全面符合目的无意识的要求——这一点似乎完全可以存而不论。

有一个问题在此尤其值得重视:在现实世界上,权力性动作是一切属人的动作中最极端的动作,权力性也是所有属人的目的性的极端体现。① 司马迁在记述黄帝的历史文献中,就说起过我们伟大的黄帝是如何获得统治权并号称黄帝的,也说起过在黄帝成为统治者后,又是如何有目的地运用有目的性的动作／行为的:"天下有不顺者,黄帝从而

---

① 哈维·里奇很有意思地认为:"获得权力的体格健全的个人喜欢使用权力。"《纽约时报周刊》在 1982 年 11 月 9 日刊出的一篇文章中说得更清楚:"任何一个人类集团的领袖……都感到自己体格的扩展……指挥权就是山的顶峰。从那服从的'低谷'到权力的顶峰,空气的呼吸和观察的层次是不同的。"[参阅(美)约翰·肯尼斯·加尔布雷思(John Kenneth Galbraith)《权力的分析》,陶远华等译,湖北人民出版社,1988 年,第 8 页注释 1]

征之,平者去之,披山通道,未尝宁居。"①整年、整月、整日挥动四肢的黄帝,看起来真是辛苦极了,"垂衣而治"不过是一个神话;黄帝的每一个动作无疑都充满了权力,也打上了权力的烙印。至于法官审问犯罪嫌疑人,朱老板扬手让马七倒痰盂,看守电击强奸杀人犯吴清娃……很明显,作为实体的而非语言空间中的动作／行为,"审问"、"扬手"、"电击"都是权力性的,都得到了特定话语定式或以此话语定式为存在方式的意识形态的授权。法官、朱老板、看守之所以敢做出这些动作,仅仅是出于双重循环的教导,仅仅是因为他们有权那样做。福柯认为,权力是一种关系,这种关系并不外在于经济关系、知识关系和性关系,而是内在于它们之中。权力既是上述关系分化的结果,也促成了它们的分化。因此,福柯坚定地下了一个结论:权力具有生产性的功能②。很显然,福柯所言,正是对双重循环或目的无意识在生产"审问"、"扬手"、"电击"等动作时所起的作用的上佳阐述。

第四节　动作的目的性,历史的无目的性

对于各个含义层面的 discourse 来说,所有的动作／行为都是有目的性的,根本不用理睬在它们自身的意义上是否具有目的性、有着怎样的目的性。但对动作／行为的谈论,无论从任何意义上,都无权导致论述性的、结论性命题的**历史目的论**,尽管历史目的论在绝大多数情况下,都是权力或某种特定意识形态的极端体现。因为这个问题和

---

① 《史记·五帝本纪第一》。
② 参阅[法]福柯《性经验史》,佘碧平译,上海世纪出版集团,2005年。

discourse太有关系了,和双重循环也大有瓜葛,有必要专门申说①。

　　历史目的论至少有两个方面的错误②。**首先**,人们以为有一部分属人的动作／行为是有目的的,以为人自觉实施的所有动作／行为都是有目的的——甚至在某些妙人那里,连睡梦中的动作／行为都带有鲜明的目的性,《周公解梦》、《梦的解析》以及拉康的理论操作很好地道明了这一点——就误认为由此而来的历史,被人创造和创造着的历史就一定有目的,进而放出逻辑卫星:人类始终在通过有目的性、有针对性的实践活动,矢志不渝地飞身扑向某一个既定的目标。在这些妙人们看来,所谓历史,不过是导源于目的无意识的属人的动作／行为及其结果。历史上出现过的一切彼岸承诺,无论它叫天堂、超越轮回,还是叫来世、大同世界,都可以作如是观。来源于特定意识形态的有目的的动作／行为必然导致某些事情A的生成,这自然不错;但有目的的动作／行为导致哪种事情A出现,却往往具有极大的或然性。它未必每每都成功地迎来了自身的期待视野,也未必每每都达到了自身的目的——正是从这里,我们窥见了双重循环在大威风中暗藏着的小无能。

　　张三因为夫人被偷,恨得牙痒痒,本来是想修理修理奸夫李四,劈面一拳击中的恰恰是好友王五;诸葛亮设伏本来是想射死一匹"马"(即

---

①　必须要预先说明的是,本节是**从逻辑的角度上**,说了历史目的论太多的坏话。本节之所以批判历史目的论的阴险,是想批判拥有权力之人在盗用了历史目的论时制造了太多的灾难。但这并不是说历史目的论毫无用处,更不是说历史目的论在愿望的角度上毫无意义。恰恰相反,本书最后部分将表明,历史目的论不仅是让双重循环得以成立的最终根源,在人类生活中更有着不可比拟的作用。但批判它和赞美它完全在两个不同的层次上展开。或者说,**批判是以真实性为标准展开的,而赞美是以效用性为标准展开的。效用和真实完全是两个互不搭界的问题。**

②　赵汀阳提出了一个重要概念叫生活本意,想以此来重新构造伦理学。在赵先生那里,生活本意意味着生活的目的,生活或描写生活的伦理学应该是目的论的(参阅赵汀阳《论可能生活》,中国人民大学出版社,2004年,第25～26页)。我同意赵先生的看法,但他的新目的论显然不能理解为此处所谓的历史目的论。恰恰相反,生活的目的论是为了保证生活的幸福与健康,在这个层次上,生活的目的论必须要反对通常所谓的历史目的论,因为后者在大多数情况下都对前者构成了极大的伤害。

司马懿),没想到射死了一只他兴趣不大的"獐"(张郃)。这种目的倒错、动作乱伦的情形,在所谓的历史上堪称屡见不鲜。革命导师列宁同志就意味深长地说过:"历史喜欢作弄人,喜欢同人们开玩笑。本来是到这个房间,结果却走进了另一个房间。"①俗语说:"不要睡错床,不要进错房。"或许正是有感于这一基本境况,才在调笑间向我们暗示了我们经常会犯的错误。从事情本身的水平上,我们确实可以说,所谓历史,不过是人的动作／行为及其效果的集合。所谓动作／行为及其效果的集合,有眼睛的人都不难看出,既包括有目的性的动作也包括无目的性的动作,既包括理性的动作也包括非理性的动作。但即使是极具目的性、极具理性色彩的动作／行为,在实施过程中,都不可避免地掺杂了非理性的因素;即使是这一类号称极具目的性、极有理性的动作／行为,也必然性地要受制于一个更高、更大、更隐蔽的非理性。目的无意识就是以非理性为内核包裹起来的最为典型的理性、最有权力的理性。它是一种地下性质的、与黑暗合谋的权力。维柯在广泛考察了人类的行为史之后,深有感慨地说:

> 人们首先感到必需,其次寻求效用,接着注意舒适,再迟一点就寻欢作乐,接着在奢华中就放荡起来,最后就变成疯狂,把财富浪费掉。②

维柯通过对人类本性的揭发,或许正暗示着一个绝大的道理:始终在暗处支配人的,也许是来自旨在享乐的非理性,而不是旨在限制享乐的理性。人身上的"动物个人主义"并不因那么多理性的说教、那么多严格的禁忌、那么多号称理性的科学规范而自动消失。每一个强奸犯都知道强奸是犯罪,每一个小偷都明白偷窃是不道德的行为,每一个弄剑者都清楚必将死于剑,但哪一个朝代和国度又缺少过强奸犯、小偷和

---

① 《列宁全集》,中共中央马克思恩格斯列宁斯大林著作编译局编译,第20卷,人民出版社,1971年,第459页。
② [意]维柯:《新科学》,朱光潜译,人民文学出版社,1986年,第109页。

弄剑者？

依照弗洛伊德的看法，人身上的"动物个人主义"始终潜伏于人的无意识领域。老弗洛伊德认为，所谓心理结构，主要是潜意识（又译为无意识）的。而所谓潜意识，不过是"精神生活的一般性基础。潜意识是个较大的圆圈，它包括了'意识'这个小圆圈；每一个意识都具有一种潜意识的原始阶段；而潜意识虽然也许停留在那个原始阶段上，但却具有完全的精神功能，潜意识乃真正的'精神实质'"①。虽然老弗的门徒弗洛姆不同意弗洛伊德历史是心理力量的结果、心理力量本身不受社会影响的观点②，但弗洛伊德的看法仍然可以为我们提供一些支持。但更为有说服力的，反倒是被弗洛伊德革出门墙的容格（C. G. Jung，又译荣格）的理论。容格把潜意识划分为个人潜意识和集体潜意识。个人潜意识有赖于更深的一层，它并非来源于个人经验，而是先天获得的。所谓先天获得的，就是集体潜意识；所谓集体潜意识，翻译成小木船"贝格尔号"的航行术语，不过是目的无意识的另一种说法③。与容格相仿或大异其趣，弗洛姆则持一种被称为"社会潜意识"的观点，基本上是将看起来风马牛不相及的弗洛伊德和马克思综合了起来，既重视潜意识，又重视产生这种潜意识的社会／历史内容④。无论是弗洛伊

---

① ［德］马尔库斯：《爱欲与文明》，黄勇译，上海译文出版社，1988年，第161页。

② 参阅［德］弗洛姆《在幻想锁链的彼岸》，张燕译，工人出版社，1986年，第27页。

③ 按照容格的主张，组成集体潜意识的是各种原型（archetype）："生活中有多少种典型环境，就有多少种原型。无穷无尽的重复已经把这些经验刻进了我们的精神构造中，它们在我们的精神中并不是以充满着意义的形式出现的，而首先是'没有意义的形式'，仅仅代表着某种类型的知觉和行动的可能性。当某种符合特定原型的情景出现时，那个原型就复活过来，产生出一种强制性，并像本能驱力一样，与一切理性和意志相对抗。"（冯川编：《容格文集》，改革出版社，1997年，第90～91页）所谓原型，按照容格的研究，主要有如下几类：人格面具（persona）、阿妮玛（anima）和阿妮姆斯（animus）即男女两性意向、阴影（shadow）和自性（self）等。

④ 参阅［德］弗洛姆《逃避自由》（工人出版社，1987年）、《为自己的人》（三联书店，1988年）等。

德还是他的门徒,实际上都从自命科学的维度深刻地揭示了:和非理性比起来,理性的力量并没有我们想象得那样伟大。福柯更是拼尽全力论证了这一看似无理的结论。即使这个论断只有一分道理,我们又怎么敢相信历史是有目的性的?历史目的论考虑过那种目的倒错、动作乱伦的情形吗?如果它考虑过这种情况,它又凭什么相信自己?凭什么相信自己是有目的性的?按照弗洛姆等人的断言,历史目的论本身就是一种非理性,因为它居然无条件地、几乎是下意识地相信历史具有自身的目的性,即另一种意义上的目的无意识。再换一个角度发问,并敬请历史目的论和历史目的论者能够回答:有目的、有理性的动作／行为真的能把我们带向一个预先给定的目的地,比如说那个光鲜无比、通体泛红的天堂世界吗?①

1984年2月的某一天,阿伦·布洛克意味深长地向他的美国听众说:

> 谁能知道明天的日程是什么?有些事情是可以预测的,特别是那些可以衡量的东西……如果你回过头来看一看本世纪初的预测,你就会发现,人类飞向月球是被正确地预测到了,但是人类历史的走向却没有被正确地预测到,我们今天生活的世界是什么样情况也没有被正确地预测到。
>
> 有多少人预见到了1914年大战的时间之长和它的特点?预见到德国会战败,或者战败后再一次角逐欧洲的霸权?
>
> 有多少人预见到了希特勒和纳粹党会上台,千年帝国只存在了十二年,在1940年还显得无敌于天下的希特勒会把德国引向第二次战败,而在战败之前竟想一举灭绝欧洲的犹太人?
>
> 有多少人预见到了以色列国家会在希特勒的大屠杀中诞生,

---

① 迈克尔·欧克肖特(Michael Oakeshott)详细检讨过政治中的理性主义,并指出了其中的谬误,尽管他没有从理性主义的无意识这个角度说明问题,但考诸欧克肖特的论证逻辑,其实并不难获知这一结论隐藏在他的论述之中[参阅(英)欧克肖特《政治中的理性主义》,张汝伦译,上海世纪出版集团,2003年,第7～35页]。

欧洲各个帝国包括英帝国会在战后消失,日本在美国援助下新生后会成为美国的主要经济和技术对手,两次战败和分裂的德国最后会在英德抗衡中成为胜利者?

我还可以这样问下去……①

必须要感谢布洛克先生的路见不平拔刀相助。但我们还可以补充说,历史目的论的**第二个错误**来源于 discourse 本身,来自 discourse 本身的目的性以及 discourse 身上寄生的迷惑性。依照双重循环的严正教义,却又在暗中假装无视这一教义,历史目的论通过对现实世界上某些动作/行为并不周全、并不真实的谈论,便迅速将吸纳了动作/行为的谈论强行拖进论述的世界。一如陈嘉映所说,论述的世界中只有逻辑、推论;论述是无时态的,逻辑的力量在此高于一切。因此,在极具目的性的完成性动作的帮助下,在为历史目的论辩护的过程中,论述只不过是在远离动作/行为的高空玩弄语义空转游戏、大行推理跳高伎俩——黑格尔以及其他一切经典形而上学的腔调都是这方面的好例证。这不过是说,历史目的论一直在秉承目的无意识和双重循环的教诲,始终是语义空转的结果,是推理跳高游戏的正宗后裔,却不是对一件正在发生的事情 A、已发生的事情 A 的真实论述——虽然它很可能是有效的论述:因为这种论述为某些人、某些机构提供了现实的好处。历史目的论不具有起码的、足够多的动作含量,没有得到未经语言打磨过的动作/行为的足够支撑。从最善解人意的立场上看,历史目的论也不过是一个**超级愿望**,它的唯一功用就是制造超级的可能世界。更准确的说法或许在这里:完成性动作受制于自身的目的无意识而有意误会了条件性动作的本义,因为愿望理所当然的是对某些事情 A 的总结。这是一方面。旨在为历史目的论辩护的 discourse,完全有能力强行扭曲现实世界上任何一个动作/行为所具有的目的性,从而为完成性动作的目的性服务,这就更为谈论和论述过程提供了方便,大开了后

---

① [美]阿伦·布洛克:《西方人文主义传统》,董乐山译,三联书店,1997年,第295页。

门——这自然就是问题的又一个方面了。

最为恶劣的是:历史上出现过的几乎所有型号的历史目的论都采用了循环论证,这是双重循环在言语实践中的基本功能。论证的步骤大致如下:首先,将得之于某些事情 A 的历史目的论的基本内涵溶解在即将实施的完成性动作当中,并构成了完成性动作的目的性;然后,将如此这般的完成性动作用于吸纳现实世界上的诸多条件性动作;最后,将被吸纳的条件性动作当成某种既定的历史目的论的最大证据——在此,我们不知第多少次亲眼目睹了双重循环的凛凛威风。伟大的奥古斯丁在《上帝的城邦》中就堪称精彩地玩过这一手。这样的论证、论述天然有能力完成自己的任务,因为它的结论就是它的起点;自己扛着自己兜一圈向来都是最简单、最省力的事情,虽然从表面上看,它的过程复杂无比——黑格尔的历史哲学就充满了这种浓烈的腥味。

初看起来,对于 discourse 来说,条件性动作可以是非理性的,完成性动作必须是理性的,因此,被语言消化和打磨过的条件性动作相对于 discourse 来说,也似乎必然是理性的。但现在我们有些明白了:情况好像并不总是这样。在《疯癫与文明》中,福柯充满激情地描叙了完成性动作以理性为武器征服疯癫的诸进程、诸步骤。福柯的精彩结论之一是,当理性最终征服疯癫后,理性本身也为此付出了巨大的代价:它在理性内部掺和了疯癫。福柯认为,文艺复兴时期所谙熟的无理性的理性(unreasonable Reason)与理性的无理性(reasonable Unreason)的经验,似乎经由笛卡儿的纯粹理性主义被排斥掉了,但实际上它仍然存在于人类的理性之中,并没有因为笛卡儿的"革命行动"退出人类的精神舞台。福柯为此告诫我们,只要紧紧盯着理性,就肯定会从理性之中找到疯狂。这正是目的无意识命定的结局之一。在此,福柯无疑暗示了:理性导致了非理性;"历史的必然性"必须要与"疯癫的必然性"连在一起才更完备。福柯称前者为历史的"水平线",呼后者为历史的"恒常垂直线"(constant vertical)。只有将这两条线交织在一起,只有从这个坐标系上,我们才能认识人类的历史①。阿多诺和霍克海默在《启蒙

---

① 参阅[法]福柯《疯癫与文明》,刘北成等译,三联书店,1999 年。

辩证法》的某处也曾说到过:"所有真实的思想都包含着可以称之为疯狂的成分。"假如福柯、霍克海默等睿智之人的看法经得起检验,那么,当完成性动作秉承目的无意识的教唆,帮助 discourse 消化了所有理性的和非理性的、有目的性和没有目的性的动作／行为,从而将一切条件性动作转化为理性的、有目的性的动作／行为时,非理性成分也就趁机偷偷摸摸扛着自己,进入这些被迫改头换面而来的动作／行为之中。这一现实境况,使我们敢于做出这样的论断:将历史视为有着命定目的的过程,不过是完成性动作努力运作的结果。它只存在于 discourse 提供的平台上,而不存在于以动作／行为为表征的事情本身。更具讽刺意味的是,完成性动作在创造出这一结果后也付出了沉重的代价:它从一开始就受到了**理性的目的无意识**的支配。所谓理性的目的无意识,不过是指理性的目的由于被过分强化因而进入了人的无意识层面,最终使得某一个、某一些人只要开口说话,只要有所行动,就必然会带出这种目的本身,而这个人、这些人对此并不自知(想想巴尔特的"法西斯"比喻)。理性的目的无意识只是意识形态内化而来的目的无意识的一个典型例证,它同样被置入了具有双重循环特性的言语实践之中。

　　动作本身的非理性,或动作受制于更高、更大、更隐蔽的非理性,以及 discourse 所拥有的来自意识形态内化而成的目的无意识,从真实性的维度上,共同促使历史目的论最终成为虚妄、成为不可能,也迫使各种型号的历史目的论纷纷破产——只不过秉承着完成性动作的一贯禀性,后续性的、更为精致也更为复杂的历史目的论,仍处在不断炮制之中。这或许才是人类最大的天性。很显然,这一天性来自人类生生不灭的对幸福的追求,是不可扑灭的事物;但也就是在这个意义上,我们还可以旁逸斜出地说,历史拥有它自身的力比多。弗洛姆从马克思主义和弗洛伊德主义相结合的角度断言,每个社会都有自己的力比多结构,它是基本的人性冲动和社会因素的统一;社会心理学必须考察力比多结构如何作为一个社会的结合剂而发生作用,以及它如何影响了政治权威。① 这似乎把我们所论证的问题从另一个角度点明了②：遵循着双重循环的一般教义，这种性质的力比多既是历史的产物，也是生产历史的原动力——虽然初看起来，历史好像确实是由人创造出来的。历史的力比多始终内在于历史本身，一如完成性动作内在于 discourse 的生产过程。它是杂乱无章的，但和愿望一样，又不是任意的：历史的力比多的主要组成部分就是目的无意识。

由于历史深处的力比多的存在，任何人都没有权力、也没有能力为人类许诺光辉前景，虽然我们始终需要一个光辉前景。驯服力比多顶多是痴人说梦。面对历史深处的力比多，我们对幸福的追求的最好方式，或许就是"摸着石头过河"。一切彼岸承诺，不过是有人为着某种目的假借某种权力假装自己有能力承诺。令我们的愿望至为遗憾的是，历史也拿不出自身的目的。所谓历史的目的，从来都是完成性动作在某种权力或愿望的授意下的故意捏造、刻意杜撰，归根到底，是双重循环在逻辑上的必然结果——但这并不意味着福山（Fukuyama）的"历史终结论"有道理。"历史终结论"不过是另一种特殊的历史目的论，是某种型号的意识形态的有意结局。而相信历史目的论，在不少时刻，在极端的时刻，甚至意味着我们自动走向万人坑；也很可能意味着阿多诺早已指明的后果："只要有人被当作牺牲品，只要牺牲包含了集体与个人之间的对立，客观上牺牲中就包含了欺诈。"

尤其可怕的是，历史目的论本身，就得之于人对现实世界的某种特定的愿望，而愿望之由来，归根结底，出于目的无意识无处不在的教诲。这种性质的愿望天然有将自身飞升至可能世界的欲望。出于可以想见的原因，用于飞升的翅膀对它根本就不构成问题。翅膀就在愿望的左手边。但最可怕的是愿望的如下结局：它诱导我们将可能世界当成了现实世界，强迫我们把现实世界弄成了可能世界。所谓人间天堂，所谓

---

① 参阅[美]马丁·杰《法兰克福学派史》，单世联译，广州出版社，1996年，第110页。

② 有关"历史的力比多"，还可以参考法国思想家利奥塔的精彩论述(Jean-Francois Lyotard, *Libidinal Economy*, trans. Iain Hamilton Grant. London: Athlone, 1993)。

尘世之中的上帝之城邦,不过是有意混淆现实世界和可能世界之后的一个小例证。

记住赫西俄德的寓言故事,对我们这些天然就爱好历史目的论的人非常必要。在某种程度上,那个寓言故事可以充作历史目的论的解毒剂。古希腊第一位伟大诗人赫西俄德说,宙斯为了惩罚盗了火种而有温暖相伴因而不那么听话的人类,下令制造了一个瓶子,里边装满了由诸神贡献出的各种各样的东西,然后命令司职惩罚的女神打开这个瓶子:

> 这老妇人用手揭去了瓶子上的大盖子,让诸神赐予的礼物都飞散出来,为人类制造许多悲苦和不幸。唯有希望仍逗留在瓶颈之下的牢不可破的瓶腹之中,未能飞出来。像手持埃葵斯(即盾牌——引者)招云的宙斯所设计的那样,在希望飞出瓶口之前,这妇人便盖上了瓶塞。但是,其他一万种不幸已漫游人间。不幸遍布大地,覆盖海洋。疾病夜以继日地流行,悄无声息地把灾害带给人类,因为英明的宙斯已剥夺了他们的声音,因此,没有任何可躲避宙斯意志的办法。①

---

① 〔古希腊〕赫西俄德:《工作与时日·神谱》,张竹明译,商务印书馆,1997年,第4页。

下 卷
discourse 的价值论

第四章　discourse 的价值和价值量

> 这只手，在某些时光，感到一种强烈的抓的需要：它应当拿起笔，必须这样做，这是命令，是不可违抗的要求。这种现象名为"惩治式握笔"。
>
> ——Maurice Blanchot

第一节　discourse 的价值

只有将事情 A 中包纳的动作／行为按照索绪尔所谓的语言规则①，经由 4 种谈论原初事实的方式纳入语言空间，只有将现实世界上的动作／行为以 4 种谈论方式得来的经验事实为渠道，全部转化为对 discourse 有用、有利即有目的的动作／行为；只有将寄存在现实世界上的愿望以 3 种谈论愿望的方式为驿道，置入语言幽暗的肠胃；只有将愿望肉身化为可能世界上对 discourse 有用、有利即有目的的动作／行为，并完全取代催生愿望的事情 A 中所包纳的动作／行为，才可能生

---

① 陈嘉映先生在评论维特根斯坦的早期哲学时，说过一番十分精当的话，在此可以作为我们的参考："现实不是由大大小小的原子分子的事实组成的，现实是生生不息的涌动，但它在语言中成象。并非语言和现实这种现成的东西共有一个逻辑形式，而是，语词是现实的逻辑形式。"（参阅陈嘉映《语言哲学》，北京大学出版社，2003 年，第 156～157 页。）

产出各种含义层次上有意义的 discourse、及物的 discourse、具有切中能力的 discourse，尤其是有效的 discourse。只有这种性质的 discourse，才算对现实世界做出了有效的**反应**（而不是**反映**）。作为完成性动作，7 种谈论方式不过是凝结条件性动作的机器，不过是储藏条件性动作的仓库，不过是消化条件性动作的幽深肠胃——但那无疑是拥有巨大消化能力的肠胃，是由特殊材料造就的具有超级锻造能力的熔炉。

作为对照，拉康（Jacques Lacan）的某些观点有必要在这里被我们较为隆重地提及。作为一个最广泛意义上的弗洛伊德主义分子，拉康坚定地认为，精神分析不能像弗洛伊德推崇的那样从分析梦的内容开始，而是必须以讨论分析对象向分析者谈论梦时使用的语言形式为开端，因为在关于梦的谈论和梦的内容之间始终存在着语言问题。拉康的工作，就是试图通过对被分析者**关于梦境的谈论**进行再度编码，以管窥、偷视、觊觎梦的实质[1]。在著名的"罗马报告"中，拉康写道：创造了物体世界的，还是语词的世界；语言是器官，人类的特征由下列事实造成：他的器官在他自身之外。[2] 拉康在面对杂乱无章的梦境时被逼无奈正确地求助于语言编码及其功效，但他的精辟观点中或许暗含着一些小失察——他很可能忘记了，或者有意忽略了对**分析对象对梦境的谈论**进行编码所需要的两个基本依据：第一，分析对象首先要被分析者（比如拉康）谈论，而谈论首先是动作，是受制于一种更高、更权威的目的无意识的完成性动作；第二，分析对象向分析者转述的梦境，无论从任何角度上说都是动作，尽管那是一种虚拟的、无声无息的动作，仅仅发生在幻觉当中，犹如想象中看到的电影或在电影院中看到的真实的电影。如果放弃了这两个基本出发点，很可能意味着放弃了精神分析所分析出来的命题的及物性。而及物性是"命题"的"命脉"之所在。

---

[1] 参阅［法］萨福安（M. Safouan）《结构精神分析学》，怀宇译，天津社会科学院出版社，2001 年，第 1～39 页。

[2] 参阅［法］弗朗索瓦·多斯《从结构到结构：法国 20 世纪思想主潮》上卷，季广茂译，中央编译出版社，2004 年，第 144～145 页。

对于**现实世界**，所谓及物就是**言之有物**，就是对诸种事情 A 中内含的动作／行为做出了仅仅属于 discourse 的反应。不用说，在这个或悄无声息或雷电交加的过程中，双重循环或目的无意识的种种特性、诸般遗传密码，早已通过自身的权威性，经由文化遗传，神不知、鬼不觉地内化于让 discourse 能够稳当成立的完成性动作当中。对于**可能世界**，所谓及物，意味着得之于特定事情 A 的愿望在语言空间当中，得到了具体地展现，意味着 discourse 具体地推演了愿望，并生产出了可以体现这个愿望的事情 B，事情 B 还置换了、取代了催生愿望的事情 A。而愿望（哪怕只是拉康、弗洛伊德津津乐道的以梦境为存在形式的愿望），也都有着现实世界上的动作／行为方面的来源：是现实世界上某些、某类事情 A 中包纳的动作／行为，原初性地生产了这种愿望而不是那种愿望；是原初性地依据某种目的无意识的教诲、原初性地依据双重循环事先划定的线路，生产出了以愿望为存在方式的结论性命题或半个经验事实。因此，可能世界的及物性还暗含着另外一层含义：它以曲曲折折的方式影射了现实世界，尤其是影射了催生这个可能世界的愿望的事情 A；归根到底，无论哪种可能世界，都不过是对特定事情 A 做出的属人的反应；创制可能世界不仅是现实世界上一件已经发生了的事情 A，也是针对特定事情 A 的属人的动作／行为。可能世界的目的，就是要旗帜鲜明地影射且必须要影射特定的事情 A，就是要表明而且必须要表明它对某些事情 A 具有某种态度：赞美或拒斥。我等草民至少从影射现实世界的过程中、从影射某些事情 A 的过程中，获得了某种快慰、某种真实的满足。对此，生活腐朽得让人好生羡慕的清代才子李渔有过绝好的说明："我欲为官，则顷刻之间便臻富贵"；"我欲娶绝代佳人，即便王嫱、西施之原配。"①

因此，无论是现实世界还是可能世界，所谓及物，都意味着遵照特定的目的无意识，将一切和 discourse 有关的条件性动作转化为于 discourse 有用即有目的性的动作；任何条件性动作归根到底都来源于唯一一个现实世界。任何一个进入特定 discourse 之中的条件性动作，

---

① 清·李渔：《闲情偶寄·词典部》下。

肯定是有目的性的动作,更为关键的是,它们全都变成了有目的性的动作——无论在条件性动作自身的水平上是有目的的还是无目的的,抑或根本就无所谓目的不目的的。

秉承着某种程度的变形或故意颠倒,遵循着生产 discourse 的一般程序,对 discourse 有利因而是有目的的动作／行为,都要凝结成 discourse 的**价值**(value),都必定要凝结成 discourse 的**价值**,并内化于 discourse 之中。因为所有的 discourse,各种含义层次的 discourse,其根基都在动作／行为上,无论是条件性动作、完成性动作抑或动作的双重性。**价值是 discourse 的固有属性**。价值保证了 discourse 对现实世界的及物性和切中能力。很明显,discourse 的价值和索绪尔的价值没有任何相似性,和哲学上的价值完全不同,也和政治经济学中的价值毫无共同之处。在索绪尔那里,语词的价值由语词在系统中充任的角色来量度;哲学中的价值大致上指生活的目的、人生的意义,它和人的终极归宿有关,与生活、生存的意义相连;政治经济学上的价值按照马克思的定义,是指商品中凝结的人类劳动。discourse 的价值,则特指 discourse 中凝结的条件性动作,特指条件性动作如何与迎候它的语言空间打成一片、抱成一团,却不必考虑条件性动作在目的无意识的要求下如何被凝结,也不考虑条件性动作和语言发生怎样的关系、怎样发生关系。discourse 的固有价值,特指 discourse 在完成性动作的帮助下,凝结、消化、包纳和吸收的条件性动作,特指条件性动作如此这般地被 7 种谈论方式拽进语言空间当中,从而成为语言性的动作。更重要的是,价值于此之中也具有双重性:它既是纯粹实体意义上的动作,又是语言性的动作。前者是后者的根本来源,而不是相反。

依据 discourse 的三重含义,依据生产 discourse 的基本机制,从来就不存在没有任何价值却又能有效甚或居然成真的 discourse。只要一说到无论哪种含义层次的 discourse,就意味着它已经凝结了某种、某类能够让它成立和具有有效性的条件性动作,都利用了如此这般的凝结必须要借助的语言结构、语义空间。① 即使是初看上去没有任何价值含量的论述和话语定式，无论它们相对于现实世界和愿望是否成真，只要它们是有效的或意欲成真的，就必须以价值为基础。② 不存在没有任何价值含量作为支撑体的论述和话语定式。论述和话语定式必须要利用7种谈论方式对条件性动作的凝结所产生的一般后果——即discourse 的价值③。即使考虑到权力在某些时刻，确实具有《西厢记》中所谓"借着红娘来解馋"的固有禀性，也不存在没有任何价值含量的话语定式。因为权力大人也想以理服人。这个"理"在任何情况下，都只能来源于事情 A 中包纳的动作／行为，以及权力对这种动作／行为的理解－解释。因此，discourse 右腹腔内的价值的存在与否，才是一切含义层次的 discourse 的根本保证；无论 discourse 的是否成立或者是否有效（更不用说是否成真），都得看价值之存在与否的脸色，都得唯价值之马首是瞻，如同市场上某件商品的价格再离谱，检验价格的终极

---

① 参阅《雅各布逊文集》，铁军等译，湖南教育出版社，2001年，第 120～133 页。

② 巴特利在分析维特根斯坦的早期哲学时有过一个精辟的评论，和我们此处的论述密切相关："词组'真值函项'和'逻辑结构'需要解释。说一个复合命题能够分解为基本命题的真值函项，就是断定它能够分解为一系列基本命题，通过某些逻辑词在结构上联结起来。这些逻辑词，包括否定与合取，本身是非描述的：它们更像结构的脚手架，命题就是在这个架子上被安排的；它们本身不代表世界的任何东西。因此，如果我们假定，字母 p 和 q 分别代表基本命题，那么'p 与 q'就代表一个复合命题。在这一复合命题中，通过真值函项的合取（"与"and）连接词，就把基本命题(p,q)结合在一起。同样，'非 p 且非 q'也是一个复合命题，它们的基本命题成分，通过真值函数的否定（非）和合取（且）连接词结合在一起。"[参阅（美）巴特利《维特根斯坦传》，杜丽燕译，东方出版中心，2000 年，第 50 页]此处当然不讨论真值函项等问题，而是想说，无论基本命题还是复合命题，也无论它们的连接词如何，最终一个命题要想成立，必须要和 discourse 的价值搭上界。

③ 此处所谓的价值，看起来倒好似经验事实或可能事实。其实，我们可以在最低层次上说，discourse 的初始性价值就是经验事实或可能事实；但经验事实或可能事实是基于事情 A 来说的，价值则是相对于 discourse 的生产过程，尤其是生产过程中价值所充任的作用来说的。因此，判定经验事实、可能事实的标准是真实性，而判定价值的标准则是价值的有无和价值在量值上的大小。这是同一个物在不同层次上的身份问题。

标准只能是它凝结的人类劳动以及人类劳动的多少。

依据 discourse 的语义空间所拥有的巨大伸缩性,依据 discourse 诸多语义之间的承继关系,我们很容易得知,价值只能是叙事性谈论的结果。这无疑是一种**初始性价值**。当初始性价值进入论述或话语定式之中,按照 discourse 诸多语义之间的承继关系,其身份不过是证据,或者说,作为证据的价值在论述或话语定式中变成了**第二度价值**。第二度价值最基本的含义无疑是:它利用了初始性价值的一般特征,来为自己的目的和行进方向作证。因此,第二度价值只能是初始性价值的投影。论述、话语定式是摩天大厦,初始性价值无疑是构成这座大厦的砖石和钢筋。大厦的设计图纸,早在砖石、钢筋被找到之前就已经具体地存在着。这显然就是目的无意识的功劳了。必须将 discourse 的价值首先看成初始性价值,必须将价值首先看成、并且只能看成谈论的结果。因为直接面对条件性动作的始终是谈论,离条件性动作最近的也只有谈论,如同离上帝最近的生灵只能是飞鸟。谈论是论述、话语定式——更不用说意识形态——这座摩天大厦所需要的建筑材料的生产车间,并且始终是唯一的车间。

价值就是条件性动作被各种含义层次的 discourse 所凝结、所吸纳、所消化、所打磨、所利用,但它首先是谈论的结果;价值既是进入 discourse 之中的条件性动作(即实体意义上的动作),更是条件性动作和谈论相互婚媾的产物(即语言性的动作)。这就是价值的双重性。discourse 的价值首先是条件性动作被谈论所凝结,然后才进入到 discourse 其后的各层含义,并以其投影充当支撑 discourse 其后各层含义的第二度价值。虽然世界可分为哥们般、仇人般的现实世界和情人似的可能世界,虽然 discourse 可分为有关现实世界的 discourse 和关于愿望的 discourse,但无论哪种 discourse 的价值(即被语言包纳和凝结的条件性动作),无论通过何种型号的"转折亲"(鲁迅语)运动,归根结底只能来源于现实世界。这一点,对于有关现实世界的各种含义层次的 discourse 已经不成问题,对于可能世界上的 discourse 看起来就有那么一点匪夷所思的味道了。

可能世界上的各种 discourse,当然也包括可能世界上各种

discourse 必然要生产出来的可能事实,实际上都是以半个经验事实的愿望为中介,以对某种、某类事情 A 的结论性命题为面目而现身的愿望为桥梁,经由再度语言性消化所形成的某种结果。这无疑意味着,可能世界上各种含义层面的 discourse,可能世界上的任何一个 discourse,都希望通过愿望这座桥梁、这个中介和现实世界取得联系;事实上,也确实通过这座桥梁、这个中介和现实世界尤其是现实世界上的某些动作/行为接上了头。只要牢记这一事实,只要自始至终考虑到可能世界拥有的这一特性,就不难明白:可能世界上的 discourse 的初始性价值的来源,一定是现实世界上的诸般动作/行为。可能世界上变形的、拟人化的、各种看似匪夷所思的条件性动作,都是对现实世界上的动作/行为的模仿、改造,都是对事情 A 的故意颠倒与紊乱——比如张三的鼻子被安置在李四的臀部,"牛头"上安置了一个"马面"。

但这只是表面现象,更为真实的情况不如说是:在可能世界上,经过对事情 A 进行模仿、改造、故意颠倒而来的动作/行为,通过愿望,通过对愿望的 3 种谈论方式,都和现实世界上的动作/行为取得了联系。可能世界上的动作/行为是语言对愿望再度消化的结果;愿望来源于人对自身处境的总结。所谓自身处境,无疑由现实世界上与人有关的诸多事情 A 和合而成。反过来说,现实世界上某种、某类、某些动作/行为催生出了某种特定的愿望;某种特定的愿望被语言再度消化、打磨,被 3 种谈论愿望的方式修理、归整,从而形成了可能世界以及可能世界上的诸种事情 B、诸种可能事实。诸如此类的事情 B 和可能事实中包纳、吸收的动作/行为,就是可能世界上各个含义层面的 discourse 的条件性动作。这种性质的条件性动作被**同时性地**凝结成了 discourse 的价值。因此,可能世界上的条件性动作最终来源于事情 A 中包纳的动作/行为,更有甚者,它还最终置换了、取代了事情 A 中包纳的动作/行为。没有现实世界上的动作/行为,事情 B 中包纳的条件性动作就不可能存在,关于愿望的各种 discourse 也不可能得以出生。因此,可能世界上各种含义层次的 discourse 的价值,无论是初始性价值还是第二度价值,依然来源于事情 A 中包纳的各种条件性动作。这就是关于愿望的诸多 discourse 在条件性动作来源方面所拥有的**间接性**,这就是可能世界上各个 discourse 的价值在出身上所拥有的特殊性。

在此,有必要做一点并非无谓的补充。所谓价值,初看起来就是经验事实或可能事实。这当然不错。从最低的反思水平上说,价值就是经验事实或可能事实。从较高的水平上说,价值和经验事实、可能事实指称不同的东西:经验事实、可能事实归根到底针对事情 A,价值则针对 discourse 的生产过程——前者类似于"指称论",后者则类似于"价值论"。经验事实、可能事实是为了判定关于现实世界和愿望的 discourse 是否为真,价值则是为了判定所有 discourse 是否有效、有意义。所以,判断经验事实、可能事实的标准是真假,判断价值的标准是它在量值上的大小。更为重要的是,通过价值与经验事实、可能事实之间的区别,能够将 discourse 的动作双重性和 discourse 的价值更为内在地联系在一起;经验事实或可能事实就是初始性价值的存在形式。

现实世界一直在不遗余力地为各种性质的 discourse、各种含义层次的 discourse 提供取之不竭的条件性动作。正是这种境况,才使得各种性质的 discourse、各种含义层次的 discourse 拥有自身的价值和获取自身的价值,也因此拥有和获得了自身的生命。但这样说,绝不意味着如此这般的 discourse 相对于现实世界一定成真①。价值并不保证 discourse 的真假,它只保证 discourse 是否有效、是否有意义,尽管 discourse 的成真对人类从来都关系重大,尽管人类也有让 discourse 尽量成真的心理诉求。吴清娃在法庭上为否认自己的罪恶行径,很可能会生产出如下一些对自身有利的 discourse:1999 年 10 月 1 日晚 10 时我和铜罐、鸡哥、阿毛等人在钟鼓楼一间茶室打麻将;或者:我不过是在三江口戏耍过王晓喃。这些被吴清娃生产出来的 discourse 相对于事情 A 肯定不是真的,但肯定是有效的,因为它可以证明吴清娃无罪,

---

① "真"这个概念归根到底都是相对于现实世界来说的,无论可能世界如何荒诞离奇,也必须相对于现实世界才有意义。请参阅[美]蒯因《真之追求》,王路译,三联书店,1999 年,第 30~45 页。

尽管这样的有效有违公正和正义的严正规定；也肯定是有意义的，因为它包纳了一定量值的条件性动作，所以能够保证discourse的成立。

在正常情况下，只要有效、有意义，discourse也算完成了属人的任务。奥斯汀早已苦口婆心地开导过我们："真"是一个仅有的最低限度，是一个虚幻的理想，因为只求"真"并不总是符合人性的需要。① 在这个意义上，上天可以作证，哈贝马斯的"共识"、罗蒂的"有用"实在是太重要了。但对于描写现实世界的discourse，"真"无论如何都是我们的首要任务，因为只有成真的discourse，才能最大限度地维护现实世界上的公正和正义。一味追求效用，在逻辑上必然会产生一些无聊甚至可恶的有效。比如吴清娃说出的那些具有搞笑性质的话，就根本达不到认识现实世界的目的，至少公正的法官会这么看，王晓喃的父母、丈夫和儿子更会这么看。但令人至为遗憾的是，初始性价值并不拥有这样的能力。这就是价值在"价值论"上的极限和局限之所在。

在暂时不考虑完成性动作对discourse具有特殊功用的情况下，我们可以**冒险假定**价值是中性的。对于和现实世界相关的discourse来说，一件发生的事情A、正在发生的事情A中包纳的动作／行为，在事情本身的水平上从来都是客观的、自为的。狗狂奔仅仅是狂奔，张三打了李四一拳也仅仅是打了一拳。作为事情，"奔跑"、"打了一拳"都是客观的、无从改变的②。当"奔跑"、"打了一拳"作为条件性动作进入discourse之中，只要暂时不考虑完成性动作的目的性，不考虑双重循环的板正面孔和目的无意识的暗中教唆，它们和语言打成一片、抱成一团因此被凝结而成的价值就是中性的。不过，一说到可能世界，价值的中性就显得有点匪夷所思了。但这个问题可以分开来观察。

构成可能世界上的discourse的价值的条件性动作最终来源于现

---

① 参阅 Austin, *Truth*, *Philosophical Papers*, Oxford University Press 1950, P130。

② 狗狂奔对于狗来说当然是有目的的，张三打了李四一拳对于张三来说当然也是有目的的。但这种目的性对于事情本身来说是客观的，它是事情本身的目的性，和discourse的目的性无关。在将这些动作/行为纳入discourse之中时，这些动作/行为对于discourse来说，就有可能是中性的。

实世界。从现实世界的立场出发,如果暂时不考虑完成性动作的作用,我们有理由说:因为给予可能世界上的 discourse 以价值来源的条件性动作在现实世界中可以呈中性,所以可能世界上的 discourse 的价值也可以是中性的。但站在可能世界的立场,可能世界上的一切 discourse 的价值绝对是非中性的。明眼人肯定看出来了,此处所谓的非中性,刚好来源于完成性动作的目的性。这就是说,我们在无可奈何之中已经将完成性动作考虑进去了。可能世界的特殊之处或许就在这里:从可能世界的立场出发,我们不可能不考虑完成性动作以及它对 discourse 和 discourse 之价值的作用。理由显而易见:可能世界上的每一个 discourse,关于愿望的每一个 discourse,自始至终都是饱具目的性的完成性动作的结果;站在可能世界的立场,无论动用什么手腕,我们根本不可能将目的性从完成性动作中剔除出去。

正如薇依(Simone Weil)所言:

> 应当区分三个领域。首先,绝对独立于我们的领域;这包括此时此刻天地间已完成的一切,其次是所有正在完成的或者不受我们影响以后将要完成的一切。在这个领域中,事实上所发生的一切都是上帝的意志,无一例外……第二个领域是受意志控制的领域。这个领域包括纯自然的,邻近的事物,很容易凭借智慧和想象表达的事物,在这些事物中,为达到确定的和不变的目的,我们能够选择、支配并结合既定手段的外观,在这个领域里,必须毫无偏差地、及时地完成一切明显呈现为义务的事情……第三个领域便是事物的领域,事物既不受意志的控制也同自然的义务无关,但也不完全独立于我们。在这个领域里,我们受到上帝的制约,如果说我们值得受这种制约并在对我们说来准确无误的程度上。上帝酬谢真心诚意想着他的人,上帝在酬谢的同时,对他行使某种约束,这种约束严格地、精确地同他对上帝的专心致志的爱成比例……①

---

① (法)薇依:《在期待中》,杜小真等译,上海三联书店,1994年,第3~4页。

第二节 discourse 的价值量

条件性动作在 discourse 中含量越高，discourse 的价值量也就越大，discourse 得到的支持就越坚实，无论是在 discourse 成真方面还是有效性方面。所谓 discourse 的价值量，特指 discourse 通过 7 种叙事性谈论凝结条件性动作的"多少"与密度。但价值量的大小、discourse 凝结条件性动作的多寡，却无法像自由市场上的商品那样得到精确称量——从来就不存在这样的精密仪器。不过，没有这样的度量衡，也不见得一定就是坏事。对于 discourse 来说，检验价值量之大小、量度它所含条件性动作之多寡的方法还是存在的：这就是谈论的精确度，以及论述和话语定式在多大程度上依赖于谈论的精确度。

张三用右拳打了李四左眼靠下的位置一拳头，作为已经发生的事情 A，如果得到了"张三用右拳打了李四左眼靠下的位置一拳头"来**谈论**，我们就可以说，这个 discourse 的价值量较大或比较大；如果用"张三打了李四一下"来较为粗略地谈论这件事情，其价值量就明显较小或者确实太小。如果用"张三用右拳打了李四左眼靠下的位置一拳头"作为经验事实（即初始性价值的存在形式之一），来充当给张三定罪的证据，显然更准确、更真实，也更有说服力；如果用"张三打了李四一下"作为经验事实，来充当李四向张三索赔的依据，显然较为粗糙，也较为没有说服力，尤其是没有准确性。"我想娶一个老婆"作为某个老光棍基于某种现实境遇产生的某种愿望，作为对没有老婆引发出来的诸多事情 A 的某种结论性命题，如果得到"我昨天敲锣打鼓娶回了马红，并在绣床上吻了她"的叙事性谈论，我们就可以说这个 discourse 的价值量较大或比较大，因为它具体、准确、有血有肉、声色犬马地展示了愿望；如果用"我昨天娶了马红"来再度消化"我想娶一个老婆"，其价值量则明显较小或实在是太小，因为它和前一种谈论相比显得过于粗糙、抽象和瘪三——尽管意思还是清楚无误的。

但价值量的大小不能以谈论条件性动作的文字的多寡来判定。《史记》曾这样描写过司马相如和他的卓文君：

> 会梁孝王卒，相如归，而家贫，无以自业。素与临邛令王吉相善，吉曰："长卿久宦游不遂，而来过我。"于是相如往，舍都亭。临邛令缪为恭敬，日往朝相如。相如初尚见之，后称病，使从者谢吉，吉愈益谨肃。临邛中多富人，而卓王孙家僮八百人，程郑亦数百人，二人乃相谓曰："令有贵客，为具召之。"并召令。令既至，卓氏客以百数。至日中，谒司马长卿，长卿谢病不能往，临邛令不敢尝食，自往迎相如。相如不得已，彊往，一坐尽倾。酒酣，临邛令前奏琴曰："窃闻长卿好之，愿以自娱。"相如辞谢，为鼓一再行。是时卓王孙有女文君新寡，好音，故相如缪与令相重，而以琴心挑之。相如之临邛，从车骑，雍容闲雅甚都；及饮卓氏，弄琴，文君窃从户窥之，心悦而好之，恐不得当也。既罢，相如乃使人重赐文君侍者通殷勤。文君夜亡奔相如，相如乃与驰归成都。家居徒四壁立。卓王孙大怒曰："女至不材，我不忍杀，不分一钱也。"人或谓王孙，王孙终不听。文君久之不乐，曰："长卿第俱如临邛，从昆弟假贷犹足为生，何至自苦如此！"相如与俱之临邛，尽卖其车骑，买一酒舍酤酒，而令文君当垆。相如身自著犊鼻裈，与保庸杂作，涤器于市中。卓王孙闻而耻之，为杜门不出。昆弟诸公更谓王孙曰："有一男两女，所不足者非财也。今文君已失身于司马长卿，长卿故倦游，虽贫，其人材足依也，且又令客，独奈何相辱如此！"卓王孙不得已，分予文君僮百人，钱百万，及其嫁时衣被财物。文君乃与相如归成都，买田宅，为富人。①

这个故事后来被伪托刘歆的《西京杂记》改写如下：

> 司马相如初与卓文君还成都，居贫愁懑。以所着鹔鹴裘就市人

---

① 《史记·司马相如列传第五十七》。

阳昌贳酒,与文君为欢。既而文君抱颈而泣曰:"我平生富足,今乃以衣裘贳酒。"遂相与谋,于成都卖酒。相如亲着犊鼻裈涤器,以耻王孙。王孙果以为病,乃厚给文君,文君遂为富人。文君姣好,眉色如望远山,脸际常若芙蓉,肌肤柔滑如脂。十七而寡,为人放诞风流,故悦长卿之才而越礼焉。长卿素有消渴疾,及还成都,悦文君之色。遂以发痼疾,乃作美人赋欲以自刺,而终不能改。卒以此疾至死。文君为诔传于世。①

明眼人早就看出来了,刘歆**在叙事性谈论中**做了何种手脚。对此,台湾小说家张大春有过精辟的考评:"即使不能像庄子的'窜入'那样为已然公开且流行的正确知识、真实知识挹注另类思考,刘歆却仍示范了'刻画细节以增益可信度'的具体技术。"②把"刻画细节以增益可信度"翻译成"贝格尔号"的航行术语不如是:刘歆这样处理,恰好表明了他的描叙具有更大的价值量——尽管较之司马迁他的文字反而更少。

还有一种情况也不得不考虑:这就是咱们中国人经常说到和赞扬过的春秋笔法。作为含蓄、雅致、意味深长而又欲言又止的经典谈论方式,春秋笔法在中国历史上屡次遭人赞扬:"《春秋》之称,微而显,志而晦,婉而成章;"③"惩恶而劝善,非圣人孰能为之!"④除了目的无意识方面的论调和这方面的超大容量外,春秋笔法并不因为它具有"微而显,志而晦,婉而成章"的特性,就必然意味着它的价值量一定较小⑤。为了说明这个问题,此处以《春秋》开宗明义的"隐公元年"为例。《春

---

① 汉·刘歆:《西京杂记》卷二。
② 张大春:《小说稗类》,广西师范大学出版社,2004年,第9页。
③ 《左传》成公十四年。
④ 《左传》成公十四年。
⑤ 春秋笔法当然是出于某种目的无意识才产生的,上引《左传》的赞词已经道明了这一点;而下引春秋三传的部分文字也能完全证明这一点。但关于这个问题此处不谈。此处想说的是,简洁的产生,除了某种目的无意识的作用外,或许可能与书写工具以及语言自身在当时的发展水准有关。这当然不是目的无意识的问题。关于这一点请参阅敬文东《在新的书写工具的挤压下》,《莽原》1999年第4期。

秋》用典型、正宗的"春秋笔法"写道:"春,王正月。"从表面上看,其价值量似乎小到了极限。但对于熟悉这段历史(即事情A)的人,这句简单到了只配称为春秋笔法的话包含了太多的条件性动作,也凝结了太多的价值,因而有着太大的价值量。对此,《左传》有过上好的陈述:"元年,春,王周正月,不书即位,摄也。"相对于《左传》较为简单的谈论,《公羊传》给出了如下说法,堪称细致入微:

> 元年者何?君之始年也。春者何?岁之始也。王者孰谓?谓文王也。曷为先言王而后言正月?王正月也。何言乎王正月?大一统也。公何以不言即位?成公意也。何成乎公之意?公将平国而反之桓。曷为反之桓?桓幼而贵,隐长而卑,其为尊卑也微,国人莫知。隐长又贤,诸大夫扳隐而立之。隐于是焉而辞立,则未知桓之将必得立也。且如桓立,则恐诸大夫之不能相幼君也,故凡隐之立为桓立也。隐长又贤,何以不宜立?立适以长不以贤,立子以贵不以长。桓何以贵?母贵也。母贵则子何以贵?子以母贵,母以子贵。

《谷梁传》说得更为细致,也更为煽情,颇有点艾柯先生指责的过度阐释的味道:

> 虽无事,必举正月,谨始也。公何以不言即位?成公志也。焉成之?言君之不取为公也。君之不取为公,何也?将以让桓也。让桓正乎?曰:不正。《春秋》成人之美,不成人之恶。隐不正而成之,何也?将以恶桓也。其恶桓,何也?隐将让而桓弑之,则桓恶矣;桓弑而隐让,则隐善矣。善则其不正焉,何也?《春秋》贵义而不贵惠,信道而不信邪。孝子扬父之美,不扬父之恶。先君之欲与桓,非正也,邪也;虽然,既胜其邪心以与隐矣。已探先君之邪志,而遂以与桓,则是成父之恶也。兄弟,天伦也。为子受之父,为诸侯受之君。已废天伦,而忘君父,以行小惠,曰小道也。若隐者,可

第四章 discourse 的价值和价值量

谓轻千乘之国。蹈道,则未也。①

顾炎武对此也有很好的言说:

《广川书跋》载《晋姜鼎铭》曰"惟王十月乙亥"而论之曰:"圣人作《春秋》,于岁首则书'王',说者谓'谨始以正端'。今晋人作鼎而曰'王十月',是当今诸侯皆以尊王正为法,不独鲁也。"李梦阳言:"今人往往有得秦权者,亦有'王正月'字。以是观之,《春秋》'王正月',必鲁史本文也。言王者,所以别于夏、殷,并无他义。刘原父以'王'之一字为圣人新意,非也。子曰:'述而不作,信而好古',亦于此见之。"赵伯循曰:"天子常以今年冬班明年正朔于诸侯,诸侯受之,每月奉月朔甲子以告于庙,所谓禀正朔也,故曰'王正月'。"②

很明显,文字量奇少的春秋笔法是故意隐藏了某种东西③,而不是

---

① 人人都知道,春秋三传是对《春秋》的注释,这里边显然牵扯到解释学上的问题,我们所谓的大价值量的由来,在某种程度上是解释的结果。对此,本书将在其后的章节详细展开。此处只需注意对事情 A 的凝结就行,因为我们举这个例子也就是为了说明价值量的大小和用语的多寡并没有必然的直接关系。

② 清·顾炎武:《日知录》卷四之《王正月》。

③ 比如刘知几就说:"显也者,繁词缛说,理尽于篇中;晦也者,省字约文,事溢于句外。……读者望表而知里,扣毛而辨骨,睹一事于句中,反三隅于字外,晦之时义,不亦大哉!"(唐·刘知几:《史通》卷六)法国汉学家弗朗索瓦·于连(F. Jullien)对中国古人的说话方式给了一个十分有趣的名称:"迂回与进入。"即在迂回的角度上才谈得上进入到内容之中[参阅(法)弗朗索瓦·于连《迂回与进入》,杜小真译,三联书店,1998 年]。

没有能力充分展现某种东西①。考虑过这个问题后,我们可以接下来获得一个较为重要的结论:在一般情况下,discourse 的价值量越大也就越及物。所谓越及物,相对于现实世界,就是 discourse 越能细致、具体、大信息量地谈论已经发生的事情 A 或正在发生的事情 A,即使是对事情 A 进行春秋笔法式的谈论也概莫例外。相对于可能世界,所谓越及物,所谓价值量越大,意味着 discourse 越能贴切、具体地谈论我们的愿望,越能细致、富有煽动力地谈论我们愿望中特别希望发生的事情 B,以便抵御现实世界上那些太不合人意的事情 A(比如老光棍深夜空守孤床),或赞美现实世界上那些太合人意的事情 A(比如在杨朔同志眼里,"三年自然灾害"前后的人民群众正过着不可思议的幸福生活)。但"价值量越大就越及物",并不意味着越能真实地谈论已经发生或正在发生的事情 A。及物性并不必然意味着真实性。福柯就以他特有的陈述方式和揶揄语调,专门否认过语言具有再现事物秩序的能力。福柯通过对具体事情的谈论与论述,坚定地认为:根本的文化"不适"并不是语言本身而是再现的使命,即数千年来人们自不量力地赋予语言以一种它永远难以企及的透明度。② 必须要感谢福柯和他的洞见,因为他(它)揭示了词与物之间的关系中较为含混的一面,坚定不移地表明了"词"不能完全清晰地"谈论"事物。福柯的洞见也把我们面对的情况给摆明了:相对于条件性动作,价值量永远不可能得到满分,及物性永远只是语言中的近似性;胡塞尔所谓的全面切中或许从来都是一个难以抵达的乌托邦。这一局面的由来,按照我们的话说,完全是由"事情是事情,语言是语言"这个最为根本的原因导致出来的,正如同"桥归

---

① 列奥·施特劳斯在《一种被遗忘的写作方式》一文中,提出过在同一个西方古典文本中同时存在着所谓的"俗白教导"(the exoteric teaching)和隐讳教导(the esoteric teaching)的观点。按照施特劳斯的意见,前者是对社会有用的教导,后者则是政治上有忌讳而不宜直言的真正的教导[参阅甘阳为施特劳斯《自然权利与历史》一书的中译本写的长篇序言,(德)列奥·施特劳斯《自然权利与历史》,彭刚等译,三联书店,2003 年,第 62 页]。将施特劳斯的划分和中国的春秋笔法相对照,或许会有有趣的结果。

② 参阅[法]福柯《词与物》,莫伟民译,上海三联书店,2001 年。

桥,路归路"一般。

依照 discourse 本身所拥有的强硬逻辑,依照 discourse 被分层处理时已经暗示出的生产程序,我们大致上可以获知:条件性动作必须首先进入谈论,条件性动作必须首先凝结在谈论中从而成为 discourse 的价值(它的表现形式就是经验事实或可能事实);只有凝结了一定量值的条件性动作,并且条件性动作与言语打成一片、抱成一团因而具有一定的价值量,谈论才是及物的。哪怕只有极少量的条件性动作存在于谈论之中、被置入谈论之中,也能保证谈论相对于事情 A 或来自事情 A 的愿望还不至于彻底堕落为纯粹的胡说八道,尤其是能让我们免除来自语义空转的语言纵欲术带来的骚扰,附带还能令我们稍微老实一些——即使是吴清娃在法庭上对他的罪恶的否认,也是对那件犯罪事情的否认,并没有飞升到形而上学的高度。因此,在暂时不考虑完成性动作对 discourse 的影响的前提下,仅仅从条件性动作着眼,我们还可以获得一个渺小的结论:有且只有具备一定价值量的谈论,才能为其后的论述提供可靠或较为可靠的基础,才能保证论述不那么离谱,也才能使论述免于空洞无物、言不及义、迂远高阔的命运。无论是对现实世界的论述,还是通过可能事实对愿望的再度论述,情况都是这样:吴清娃经由否认犯罪事实论证自己无辜,杨朔虚构蜜蜂的大公无私,论证社会主义建设新人的品德高尚,尽管不能得出真实的结论,但它们都是及物的结论。

对于现实世界,价值量的存在,保证了论述的对象始终是正在发生或已经发生了的事情 A;对于可能世界,只要价值量不为零,就意味着愿望在肉身化为事情 B 的过程中,得到了动作化的谈论,可能世界上对愿望的再度论述也才可能是有效的论述。作为参照,维柯的论点有必要在这里被我们重新提起。维柯说,人们学会的最初的"科学"是神话学或者对寓言的解释,因为任何民族的历史都肇始于寓言。[①] 考诸维柯的叙述,除了寓言、神话对现实世界的解释功能外,恐怕存在于叙

---

① 参阅[意]维柯《新科学》,朱光潜译,人民文学出版社,1986 年,第 43～44 页。

事化的寓言和神话之中最重要的东西，不过是对愿望的谈论；维柯所谓神话学、对寓言的解释，也不过是寄存在神话、寓言中的事情 B 被再度论述。马克思有一句经典名言：神话就是借助想象力征服自然。即使不考虑事情 B 中包纳的动作／行为与催生愿望的事情 A 中包纳的动作／行为之间的亲缘关系，也不影响我们的上述结论；如果考虑到它们之间的亲缘关系（即可能世界在条件性动作来源上的**间接性**），无疑更能加固我们的结论。

只要是论述，就必须负责提供结论性命题。这谁都知道。无论是对现实世界的论述、对愿望的再度论述，还是存在于可能世界上的论述，都要负责提供结论性命题。无论结论性命题来自何方，只要结论性命题中包纳了一定程度的价值量，凝结了一定量值的条件性动作，价值也就以各种可能的"变脸"存在于结论性命题之中。任何一个结论性命题最终都是对条件性动作及其效果的论述。只有建立在价值基础上的结论性命题才可能成为及物的命题：相对于现实世界，它是真实可靠或较为真实可靠的，马克思对劳动和剥削的精辟考察，就是绝好例证；相对于可能世界，我们的愿望才可能是感人的或较为感人的——窦娥冤死后，酷暑之中居然如窦娥所愿的天降大雪以昭其冤，同样是好例证。因为价值具有如此这般的及物性，建立在价值基础上的结论性命题才有可能被某种权力出于某种目的挑中、录取，从而按照双重循环规定的思维线路，成为饱具权力色彩的话语定式。尽管秉承着双重循环与目的无意识对 discourse 的教导，这个过程当中隐藏着严重的循环，但如此这般的循环并不是通常意义上的同义反复，因为这种循环的结果总是、也总能提供一些更新的东西。①

无论哪种含义层次的 discourse，无论哪一个 discourse，都会通过叙事性谈论初始性地凝结一定量值的条件性动作，从而成为含有一定

---

① 这个问题至关重要，本书第六章、第七章将有详细论述，也是我们最终解决双重循环的根本途径。这里只预先点明一点：双重循环昭示的是 discourse 与动作／行为（或事情）相互造就的过程，是一个扩大再生产的过程，这就是我们所谓"循环的结果总是、也总能提供一些更新的东西"的真实意思。

价值量的 discourse,但这并不意味着每一种 discourse 都能对事情 A 做出绝对真实的谈论。尽管可能世界上各种 discourse 相对于愿望必然为真——这无疑是**自证式检验法**的明确后果——但如果集结论性命题和半个经验事实于一体的愿望相对于事情 A 本身就是一种**虚假的愿望**,那么,可能世界上的各种 discourse 也必然会歪曲现实世界,也会对事情 A 做出错误的判断。可以想见,由此而来的论述的真实性,相对于现实世界肯定就更成问题。也就是说,在这个过程中,在理想主义的前提下,价值可以是中性的,也可能是中性的,但始终有一种看不见的力量不允许它呈中性。产生这一结局的原因,就在于得到过目的无意识高度首肯的完成性动作的必然加入。

条件性动作和完成性动作是 discourse 赖以为生的双重动作基础。对于 discourse 来说,完成性动作不具有价值,也不具有任何价值量。对于一个特定的 discourse,生产这个 discourse 的完成性动作肯定不是被谈论、被论述、被凝结的动作,而是用于凝结条件性动作的动作。它是加工产品的机器,而不是构成产品的原料。但这丝毫不说明完成性动作的次要性。恰恰相反,对于 discourse 的生产过程,完成性动作自始至终具有极其巨大的作用:有且只有完成性动作才能按照某种目的无意识的指引决定 discourse 的价值走向;有且只有完成性动作才能决定 discourse 凝结哪种条件性动作、怎样凝结哪种条件性动作、用哪种谈论方式初始性地凝结哪种条件性动作,从而成为 discourse 的这种性质的而不是那种性质的初始性价值。对于一个正常人,可以想见,在正常情况下,绝不会将完成性动作的目的性自动缩减为零,哪怕他根本就没有明确意识到目的无意识自始至终对他的高度掌控,一如耶稣被钉在十字架上时劝慰他的门徒所说:原谅那些刽子手,他们做了什么,他们不知道。但这或许更能说明问题。因此,在完成性动作的操持下,各种性质的 discourse 中看似呈中性状态的价值都得到了扭曲,它的中性状态都遭到了破坏,从而具有或淡或浓、或隐或显的**意义倾向性**。事情 A 在谈论中成为经验事实后,已经得到一定程度的修改,也必然要遭到修改;愿望得之于事情 A,作为半个经验事实与结论性命题的统一体,愿望早已修改了自在、自为的事情 A,由愿望推演而来的事情 B(或可能事实)更是对事情 A 的故意颠倒、有意变形。对于这个重大的问题,我们可以花开两朵,各表一枝。

先说现实世界。事情 A 在事情的水平上永远都是真实的、中性的,不存在意义倾向性——但这样说,并不表明属人的事情在被生产的过程中,居然没有得到目的无意识的修理、打整和归置,而是说,只要属人的事情一旦被建立起来、被生产出来,就事情本身的水平来看,我们完全可以暂时切断它和目的无意识之间的所有瓜葛。然而,在目的性极为嚣张、至为跋扈的完成性动作的参与下,现实世界上一切可以被凝结的动作／行为从被凝结在谈论之中的一刹那开始,所形成的价值就绝不会是中性的。因为生产 discourse 的目的无意识在此发挥了重大作用。尽管在生产 discourse 的**这个**目的无意识和生产了可用于吸纳的条件性动作的**那个**目的无意识之间,有着或隐或显、或浓或淡的联系,但**这个**目的无意识和**那个**目的无意识之间究竟有何种形式的具体联系,得视具体情况而定。在此,不妨引述法国作家莫里斯·布朗肖(Maurice Blanchot)略带诗意的叙说来为我们壮胆,因为布朗肖先生真地把问题给我们摆明了:

> 有时,握笔的人,即使他非常想放下笔来,而他的手却不松开:相反,这只手握得更紧而不放开。另一只手正在更成功地介入进来,但是,人们看到那只可说是有毛病的手在慢慢地勾画着,设法赶上那正在远去的东西。奇怪的是这动作十分缓慢。这只手在一段几乎非人的时间里活动,这时间并不是行动可行的时间,也不是希望的时间,而更多的是时间的影子,这只手本身是那只正在不规则地移向成为自己影子的那东西的手。这只手,在某些时光,感到一种强烈的抓的需要:它应当拿起笔,必须这样做,这是命令,是不可违抗的要求。这种现象名为"惩治式握笔"。[①]

[①] [法]莫里斯·布朗肖:《文学空间》,顾嘉琛译,商务印书馆,2003 年,第 6 页。

无论布朗肖接下来想怎样论述"惩治式握笔",我们都可以将"惩治式握笔"理解为完成性动作始终在受到某种话语定式的控制,始终心悦诚服地听命于以话语定式为存在方式的意识形态,因而在生产 discourse 的过程中,完成性动作始终能给价值以鲜明的目的性和意义倾向性。依据完成性动作强烈的目的性以及这种目的性具有的强烈欲望,依照说与写由此拥有的固有禀性,条件性动作必定是以被选择的身份、宫女的身份,才能进入谈论性的语言空间。完成性动作对条件性动作的选择是全方位的,也是精心考量过的:条件性动作的每一个侧面、每一种成色以及每一个侧面和每一种成色的效果,都在被选择之列。在这种严格的挑选下,条件性动作从来都无法按照自己的本来面目整体地、全方位地、赤身裸体地进入语言空间,从而凝结成 discourse 的中性价值。正是在这里,我们再一次遇上了双重循环所形成的雾气。它降低了小木船的能见度,窃取了"贝格尔号"的视力。

现在,我们可以"花开两朵各表一枝"地说到可能世界了:可能世界是愿望被再度语言化的结果;可能世界上的条件性动作(即事情 B 中包纳的动作,亦即构成可能事实的动作)与 discourse 同时产生,尽管它与生产出愿望的动作／行为关系密切。由于作为结论性命题与半个经验事实之统一体的愿望是非中性的,与 discourse 一同被生产出来的条件性动作也必然是非中性的;再加上完成性动作的非中性,可能世界上的 discourse 中所凝结的价值就更是非中性的了,在此基础上生产出的结论性命题当然更可以想见。

接下来我们可以将"两朵"分开的"花"合为一朵:即使是在看似最及物的 discourse 中,其价值也始终是非中性的;即使是在看似最客观的数学大家族中,据戴维斯(Philip J. Davis)和赫斯(Reuben Hersh)的善意揭发,也存在着一种叫做**措辞数学**一类的东西,其目的就在于通过各种言语手段说服其他人相信数学运算得出的结论。① 如果纯粹理智和形式化的数学真如戴维斯等人保证的那样,我们就可以放心大胆地

---

① 参阅[美]戴维斯等《措辞与数学》,[美]麦克洛斯基(D. Mc Closkey)等:《社会科学的措辞》,许宝强译,三联书店,2000 年,第 56~77 页。

说，价值的非中性的含义之一就是它的非客观性、非真实性。客观性、真实性或许从来都是一个乌托邦。而完成性动作一旦和权力挂钩，目的性将会更加嚣张、更加亢奋，discourse 的价值也将更有可能偏离中性，更有可能走上一条不归之路。各种型号的彼岸承诺，各种嘴脸的历史目的论，无疑是上佳例证。

第三节　价值的民族性、历史性，语境

作为完成性动作的具体形式，作为人类的**认知原型**，7 种谈论方式能将人世间所有可以想见的条件性动作一股脑儿转化为对 discourse 有利、有用即饱具目的性的动作／行为，也能秉承目的无意识的教诲，将一切属人的愿望（像法西斯或路易十六修理他的人民群众那样），肉身化为对 discourse 有利、有用即饱具目的性的动作／行为。与此同时，7 种谈论方式会按照预设的目的，将一切可以想见的动作／行为凝结为价值，并以经验事实或可能事实为形式，赋予价值以鲜明的**意义倾向性**。在此过程中，对于 discourse 来说，一切条件性动作和一切属人的愿望是否具有民族性和历史性，或许不那么重要，因为它只是任由完成性动作宰割的羔羊。但这绝不是说条件性动作居然不具备民族性和历史性[①]，也绝不是说一切属人的愿望居然没有被特定的民族性和历史性所包裹[②]。感谢维柯，他的描述完全能替我们摆平这个问题。据他记载，古埃及人因为过分讨厌希腊人，以至于禁止使用希腊制造的

[①]　张隆溪先生认为，我们似乎不应该太强调文化的民族性，而要强调不同民族的文化在本质上有着同构性（参阅张隆溪《走出文化的封闭圈》，三联书店，2004 年，第 2～17 页）。张先生的看法十分精辟，但我们仍然可以说，所谓的同构要想成立，首先得承认不同构；而且正因为是不同的，人们才开始寻找相同的。

[②]　实际上大多数人都持这种观点。张隆溪先生曾经引述过巴克（David D. Buck）的话，大意是，不同的语言文化之间不存在任何概念上的工具，可以用不同人都能接受的方式理解和解释人之行为和意（参阅张隆溪《走出文化的封闭圈》，三联书店，2004 年，第 3 页）。当然，张先生并不同意这样的看法。

第四章　discourse 的价值和价值量　　　　　　　　　　　　　　179

壶、铲和刀,甚至不准本族人饱飨希腊刀切出的肉①。同样性质的情形,几乎存在于人类一切时间段落的一切民族之中②。人类学在这方面早已为我们提供了大量的证据③。作为"不准本族人饱飨希腊刀切出的肉"的变种,最早出使西洋的中国人之一张德彝无疑是个好标本。此人于同治八年六月十七日不幸在巴黎堕马受伤。虽然同是堕马,但张德彝受伤和巴黎人堕马受伤在性质上似乎完全不同。且听张德彝从"灵魂深处"闹出的"革命":

　　堕马一事,可为前车之鉴:一为双亲在堂,不保身体者鉴;一为客游在外,不慎起居者鉴;一为少不更事,任性妄为者鉴。若能邀天之福,不药有喜,是以祖宗积德之所致也。④

　　属人的条件性动作具有民族性和历史性,非人的动作／行为也同样如此,只不过显得较为隐蔽。我们完全可以说,冰河时期的地壳变动和中生代时期的地壳变动就可能互不相同;具有黄河特色的大决堤根本不会发生在美国的密西根,黄河水灾生产出的事情肯定与密西西比河水灾生产出的事情不一样,这些事情对人的影响从而造成的属人的事情肯定更不相同。

　　与条件性动作的特性相似,完成性动作天然具有强烈的民族性和

―――――――
　①　参阅[意]维柯《新科学》,朱光潜译,人民文学出版社,1986年,第67页。
　②　意大利符号学家、小说家艾柯在其大著《傅柯摆》中有过非常好的描写,不妨罗列在此。艾柯的一个主人公对另一个主人公说:"圣经必须在一间窄巷陋室里日复一日地念诵,在那里你学习倾身向前,使两臂紧靠在身侧,那样你拿圣经的手和翻者书页的手之间的距离才可以尽量缩小。如果你想舔湿手指,那你必须将指头垂直地举到唇边,仿佛是在咬不发酵的硬面包那样,而且不能掉下面包屑;一个字一个字慢慢地咀嚼,先在舌头上融化之后,才能吸收、重组。而且小心别把口水淌到你的长衣上。"[(意)艾柯:《傅科摆》,谢瑶玲译,作家出版社,2003年,第38页]
　③　参阅[法]列维-斯特劳斯《忧郁的热带》,王志明译,三联书店,2000年。
　④　张德彝:《航海述奇·欧美环游记》,钟叔河主编"走向世界丛书",岳麓书社,1985年,第799~800页。

历史性;和条件性动作是否具有民族性和历史性对 discourse 的价值影响不大截然相反,完成性动作的民族性和历史性对 discourse、discourse 的价值有着致命的重要性。因为任何一个完成性动作都是绝对属人的有目的性的动作,而人是民族的、历史的,从来都要受制于从民族性和历史性那里获得的、具有鲜明特色的目的无意识。福山虽然从制度分析的角度出人意料地认为历史已经终结①,但他却没有足够的本事终结如下事实,哪怕只是在逻辑推理的层面上终结如下事实:即使历史在福山先生那里已经终结(end),但每一个时间段里的社会内容却依然具有特殊性,这种特殊性构成了这个时间段落里社会内容是其所是的基本纹理,根本不为其他时间段落所完全分享;与此同时,生活在这个时间段落的人照样无法超越他们存身的时空。很容易想见,所有完成性动作的目的性,都完好地体现在、落实在 discourse 所拥有的民族性和历史性上。民族性和历史性是我们摆脱不了的宿命。在此,维柯又一次为我们提供了一个较有意思和较有说服力的例证。关于远古时期的迦勒底人的某些习俗,维柯这样写道:

> 他们先是些个人,接着是些整个家族,后来成了整个民族,最后才成了一个大国,其中建立了亚述君主专政国。他们的智慧先是在凡俗占卜,凭占卜他们从夜里落星的路径来预测未来,后来才有法学的星象学。因此,在拉丁人中间一个法学的星象学家就还叫做一个迦勒底人。②

毫无疑问,当 7 种谈论原初事实的方式将条件性动作一股脑儿修改为对 discourse 有利、有用即饱具目的性的动作／行为,并凝结为 discourse 的价值时,早已将民族性、历史性赋予了价值本身;如果再把话语定式、意识形态以及由此内化而成的目的无意识考虑进去,民族性、历史性或许就更是价值的题中应有之义了。这就是价值的意义倾

---

① 参阅 Fukuyama, *The End of History and the Last Man*, Free, 1992.
② [意]维柯:《新科学》,朱光潜译,人民文学出版社,1986 年,第 49 页。

向性。此中情形,诚如弗洛里安·兹纳涅茨基(Florian Znaniecki)所说,所谓"社会中人",完全可以用"社会行动"、"社会关系"、"社会群体"和"社会人格"中的任何一项来描述;只要我们说到"社会",就肯定和民族性、历史／时代性有脱不掉的干系。价值的非中性不仅体现在非客观性和非真实性上,也体现在民族性和历史性当中。历史性、民族性本身就意味着非客观性、非真实性。世情、民情、世风、风土或孟德斯鸠所谓的"总精神",自有它们的逻辑,自有它们的力量。更为重要的是,价值的非客观性、非真实性的来源之一,就是完成性动作的历史性和民族性。民族性和历史性始终具有与自身相符的、在别的民族和别的时代看来难以理解的偏好——但愿反对符合论的罗蒂、哈贝马斯对此不会怀有异议。很可能就是在这个较为坚实的立足点上,马克思才意味深长地说:"通过传统和教育承受了这些情感和观点的个人,会以为这些情感和观点就是他的行为的真实动机和出发点。"①

福山的历史终结论确实符合某些全球化鼓吹者的口味,更投合了世界警察美帝国主义满口丛生的味蕾②。这伙人在或隐或显的维度上,始终和福山的论调在同一个振幅上共用同一颗心脏。据这一派人士的观点,随着全球化的脚步越踏越激昂,随着全球化观念愈来愈深入人心(?),一切地方性的东西,当然也包括事情 A 以及事情 A 导出的其他东西比如愿望,比如由愿望导出的可能事实或事情 B,都将被国际化,都将丧失历史性与民族特色;一切地方性的物件、事情,都将变成某种可名之为互相普遍主义(reciprocal universalism)一类的东西。尽管这伙有着浓厚大同主义理想的同志们的超级愿望值得我等首肯,但他们在理论操作中,却令人遗憾地遇到了一个莫大的悖论:越是全球化,人们似乎越是重视自己的身份,所谓的认同问题越加严重。近年来兴盛起来的身份理论、角色理论和认同理论,不偏不倚也不多不少,正是

---

① 《马克思恩格斯选集》第一卷,人民出版社,1972 年,第 629 页。
② 在德里克(A. Dirlik)看来,全球化来源于资本主义的经济扩张,资本极其愿意通过自身的膨胀走向世界,并将所有民族所有区域都拉入到资本的运作上来〔参阅(美)德里克《后革命氛围》,王宁译,中国社会科学出版社,1999 年,第 6～10 页〕。

全球化的产物①。赵汀阳经过严密的哲学分析后得到了一个几乎是不可辨驳的结论:"所有文化和知识体系就其思想内容来说都是能够被普遍理解的,但是在价值观上却无法互相认同。"②除了赵先生提供的那些未被我们提及却颇有说服力的证据,产生这一结局的其他原因或许是:作为一种文化遗传,与历史性、民族性始终紧密相关的目的无意识有着难以更动的遗传密码;民族性、历史性始终在制约我们的言语实践。通过目的无意识,它始终在规定我们用谈论吸纳条件性动作的具体方式,始终在赋予价值以意义上的倾向性。情况究竟是不是这样,我认为完全没有必要请示福山暗中拜服的美国参议院,也不用请示我们的党中央。

　　7种谈论方式遵从 discourse 自身的目的,分别按一定的比例互相搭配,以类似于**股份制**的方式进入一场特定的谈话或一个具体的文本。无论是以谈论还是论述的方式,都注定会形成一个或一系列几乎无所不包的语境(context)。所谓语境,必须依靠以经验事实或可能事实为存在形式的价值才能建立起来。没有价值,或不含一定量值的价值,所谓单独存在的语境、所谓泛形式主义意义上独立自治的语境,马上会树倒猢狲散。考虑到价值本身所拥有的民族性和历史性,我们完全有理由说:任何一个或一系列语境都必然具有民族性和历史性。民族性和历史性是语境无法逃避的命运。

　　因为语境一词和"贝格尔号"其后的航行关系密切,此处十分愿意依据一些极为平常、极具大路货性质的材料,对语境做一点尽人皆知的辨析。众所周知,关于语境,若干年来,语言学、逻辑学、语义学、语用学等诸多专门学科都有过详细陈述③。尽管各家各派对语境的内涵和专有功能存在着不少争议,但如下论点大致上能够得到公认:语境首先指称文本中的上下文关系;如果丧失了这种上下文关系,一个单独的句子

---

　　① 参阅[波]齐格蒙特·鲍曼(Zygmunt Bauman)《全球化——人类的后果》,郭国良等译,商务印书馆,2001年,第53~65页。
　　② 赵汀阳:《没有世界观的世界》,中国人民大学出版社,2004年,第69页。
　　③ 参阅王建平《语境研究的历史与现状》,[日]西槇光正编《语境研究论文集》,北京语言学院出版社,1992年,第6~25页。

第四章　discourse 的价值和价值量

马上就会陷入孤立无援的境地，不大可能得到正确和有效的理解。英国语言学家弗斯（Firth）适时地强调，不仅一个句子的上句或下句，不仅一段话的上段或下段是 context，而且文本或谈话与社会环境之间的关系也是 context。弗斯把前者唤为由**语言因素构成的上下文**，把后者称为**情景的上下文**。① 弗斯煞费苦心地为 context 增加情景的上下文这一内涵，大概是为了更好地研究语用学，但弗斯的论点对"贝格尔号"却大为管用。

　　稍有眼力的人都看得出来，语境一词在人文社会学科中的使用越来越广泛；除了泛形式主义各家各派之外，在诸如新历史主义、女权主义、后殖民主义、东方主义等左派理论群落中，语境一词基本上都落实在情景的上下文这个含义层次，只不过它们将这个含义层次的规模和使用范围扩大化了②。诸如新历史主义一类旨在社会批判的左派理论，或许是为了反对泛形式主义对纯洁性的近乎洁癖般的追求，有意在情景的上下文这个层面上使用语境，以求为自身的理论建设注入写在纸面上的历史、社会内容。很明显，弗斯的情景的上下文在此过程中得到了大幅度的修改，已经不再是一个纯粹的语言学概念，甚至根本就不再是语言学概念。

　　我们的小木船在使用**语境**一词时，也将始终建基于**情景的上下文**这个含义层次。恕我们自卖自夸，我们的语境又比弗斯的"情景的上下文"复杂得多：在"贝格尔号"的船长室中，语境首先要和生产 discourse 的动作双重性紧密联系起来，才能为语境寻找到坚实的立足点；其次，语境必须要和目的无意识、双重循环联系起来，才能使语境更有涵盖面、包容性和解释能力。只要我们一说到语境，必将和 discourse 有关，必将和 discourse 的价值有关，也必将和 discourse 的生产过程有关。语境不仅是由一组、一类相关的 discourse 组建起来的语言景观，它本

---

　　① 参阅王建平《语境研究的历史与现状》，[日]西槇光正编《语境研究论文集》，北京语言学院出版社，1992 年，第 7 页。

　　② 事实上，这也必然是经过改造的情景上下文，毕竟弗斯提出这个概念的目的是为了研究语言学。实际上，弗斯的情景的上下文带有强烈的语言学色彩。但至少，弗斯为后来的社会人文理论提供了有效的提醒或提示。

身也将制约 discourse 的生产,同时还要受制于 discourse 的生产。就是在这个意义上,一切语境都必然和民族性、历史性抱成一团;语境最重大的含义之一,就是必须和民族性、历史性拥有某种特定的上下文关系。民族性、历史性是语境无法逃避的宿命。语境既是历史性、民族性在 discourse 之中的体现,也参与了对民族性、历史性的生产与建设。

一切型号的泛形式主义理论都过度强调文本的内部结构,几乎完全放弃了价值所拥有的民族性和历史性,放弃了经验事实或可能事实所拥有的民族性与历史性,当然也放弃了语境所拥有的民族性和历史性特征;所谓的结构因此被认为是共时性的,被认为是中性的或接近中性的。普洛普研究俄国民间故事的形态,托多洛夫研究《十日谈》中诸故事的"语法",基本上都采用了这一立场①。在泛形式主义看来,结构跟 discourse 的价值及其意义倾向性拉不上关系,当然也就跟我们此处所说的语境攀不上亲戚。实在有必要高度赞扬泛形式主义在人类认知史上的伟大功劳,但过分强调结构的共时性和中性,从逻辑上讲,从实践上讲,势必一叶障目,势必截断结构和价值之间的联系;而截断结构和价值的联系,势必会让结构处在一种孤立无援的境地,结构对世界的解释力度也就要大打折扣。泛形式主义者显然有意忘记了,没有任何一个人造的结构就其生产机制来讲,能够完全摆脱历史性(即时代性)与民族性——除非他们胆敢宣称说和写是超时空、超民族的,除非他们能够毫无顾忌地宣称,他们天天寄存其中的给定的语境空间是中性的。②

---

① 参阅[英]特伦斯·霍克斯(T. Hawkes)《结构主义与符号学》,瞿铁鹏译,上海译文出版社,1987年,第58~107页。

② 比如波伏娃(Simone Beauvoir)就对斯特劳斯的结构人类学提出了尖锐的批评。波伏娃认为,斯特劳斯根本不知道结构究竟来自何处,尽管他已经那么精彩地描述了结构的逻辑[参阅(法)弗朗索瓦·多斯《从结构到解构:法国20世纪思想主潮》上卷,季广茂译,中央编译出版社,2004年,第33页];克洛德·勒福尔(Glaude Lefort)也对斯特劳斯的结构主义持不信任的态度:"我们会责怪斯特劳斯先生,因为他看到的只是规则,而不是社会中的行为。"[参阅(法)弗朗索瓦·多斯《从结构到解构:法国20世纪思想主潮》上卷,季广茂译,中央编译出版社,2004年,第34页]

第四章　discourse 的价值和价值量

　　福柯看到了话语结构的非共时性与非连续性,也就算是有限度地承认了结构的历史性。令人遗憾的是,福柯仍然是在共时性的平台上处理他醉心的问题,只是这种共时性来得十分隐蔽:他只是简单地将历史演变当成了诸多话语定式之间的相互更替,而且是截然断裂式的更替;简单地将历史变迁当成了诸多语境构造之间的相互更迭,当然也是呈截然断裂事态的更迭。① 这在福柯的专著《词与物》中有再明显不过的表现。新历史主义非常强调文本间性(intertextuality),强调理解一个文本必须要理解与之相关的文本总体,这其实意味着,新历史主义颇为有限地承认语境的历史性与民族性以及在语境中包纳的复杂的社会、历史内容。但无论是福柯还是新历史主义,种种迹象表明,他(它)们的逻辑起点都建立在已经凝结而成的价值的基础上,而不是活生生的条件性动作;他(它)们的研究重心和研究对象,几乎都是给定的论述或给定的谈论(即完成性动作)。正是这一致命的、泼脏水故意倒掉孩子的理论思路,使他(它)们的结论越来越偏离 discourse 的价值,偏离 discourse 赖以为生的条件性动作,也使他(它)们最终是在最为抽象的层次上使用语境这个概念,虽然从表面上看过去也算有声有色,甚至还有些声色犬马的阵仗。② 诸如此类的思想家们的诸多努力,不仅促成了话语拜物教的成立,也在这个过程中顺便把自己弄成了话语拜物教的信徒。他们用实际行动,用他们的言语实践,始终在向那个抽象的祭坛叩拜、鞠躬和山呼万岁。福柯就说过,他感兴趣的从来都不是事实,而是对事情的各种陈述方式(即本书所谓的完成性动作以及框架完成性动作的语义空间)。因此,从逻辑上讲,他(它)们的民族性和历史性只能是价值的历史性和民族性的投影、反光甚或尸首。价值,由活生生的条件性动作经由 7 种谈论方式转化而来的价值,那些由经验事实或

---

　　① 参阅[澳]J.丹纳赫等《理解福柯》,刘瑾译,百花文艺出版社,2002 年,第 22 页。

　　② 这里有一点必须要指出。很明显,福柯以及福柯之后兴盛起来的新历史主义等理论,最多只是将生产给定文本的完成性动作当成了条件性动作,从而凝结为它们的 discourse 的"价值"。但这种性质的价值显然最多只是我们所说的初始性价值的投影,有点类似于柏拉图说所谓文学,不过就是对理念的模仿的模仿而已。

可能事实充当自己存在形式的初始性价值,始终是他(它)们的理论盲点。他(它)们秉承着泛形式主义的教诲,秉承着泛形式主义塞壬般的召唤,无暇也无兴趣思考如下问题:所有的文本都必然是、只能是完成性动作的结果,所有的文本都必须建立在对条件性动作的语言性吸纳上。这一致命的失误和失察,使得新历史主义等理论已经深陷语义空转的境地而无力自拔甚或尚不自知,已经深陷于具有形而上学性质的语境网络,尽管他(它)们始终以反对任何型号的形而上学自慰、自豪、自得和自况。

梅里美(P. Merimee)告诫过我们:剩下的问题是要知道我们是不是比我们的祖先更有意义,而这个问题是不容易解决的①。仿照梅里美的句式,航行至此,"贝格尔号"也可以贡献一个疑问:放弃了作为基础的条件性动作,却又大肆论述一切的鸿篇巨制,是不是真的比原始部落中的初民面对自然、面对活生生的事情说出的话更有意义、更有"价值"、更有效或者更真实?放弃了动作的双重性,拜倒在话语拜物教那近乎虚拟的石榴裙下,是不是更能让我们真实地认识世界?小木船"贝格尔号"收集到的诸多博物学化石可以作证:这个问题同样是不容易回答的。

---

① [法]梅里美:《查理第九时代的轶事》,林山译,人民文学出版社,1958年,第2页。

第五章　discourse 的交换价值与剩余价值

> 月是何色？水是何味？无触之风何声？既炉之香何气？独坐息庵下，默然念之，觉胸中活活欲舞而不能言者，是何解？
> ——张大复：《梅花草堂笔谈》

第一节　discourse 的生产与交流

依据人类在言说与书写方面自始至终拥有的目的性，3种含义层次的 discourse、所有形式的 discourse 被生产出来，肯定是为了交流——在人类历史上，除了"无书"的杨朱和为换取出关通行证才被迫作文的老聃制造出的几件标本性事例外，恐怕没有哪一本在无可奈何时才号称"藏之深山"的著述不是为了"传之后世"。害怕孤独而渴望理解，为分享发现之乐、抒情之乐、理智之乐而渴求知音，或许正是人类之为人类最大的天性之一。《诗经》所谓"嘤其鸣矣，求其友声"，正直白地道出这层意思；刘勰也讲得相当漂亮："知音其难哉！音实难知，知实难逢，千载其一乎。"①但一如诸多事情 A 早已证实的那样，任何形式的交流都得有一个可以用于交流的场域、可以用于"求其友声"的平台。

---

① 梁·刘勰：《文心雕龙·知音》。

在此，我们不妨借用经济学术语，径直称这种性质的场域为 **discourse 的流通领域** 或 **discourse 市场**（简称**流通领域**或**话语市场**）。

所有被生产出来的 discourse，无论它是 3 种含义层次中哪种含义层次上的，无论它是关于现实世界的还是关于愿望的（关于愿望最终也是关于现实世界），都得相逢、集中、聚首在这个看似无形实则从来都不曾闭眼休息的场域，以便相互交流、相互识别、相互认同甚或相互拒斥、相互拆台①，并最终组成一个无边无际的巨大网络——即被泛形式主义或话语拜物教名之为语境网络的巨大场域。语境网络容纳了 discourse 的一切：它的身份、地位，它的生殖能力、阐释功能，它的才华、弱点，它的心跳、肠胃，它嫦娥般的面容或"凶神"般"恶煞"的嘴脸。流通领域有一个重大特征：它自始至终都是一个只对人有效的场域，只有人才能充当这个市场上的买主或售货员；在不少时刻，我们这些包纳了人的一切元素的两脚动物，始终是融生产商、销售商、消费者于一体的角色，宛若本雅明（W. Benjamin）说妓女是融商品和出纳于一体的尤物。一切非人的物种，都不可能成为这个市场上的主人；一切非人的物种，比如泰山、手机、狗、空气、电脑、《红楼梦》、卵细胞、电梯、啤酒，都不过是进入 discourse 并伴随 discourse 而在流通领域中用于交换的商

---

① 若干年前，鄙人对此也曾有过至为肤浅的议论："诺斯洛普·弗莱（Northrop Fry）曾经以为，语言有助于人与人之间的凝聚。弗莱的敏锐让我们明白，语言的首要目的是让人团结在一起，是为了爱，而不是为了仇恨。当一位诗人说：'我已经习惯热爱人类，只有爱才有可能磨损我'（庞培：《一场正在进行的谈话中的片段》）时，当另一位诗人正对着在许多人那里充满着敌意的生活说：'看啦！是我首先说出了你'（蓝蓝：《孩子中的孩子》）时，他（她）无疑说出了语言最隐秘的部分之一。但老练的弗莱在这里却显得过于天真了，他没有弄明白，更可能是不忍心相信，语言更有助于让人与人之间呈现出一种分离的关系。上帝让人类的语言千差万别，一向被看作是上帝对人类的惩罚，说明的不正是这个问题么？语言造就了赞美，但也同样造就了谣言、诽谤、中伤和这一切的总结性姿势——仇恨。语言演化而成的一个巨大事实是：它造就了一种叫做意识形态的东西，依靠它，人们有了各自的敌人和朋友；反过来，敌对双方互相实施语言暴力，更加促成了语言离间人类而不是凝聚人类的功能。这一庞大的事实被弗莱有意忘记了，但它却构成了我们观察人间生活事境的一个基本起点。"（敬文东：《指引与注视》，中国文史出版社，2001 年，第 264～265 页）上述言论或许可以为此作证。

品。甚至在绝大多数时刻,人也只是进入 discourse 并伴随 discourse 在这个广袤无边的市场上用于流通的物件①。如果再考虑到目的无意识对我们的言语实践始终具有规训作用,情形就更是如此。

张三打了人,王红怀孕了。作为事情 A 的承担者或建立者,此时此地的张三、王红从各种含义层次上,都必定仍然是血肉之躯,是一个仍然可以打人、依然可以怀孕的实物;但在话语市场上,那个名叫张三的实物性男人或名之为王红的肉体性女人,不过是用于交换的商品或物件——但男人张三、女人王红又绝不可能是结构主义所谓的符号,或仅仅是结构主义所谓的符号②。包括人在内的一切物——即陈嘉映先生所谓的**大名号**——所指代的那些实物,只有在这个市场上作为商品或物件进行流通和交换,才能成为可以被人理解、被人认识和被人把握的"物"。费希特(Johann Gottlieb Fichte)有一句众口相传的名言:"人只有在人群中才能成为人。"③让我对费先生这句常识般的名言刮目相看的理由是:现代语言哲学、人类学、心理学,也包括语言学,早已从各个可能的角度令人信服地证明:所谓在人群中,不过是处于**话语市场**中;所谓成为人,不过是让这个人处于**话语流通领域**之内④;"我"只有进入话语市场,只有成为这个市场上用于交流、交换的商品或物件,才可能融入所谓的社会大家庭,从而"成为"费希特意义上的那个"人"。

---

① 海德格尔说,语言是一种很奇特的礼物,是唯一特殊的礼物,因为它融送礼者和礼物于一体[参阅(德)海德格尔《在通向语言的途中》,孙周兴译,商务印书馆,1997 年]。而我们也可以说,在此过程中,人作为礼物的接受者,也必定会被作为礼物的语言所胁持。

② 结构主义或符号学仅仅将一切看成符号,然后在此基础上考察该符号的含义,这种含义只和结构相关,而结构则是符号与符号之间的关系组合[参阅(英)霍克斯(T. Hawkes)《结构主义和符号学》,瞿铁鹏译,上海译文出版社,1982 年,第 126~154 页]。但本书所谓的商品或物件是有其历史/社会内容及身份的。

③ Clifford Greertz 也有过上好的说法,称得上是费希特的知音:"人群有诞生日,但个人没有。"(Men have birthdays, but man dose not.)Clifford Greertz, *The Interperation of Cultures*, Basic books, NY, 1973, p47.

④ 关于这一点,至少可以参阅[美]米德(G. H. Mead)《心灵、自我与社会》,霍桂桓译,华夏出版社,1999 年。

赖希（W. Reich）曾经提出过一个十分有趣的概念名曰性格结构，也许可以为我们对费希特的名言所做的解说提供一些帮助。赖希认为，性格结构既是社会条件的沉淀物，又"以意识形态的形式再生产着社会的社会结构"①。而一说到生产或再生产，对于所谓的性格结构而言，无疑和 discourse 有关，和话语市场有关：我们之所以能像人一样生活在这个世界上，首先仰仗的就是语言，就是我们对具有原始自治能力的语言规则的自如运用，并以此去把握世界，无论所谓的把握世界最终被证明是荒唐的还是迹近于正确的。

李讷（Charles N. Li）从考古学、古生物学等"科学"的维度断言：语言是一种和交际有关的、属人的动作／行为催生出来的特殊物质②。鉴于李先生的旁征博引和思维上的缜密，我除了在原则上赞同这一假说色彩、猜想成分仍然十分浓厚的主张外，还想查漏补缺地追加一句：由交际行为产生的语言在相当大的程度上肯定是为了交流③；随着语言在时间长河中、在一代代语言使用者的言语实践中日益丰富、日益理性化，语言也是为了谈论交流、论述交流、直到在适当的时刻，**极端性**地确立起具有权威和权力色彩的模式性交流，即有关交流的话语定式④。这一层暂时没有必要深谈；小木船"贝格尔号"只希望从这个显而易见的维度，做出一个初步性的断言：所谓流通领域或话语市场，就是人仰仗语言能力生产出各种各样的 discourse，并将这些面貌迥异、但彼此之间又不无联系的 discourse 用于相互交流的那个巨大场域。

---

① 参阅［德］赖希《法西斯主义的群众心理学》，张峰译，重庆出版社，1990年，作者序第 2 页。

② 参阅李讷《人类进化中"缺失环节"和语言的起源》，《中国社会科学》2004年第 2 期，第 162～171 页。

③ 卢梭就认为，言语（speech）的最初发明应该归功于激情而不是需要。需要造就了第一句手语，激情道出了第一句言语［参阅（法）卢梭《论语言的起源》，洪涛译，上海人民出版社，2003 年，第 14～17 页］。

④ 《礼记》在这方面给我们作出了光辉的榜样。一整部《礼记》说的都是人应该如何行事才能算是在交际、交流场合适度和有理有节。实际上，所有法典、法律、规章制度都是对交流、交际的模式性规定，并具有强烈的权威性，因而是典型的话语定式。

第五章　discourse 的交换价值与剩余价值

　　和商品市场一样,话语市场要想存在,首先得有**话语(discourse)生产**。一切型号的话语生产都必然依赖如下条件:在完成性动作的帮助下,将各种各样和完成性动作相契合的条件性动作凝结在 discourse 之中。在这个过程中起关键作用的,从来都不是条件性动作。条件性动作只是一个给定的"事实",它只不过为 discourse 提供了得以出生和存在的必要条件;完成性动作在目的无意识的支配下,则具有超强的赋值能力,能给条件性动作赋予某种或某类性质的**意义倾向性**,从而修改了原初事实的自在性、自为性,让事情 A 扭曲、变形,并让事情 A(尤其是事情 A 中包纳的动作／行为),朝着完成性动作指引的方向游动、游弋甚或冒进,像一个偷偷摸摸而又胆大妄为的地下工作者,像一个挥舞着卡宾枪的党卫军战士。因此,无论是在现实世界上还是在可能世界中,discourse 的生产(即**话语生产**)最终将取决于人的目的或愿望。而人的目的或愿望,很明显,只能来源于双重循环的隐蔽教诲,来源于目的无意识对 discourse 无处不在的关照。①

　　在所有种类、所有型号的目的和愿望中,以意识形态的板正面孔为形式出现的目的和愿望最为有力,也最为极端、最为典型。按照葛斯(Raymond Guess)的看法,意识形态主要具有三种含义:一、描述性的意识形态;二、贬义即否定的意识形态;三、肯定意义的意识形态。② 和黑格尔、马克思和阿尔都塞等人比起来,葛斯的看法显然谈不上高明,但我赞同他暗示出的结论:意识形态并不天然就是"坏的"或天然就是"好的",正如我们的愿望一样。所谓意识形态"面孔板正",不过是说:

---

①　按照罗素的看法,舆论是万能的,其他一切权力形态皆导源于舆论,而且这个结论还很容易得到说明[参阅(英)罗素《权力论》,吴友三译,商务印书馆,1998 年,第 97 页]。而舆论,难道不正是意识形态的吗?在一般情况下,人有什么样的目的或愿望,就注定会有某种特定形式的、怀有某方面目的的说或写与之相呼应。语言的便捷、聪颖为此提供了莫大的方便。

②　转引自孟登迎《意识形态与主体建构》,中国社会科学出版社,2002 年,第 106 页。

任何意识形态在骨子里都是严肃的①；意识形态从来就没有幽默能力——它生产出的具有搞笑特性的事情是另一回事。马克思和阿尔都塞的著述近乎完美地表明了这一点。意识形态具有浓厚的历史性和民族性——按照意识形态的通常定义和内在音色，按照意识形态在动作／行为上的来源，民族性和历史性向来都是意识形态的根本内容或基本底色——它的头部与时代内容接壤②，尾部则和民族特性相勾结。阿尔都塞先生的断言即"意识形态没有自己的历史"③，显然是个要命的失误。就是在这个层面上，我们不难发现，完成性动作在凝结条件性动作借以形成 discourse 的过程中，不仅必然要扭曲条件性动作、改变条件性动作的性质并赋予条件性动作以意义倾向性，还要对条件性动作进行广泛地、细致地挑选。正是这一特征，彻底、干净而全面地暴露了说和写的权力性。作为这类情形的极端形式，从双重循环和目的无意识的角度看，权力无疑集中体现在意识形态上，体现在意识形态本有的民族性与历史性上。

在《话语的秩序》中，福柯说，在任何社会里，话语一旦产生，即刻就会受到若干程序的控制、筛选、组织和再分配，这些程序的作用，在于防范它的权力和危险，把握不可预料的事件。不管福柯接下来的论旨为何，就这几句自成系统的论述而言，福柯最多说对了一半。没有人比福柯更明白，不是 discourse "产生之后"才受到"控制"和"筛选"，而是在

---

① 参阅［俄］巴赫金《拉伯雷的创作与中世纪和文艺复兴时期的民间文化》，《巴赫金全集》第六卷，李兆林等译，河北教育出版社，1998年。

② 其实，如果从时代性的角度稍微详细分类，我们可以将动作/行为至少分为两类：古典性动作、现代性动作。古典性动作和现代性动作各有各的特点。比如西方意义上的现代性动作，按照查尔斯·泰勒（Charles Taylor）的看法，大致含义如下：我们的动作/行为模式不再立足于事物的秩序或上帝的意志或天理的安排，而一切取决于人的自由意志。也就是说，由人来安排自己的行动，由人来评价自己的行动并为自己许诺幸福。在这种情况下，现代性动作的必然结果就是"用美元来估算人命"［参阅（加）泰勒《现代性之隐忧》，程炼译，中央编译出版社，2001年］。

③ 参阅陈越编《哲学与政治：阿尔都塞读本》，吉林人民出版社，2003年，第349～352页。

说与写用张牙舞爪的姿势凝结条件性动作以形成 discourse 的初始性价值的当口,完成性动作已经先在地受到了意识形态的驱遣、支配和调控,已经预先受到了目的无意识不同程度地骚扰;"产生之后"受到"控制"和"筛选",只是再度的"控制"和"筛选"——尽管两次"控制"和"筛选"很可能有重合的部分。上述情形,恰如法兰西的天才少年兰波(Arthur Rimbaud)所吟诵的:"拿笔的手比扶犁的手强得多。——怎样一个手的时代啊!——我不会有属于我的手。……是谁把我的舌头弄得这般恶毒这般凶险,竟让它指引并监护我的怠惰以致到了这等地步?"①

"有客夜归迷旧路,隔村树黑远疑山。"②正是在这里,我们会发现完成性动作拥有一个重大特征,那就是陡然之间疑"树"为"山"般的即时性;不论有关现实世界的说、写,还是催生可能世界的说、写,只要这个文本一旦"写"成,这场谈话一旦"说"成,这个文本如何被"写"成、这场谈话如何被"说"成,亦即已经结束了的说与写,都将转化为现实世界上的条件性动作,都有可能被另一种完成性动作加以利用,从而成为另一个完成性动作构造另一个 discourse 能够借用的砖石、泥瓦。福柯的《词与物》在这方面又一次给我们留下了辉煌的物证。严格说起来,《词与物》就旨在通过检讨西方人在历史上是怎样说尤其是怎样写以及它们携带出来的效果,来清算西方历史的诸多问题。在福柯的完成性动作(即"写")中,曾经在西方历史上长期充任完成性动作的各种型号的"说"与"写",已经蜕变为现实世界上的条件性动作,因而可以得到他的谈论和论述。福柯在诸多著作中对诸多"话语"形式的精彩分析堪称上佳例证;福柯之后的诸多思想家基本上沿袭了这一辉煌而有用的思路。条件性动作和完成性动作相互转换的情形,完全可以用中国俗语"皇帝轮流做,明年到我家"来描写,也如同诗人卞之琳在《断章》中所云:"你站在桥上看风景,／看风景的人在楼上看你。"

因此,在**话语市场**上,初看起来流通的是已经成型的

---

① [法]兰波:《地狱一季》,王道乾译,花城出版社,2004年,第3～4页。
② 清·范笏溪:《赠欠山》。

discourse——一如福柯明确昭示的那样——实际上用于流通的,更有甚者,在暗中流通和在暗中鼓励、教唆、怂恿流通的,始终是条件性动作、完成性动作以及在大多数情况下蜕变为条件性动作的说与写。但这显然不是一般的、中性的说与写,而是获得过某种目的无意识之授权,因而具有浓厚意义倾向性的说与写。因此,伴随着各种性质的动作在话语市场上流通,各式各样的意识形态——比如早退要罚款五元、随地大小便要没收武器、反党反社会主义要砍去脑壳——也必然会来到流通领域。这差不多是说:在话语市场上,人与人之间的交流,归根到底是非中性的、有着程度不等的意识形态色彩的动作之间的交流,是完成性动作以及被完成性动作所凝结的一切可能的条件性动作之间的交流;也只有在这个意义上,费希特的名言"人只有在人群中才能成为人"才有着坚不可摧的基础。人的主观能动性仅仅体现在这一点上:人在看似主动交流对这些动作的看法。令我们的主观能动性倍感遗憾的是:这些看法本质上又来自对这些动作的权力性运用,来自对这些动作的意识形态化的实践。

结构拜物教教民洛特曼(J. Lotman)在古希腊人所谓的全盛期的某一天,颇为自信地认为,discourse 是生产意义的机器,不是传递关于某一个外在指涉物的信息的工具①。对于这种中规中矩的结构主义言论,依据上面的描叙,我们不妨这么看:从 discourse 表现出来的语言形式来说,洛特曼秉承索绪尔以来的通常看法并非毫无道理;从 discourse 的最终依傍、discourse 的本有特性以及 discourse 的生产过程来看,洛特曼的观点纯属臆断。梅洛-庞蒂曾经高度赞扬过马克思的一个著名观点:实践为意义的出源。尽管梅洛-庞蒂的赞扬十分精彩,我们仍然有必要补充一句:实践在马克思或马克思主义者那里首先或主要体现为劳动;而劳动,无论从哪个方面说,都只能是动作／行为意义上的劳动,只能是极具目的性的劳动。马克思在《1844 年经济学哲学手稿》中对此有过精彩的论说。实际上,无论是 discourse 的语句"意

---

① 参阅 J. Lotman, *The Structure of the Artistic Text*, Trans I. R. Vroom, Ann Arbor, Michigan, 1977, pp35~38.

义"(即结构主义的或泛形式主义维度上的意义),还是其他角度上的"意义",都是这种性质的劳动提供出来和创造出来的①。洛特曼的观点看似精辟,也确实道出了某方面的实情,但归根到底是一叶障目,不及其余;他的持论甚至有可能从根基上"根除"了意义的"出源"。他只看到浮出海面的冰盖,却完全忽略了埋在海平面之下更为巨大、更加重要的冰山。按照结构主义的一般观点,语词的意义据说是靠语词和语词之间的差异来获得的(此即索绪尔所谓语词之价值的出源)。在面对语言的内部结构时,这实在是一个至为精彩的洞见,但面对活生生的现实世界却只道出了表面现象。正如巴赫金批评的那样,这不过是一种死的语言理论,至多不过是言语实践的准备工作。站在我们的立场,更重要的原因或许在于,这种机会主义成色和科学主义味道十分浓厚的观点最起码不能回答如下问题:语词和语词之间的差异来自何方?仅仅来自它们在"音响形象"上的差异?仅仅来自结构与排列组合上必须具有的差异?如果没有已经摆在那里的事、物,没有摆在那里的事、物之间的差异,语词和语词之间的差异仅仅依靠自身就真地能够存在?它们最初又是如何获得这种差异的?难道因为我们不记得最初的来

---

① 针对马克思过分强调动作/行为维度上的劳动是人类自我实现的中心的观念,霍克海默说,把自然异化为人类剥削的领域,实际上已经暗含在把人还原为劳动的动物中去了[参阅(美)马丁·杰《法兰克福学派史》,单世联译,广州出版社,1996年,第294页]。霍克海默出于批判哲学的需要这样看待马克思或许有道理,但从 discourse 的构成的角度说,即使霍克海默的批评没有错,也不影响我们在 discourse 的价值上的全部立论——因为霍氏谈论的是另一个问题,也不影响我们将马克思的劳动看成是 discourse 的来源。

源,就彻底不承认它们曾经还有过一个来源①? 是不是寻找来源的一切举动,都可以被不假思索地斥责为还原主义的无限倒退,因而必然是形而上学的? 在这里,我们有必要再一次引述诺维兹的观点:"必定有一个非语言、非符号、非构造的世界……而且这是一个对我们说什么和怎样组织、区分及整理材料具有某种制约的世界……"

让话语生产和话语交流、话语交换联为一体的,最终是且只能是两种不同性质而又各司其职的动作,是支持 discourse 能够成立的**动作双重性**;一旦话语生产以如上所述的方式得以实施,话语市场(即流通领域)的存在也就有了坚实的前提。几乎是与此同时,话语生产还暗示着话语市场得以展开自身的另一个前提:以经验事实或可能事实为表现形式的价值始终存在于一切含义层次的 discourse 之中,一切含义层次的 discourse 都包含一定的价值量;一定量值的价值的存在,才是话语市场得以存在与展开自身的基础与关键,无论这种价值量是以初始性价值为形式存在,还是以初始性价值之投影(即第二度价值)为形式存在。价值才是人与人之间进行有效交流的必需品和保证书。唯有动作/行为才是一切 discourse 之一切意义的最终"出源";唯有两种性质的动作/行为如此这般地抱成一团、联为一体,才是一切意义借以出生的子宫。不存在没有动作含量的有效交流,更不存在没有动作含量的清晰交流。即使是看似最抽象的交流也是如此。所谓抽象,不过是交流将随身携带的动作含量通过逻辑秩序、逻辑演算给遮掩起来而已。任何一个智力达标的人都明白:"遮掩"某物必须要以"某物"的存在为

---

① 弗里德里克·西蒙(Frederick J. Simons)在 *Food in China: A Cultural and Historical Inquiry* 一书的第一章开篇就引述林语堂的观点。林语堂注意到,英语中和精致、讲究的吃有关的专门词汇多来自法文,英语中有表示烧煮(cooking)的词,却没有烹饪(cuisine)一词;有厨子(cook)一词,却没有适当的词称呼厨师(chef);有盘装菜(dishes),却没有菜肴(menu);如同一个美食家(gourmet)很可能被称为"贪吃的肚子"(greedy gut),至少在英国的童谣中是如此[参阅(美)尤金·N.安德森(E. N. Anderson)《中国食物》,马缨等译,江苏人民出版社,2003年,第 264 页]。林语堂举出的例证,除了民族差异这个原因外,难道没有事情本身在从中作祟? 难道不正说明首先得有实际存在的物的差异,然后才有语词的意义的差异吗?

前提。从比喻的意义上说,这或许就是海德格尔在惊讶之中明知故问的一个大问题:为什么"在"存在而"无"不存在?

商品市场以交换劳动的方式交换产品,话语市场则以交换动作尤其是交换对动作的看法为方式交换理解—解释。话语市场、话语流通领域从来都是一个旨在交换**理解—解释**的场域。而理解—解释,永远都是对动作／行为的理解—解释。只要稍微动用一下我们有限的经验库存,我们马上就能领悟到:discourse 的价值量越大,即越言之有物(倒不一定是越真实)地谈论条件性动作,discourse 就越清楚明白,discourse 在交流过程中也才越容易被清晰(倒不一定是越正确)地**理解**,越能得到他人的有效**解释**。自休谟以来的英国经验主义传统对此有过大规模或隐或显的论述,此处暂不饶舌。①

在完成性动作依照自己的本意,依照自身所遵从的某种意识形态的内在律令,生产一个特定的 discourse 时,实际上已经给出了对条件性动作的**初步性理解—解释**。太史公在说到伯夷义不食周粟的光辉事迹时,引用了据说是伯夷所作的歌:

登彼西山兮,采其薇矣。
以暴易暴兮,不知其非矣。
神农虞夏,忽焉没兮,吾安适归兮?
于嗟徂兮,命之衰矣!②

不用仔细追索完成性动作在此究竟准备传达何种具体的意念,我们也能显而易见地感觉到:完成性动作在凝结条件性动作时,早已**初步性地理解—解释**了哪些条件性动作、怎样初步性地理解—解释了哪些条件性动作。所谓扭曲、修改条件性动作的性质,把条件性动作拉向完成性动作指引的意义方向,正是初步性理解—解释的基本含义、基本口

---

① 参阅[英]索利(W. L. horley)《英国哲学史》,段德智译,山东人民出版社,1992年,第173页以下。
② 《史记·伯夷列传第一》。

吻，也正好是目的无意识的真正才华之体现。但是，进入流通领域用于交流的 discourse 在话语市场上得到的理解—解释，永远都是第二度的。所谓**第二度理解—解释**，不过是说在流通领域中，在话语市场上，一个具体的 discourse 必须允许别人评价它对条件性动作所做出的初步性理解—解释。这就是话语流通领域的本有目的和本来特征，也是话语交流、话语交换的真实品貌。在一个特定而具体的 discourse 与这个 discourse 所引发出来的众多以至于无穷的其他 discourse 之间，始终存在着一种看似断裂实则紧密相连的关系。福柯受惠于巴什拉（G. Bachelard）等人，径直用知识型（episteme，又译认识型）断裂来解释这个 discourse 与那个 discourse 之间那种断裂式、跳跃式的变迁，实在是过于乐观、过于自信。福柯在对话语定式之更替的研究中得出的**断裂＞连续定理**，必须要颠倒过来；或者，从最弱的立场，也出于对福柯的尊敬，我们可以暂时断言：在话语市场上，断裂与连续始终联为一体，话语市场遵循断裂与连续之间构成的辩证规律。

阿伦·布洛克在研究欧洲人文主义传统时，从文艺复兴一直讲到20世纪。从他的旁征博引中可以发现与我们有关的两个论点。

第一，任何一个 discourse 的命运并不必然如福柯认为的那样，总是在最后被另一个后起的 discourse 全面取代。对此，布洛克有过精辟的道白："中世纪和文艺复兴时期之间，并没有遽然的断裂或容易划分的界线。除了经院哲学以外，中世纪的其他思想习惯也在欧洲的许多地方流传到了十六世纪，反过来，在中世纪也有文艺复兴时期那样的方式看待人类和人类世界的先例。"①

第二，尽管任何一个 discourse 在话语市场上确实可能有着覆灭的命运，但情况绝不如福柯认为的那么简单。在谈到文艺复兴与启蒙运动都注重"宇宙的框架从和谐开始"时，布洛克认定，文艺复兴与启蒙运动的这种相似之处，"足以确立文艺复兴与启蒙运动之间人文主义传统的连续性，而哲学家们对此是很清楚的。但是，不同之处，他们也很清

---

① ［美］阿伦·布洛克：《西方人文主义传统》，董乐山译，三联书店，1997年，第9页。

楚：这是连续性，不是同一性"。接着，布洛克引述美国学者彼得·盖伊（Peter Gay）的话来给自己的后一个看法助拳："文艺复兴时期的辩证法是启蒙运动时期辩证法的祖先和先决条件；但是，尽管紧张情况相似，解决办法却不同。"[①]作为具有及物性和切中能力的语言表达式，任何一个 discourse 都是人类言语实践史上的某个环节，它注定将以各种变形进入到言语实践史的下一环，也将被下一环所消化。这在症候上有点类似于黑格尔的扬弃；也正如布洛克先生所说，这是连续性而不是同一性。福柯的断裂要么是一种极端的看法，要么就是把一个 discourse 被另一个 discourse 所消化的过程过于简单化了——尽管这种简单化确实能够带来快刀斩乱麻般的快意，但依然遮蔽了许多必须重视的东西。更重要的是，福柯完全有可能将连续性和同一性混为一谈。

福柯所谓的知识型，据尚志英先生的理解，大致上具有如下含义：它是决定 discourse 和各门学科所使用的基本范畴的认识论的结构形式，是某一个时代配置各种 discourse 和各门学科的根本性的形成规则，是制约各种话语和各门学科的深层隐蔽的知识密码。人类思想史的断裂是知识型发生格式塔转变的结果[②]。很明显，知识型被发明出来，就是为了说明断裂。J. 丹纳赫等人也持同样的看法："知识型是某种组织原则的产物。这种组织原则通过把事物分类并赋予它们意义和价值将事物相互联系起来，从而决定我们应该怎样理解事物，我们可以知道什么，以及我们要说些什么。与此同时，这些原则在某种程度上是不被察觉的。"[③]看起来，福柯始终愿意将知识型看成无意识的一部分[④]。考诸福柯的著述，尤其是《知识考古学》和《词与物》，尚先生和丹

---

① ［美］阿伦·布洛克：《西方人文主义传统》，董乐山译，三联书店，1997年，第78页。
② 参阅尚志英《求真意志·译者前言》，上海人民出版社，1997年，第8页。
③ ［澳］J. 丹纳赫等：《理解福柯》，刘瑾译，百花文艺出版社，2002年，第20页。
④ 参阅［法］弗朗索瓦·多斯《从结构到解构：法国20世纪思想主潮》，季广茂译，中央编译出版社，2004年，第324页。

先生的看法大体上能够得到小木船"贝格尔号"的赞同,福柯也正是如此这般堪称精辟地探究了知识型和 discourse 之间的关系。但福柯很可能遗忘了一个至关重要的问题:任何一种知识型从来都不是无本之木,它们都有动作／行为上的来源;福柯所谓的历史境观,归根结底,不过是来源于对动作／行为的谈论、论述所留下来的既成文本。正是这样的系列文本构成了福柯的历史境观,也正是在这样的历史境观的基础上,才形成了福柯所谓的知识型。知识型不是福柯所谓的"历史的先验结构"。在这里,福柯有意颠倒了知识型和动作／行为之间的关系。他的所有分析都建立在既有的论述(即 discourse 的第二层含义)之上,他只把既有的论述当成了谈论的结果,却不大顾及既有的谈论本身,更不顾及既有的谈论中所凝结的条件性动作。在《词与物》中,福柯就公开声称过,符号的最大任务,甚至唯一的任务,就是在孤注一掷地指称(表现)另一个符号。① 实际上,知识型不过是具有权力色彩、具有意识形态含量的特殊种类的完成性动作的表达形式。福柯的大量著作已经表明,他不可能不明白这一点,不可能不明白双重循环随时随地都在规划 discourse 的行进步伐、成色、性状和型号。也许正是有鉴于这一洞见,与福柯同时代的法国导演让-吕克·戈达尔(Jean-Luc Godard)才专门拍了一部名叫《中国姑娘》的电影同福柯开玩笑:"如果说我不大喜欢福柯,那是因为他对我们说,在某某时代人们这样或那样想,后来,人们就以这个时代为根据……正是为了这个缘故,我们拍了一部影片以使未来的福柯们不致于如此狂妄地断言类似的事情。"②

托多洛夫(V. Todorov)颇有诗意地相信,所谓文本不过是一次野餐会:作者带去语词,读者带去意义(即理解—解释或理解—解释的结

---

① 加里·古廷(Gary Gutting)在评析福柯时就说过,在《词与物》中,福柯认为:"词语并不是它们的对象的传统的代表,而是与对象有基本的相似性,虽然为了观察这一相似性我们也许不得不追溯词根之起源直至巴别塔之前的原始语言。"[参阅(美)加里·古廷《20世纪法国哲学》,辛岩译,江苏人民出版社,2005年,第331页]

② 参阅[法]迪迪埃-埃里蓬《权力与反抗:米歇尔·福柯传》,谢强等译,北京大学出版社,1997年,第187页。

果)。保罗·利科也说:"一个文本不会是没有指称的;将这种指称具体化,恰恰是作为阐释的解读的任务。至少,在指称被延缓的这种暂停里,就其被推迟而言,文本以某种方式'悬浮于空中',处于世界之外或没有自己的世界;通过这样消除与世界的所有关系,每一个文本都可以自由地进入与其他文本的关系之中,而这些文本终将取代实际言语所表示的具体现实。"这些即使在汉语学界也早已耳熟能详的断言,除了理所当然的精辟以外,至少忘记了话语市场(即流通领域)的目的,也忘记了流通领域的本有特征:托多洛夫和利科愿意强调**第二度理解一解释**的重要性,却似乎无限缩小或大大缩小了**初步性理解一解释**的作用。遗憾的是,若许年来,托多洛夫等人旨在抹去 discourse 得以存在之根基的言论,确实代表了绝大多数懒汉主义崇拜者和知识贫下中农的立场。不少朋友在听了托多洛夫等人的煽动后浑身充血,嗷嗷怪叫。在此,用不着我去批评托多洛夫等人的疏忽甚至荒谬,因为早有人批评了他。艾布拉姆斯(M. H. Abrams)就很公道地说过,包括托多洛夫在内的许多后结构主义者大都玩着"双重游戏":"用自己所宣扬的那一套新的语言策略去解读别人的文本,而在向读者传播自己的那一套方法和标准时,却又心照不宣地使用大家都已接受的、约定俗成的方法和标准。"①艾布拉姆斯先生的批评无疑很有道理,至少没有像托多洛夫那样犯下逻辑错误或"范畴失误",也没有犯下遗忘社会/历史内容的低级错误。但艾氏的批评也有一个很大的遗憾:他依据的出发点只是逻辑上的,根本就不是 discourse 的价值,也不是 discourse 的生产过程所拥有的根本特性。或许正是这一点使他的批评没能抓住要害,因而丧失了力道,也流于了一般性。

针对利科等人的看法,赛义德倒是有过深刻的评论。赛义德说,按照利科等人的观点,言语和具体现实处于一种显现状态,写作和文本则处于一种悬置状态——也就是说,处于具体现实之外;直到读者/批评家将它们具体化并使之显现之前,这种状态不会改变。赛义德开玩

---

① M. H. Abrams,"*How to do things with text*",see Doing Things With text:Essays in Criticism Theory,New York,1989,p259.

笑说，看起来利科仿佛使文本和具体现实"玩起了配乐抢座位的游戏，其中一个按照十分粗疏的信号来中断并替代另外一个"①。

第二节　discourse 的交换价值

上述肤浅、简陋但似乎还有几分说服力的分析，可以帮助我们引出如下论断：发生在话语市场上的交流、交际，归根到底，是以交流动作、尤其是以交流对动作的看法为指归的交换过程。在一篇很不成器的小文章中，我曾经作过一点小分析，敬请同志们原谅我的斗胆和冒昧，因为我要把其中的一个小片断拖到本书中来：

> ……马克思在《资本论》中把"劳动"抬到了极高的（但不是最高的）地位，但马克思的真正目的，是要用劳动这一可见的"事物"来为商品的价值和商品在凝结了劳动之后的种种可能行为作证。马克思的伟大意义在于：他令人信服地证明了交换商品实际上就是交换劳动。不过，我们似乎还可以将劳动再进行更细致的拆解：劳动，就其本义而言，在最基本的层面上，首先是也必须是一系列合目的性与合规律性的动作的集合。因此，交换商品，在最原始的层次上，实际上就是交换动作。而在所有属人的动作中，有相当一部分要归功于双手。没有双手，人类的动作将失去大半。没有双手，不仅写难以成立，估计马克思所醉心的商品本身也不可能出现。和创造商品一样，写在最原始的意义上是由写的动作即手做出的动作来驱动的。这基本上是在说，为什么写、怎样写、写什么首先是包含在写的肉身动作之中，体现在肉身动作之中，但它也同时体现在语言或者话语之中，寄居在语词的中央。毕竟写是合目

---

① 《赛义德自选集》，谢少波等译，中国社会科学出版社，1999 年，第 60~61 页。

的性与合规律性的认知行为。因此,从最原始的意义上看,所谓语境(context,即文本间性),实际上首先是也必须同时是"动作间性";所谓对话,实际上首先是也必须同时是"动作间的相互往还"。正是在这个意义上,如果我们在此斗胆下结论说,"动作间性"是"文本间性"的基础,"动作间的相互往还"是"对话"的根由,我认为不会有太大的失察。①

上述颇有王婆卖瓜之嫌的引述,用意十分简单:它不过是想说明,话语交流、话语交际最终要落实到各种性质的动作上,也必须要落实到各种性质的动作上。动作才是各种型号的 discourse 的最终依据,才是话语交换、话语交流的命脉之所在。因此,被完成性动作所凝结、所吸纳从而构成 discourse 之价值的条件性动作也势必会来到话语市场,以供他人做**第二度理解—解释**。这就是**动作间性**的真实含义。

无论一个特定的 discourse 的价值是直接导源于现实世界,还是以愿望为桥梁间接来源于现实世界,只要这个 discourse 进入流通领域、坠入话语市场,就表明它存身于现实世界。因为流通领域(即话语市场)只能存在于现实世界,因为无论多么离奇的可能世界只要一经出现,作为一件已经发生的事情 A 或事情 A 的物化形式,可能世界就无可置疑地构成了现实世界的一部分,正如我们说框架了神魔世界的《西游记》是现实世界的一部分一样。卡尔·波谱尔曾经将世界分为三种:一种是纯粹客观的物质世界,一种是人的精神／意识的世界,一种是人创造出的物质／精神世界,比如建筑物、书籍、物理公式等。② 波谱尔的三个世界按照我们这艘小木船歪歪斜斜地理解,不过是现实世界的三个组成部分。《西游记》中的神魔世界是根据吴承恩的愿望经由语言生产出来的,它是一个可能世界,大致可以归结到波谱尔的第三个世

---

① 敬文东:《和〈盗花贼〉有关的七条不连贯的注记》,民刊《新诗》第 3 辑;另见《诗歌在解构的日子里》,北京大学出版社,2008 年,第 203 页。
② 参阅[英]波谱尔《通过知识获得解放》,范景中等译,中国美术学院出版社,1996 年,第 6～32 页。

界上去;但波谱尔在急火攻心之间很可能忘了,这个可能世界一旦成型,作为其物化载体的《西游记》从任何一个意义上都不能外在于现实世界;即使是孙悟空这个被想象出来的"猴人"或"人猴"的所有行为,也成为现实世界上的某种(而不是随便哪一种)"事实"。

但是,在话语市场上用于交换的动作绝不仅仅是条件性动作——它只不过通过7种谈论方式被凝结为 discourse 的初始性价值而已;在话语流通领域用于交换的动作,还有更为重要的完成性动作——它为 discourse 的初始性价值、第二度价值提供了至关重要的意义倾向性。对于任何一个特定的 discourse,完成性动作秉承着目的无意识的旨意,都已经对条件性动作做出了初步性理解—解释。海登·怀特在为他的新历史主义叙事理论筹划时,专门提到过4种叙事观:

  1. 叙事是一种解释;2. 叙事是意识形态的再现策略;3. 叙事只是诸多"话语"符码中的一种;4. 叙事是特殊时间意识或时间结构的"话语"显示。①

后两种观点是从纯技术／形式的维度辨析叙事,与本文的题旨无关,可以存而不论;前两种看法则道出了在 discourse 的生产过程中,完成性动作所具有的初步性理解—解释功能。作为参证,克罗齐(Benedetto Croce)的名言不妨在这里稍微提及一下。克公说:"没有叙事,就没有历史。"克公常识性的精辟之言或许只能说明一点:没有语言表达模式(即7种谈论方式),就不可能有明确的、可被人把握的历史。而叙事,按照怀特的观点,本身就是一种评价和解释系统。但问题在于,准确的叙事的依据是什么?是"历史事件"吗?可是又如何确定历史事件的真实性?这显然要涉及两个问题:

  a. 历史事件中包纳的动作／行为;

---

① [美]海登·怀特:《后现代历史叙事学》,陈永国译,中国社会科学出版社,2003年,第132～133页。

b. 历史事件中的动作（无论是属人的还是非人的）实际上只是存在于文献上的动作，即被谈论消化过的动作。

对于 a 来说，将会在历史撰写中存在一种同义反复，以致于犯下逻辑循环的错误；对于 b 而言，将纯粹在 discourse 的转换过程中得到完成和理解。这两种失误，不过是因为没有考虑到历史事件首先是作为活生生的事情 A，而且还过分夸大了语言对事情 A 的殖民能力——克罗齐的看法固然精辟，却有着浓厚的形式主义之嫌。假如怀特的总结和我们对他的总结的分析没有原则上的错误，假如我们依照怀特的总结对克罗齐的名言的分析还有一点道理，我们就可以下结论说：在话语市场上用于交换的绝不只是条件性动作，还有完成性动作对条件性动作的看法，即在某种特定意识形态的参与下，在某种给定的权力的恣意下、教唆下，按照双重循环的固有提示，完成性动作对条件性动作所做出的评价——这种评价当然可以是严厉的，也可以是温柔的，但无一例外总是堪称严格的。而所谓看法或评价，不仅是说与写的结果，也是说与写本身，更是作为动作过程的说与写自身。更为具体、更为细致和贴切的说法也许是：说与写的目的性，即意识形态或意义维度上的倾向性，在作为动作的说与写的实施过程中逐步获得实现。理由十分简单：归根到底，说与写首先是发生在时空之中的特定的事情 A，说与写首先是一个时间概念。而所谓时间概念，意味着它首先是也总是从无到一到二到三……地一步步完成自身的。

在 7 种叙事性谈论中被凝结的条件性动作作为 discourse 的初始性价值，在交流过程中势必要转化为 discourse 的**交换价值**，如同商品在市场上必然要标定价格，必然要背上物价局给予的价格标签。所谓 discourse 的交换价值，意指一个被生产出来的 discourse 在流通领域中得到的第二度理解—解释的程度。以伽达默尔为代表的哲学解释学以及现代心理学早已证明，任何一个人进入话语市场从事交换活动，任何一个有能力进入这个场域的人，都不会以"妙手空空"的心理／意识白板去纯粹顺应一个 discourse，去顺应一个特定 discourse 中包含着的对条件性动作的看法（即初步性理解—解释）；在通常情况下，这个

"买主"都有一定的"陈见",也在依靠和使用这种陈见驯服、同化他所面对的那个 discourse,以求为该买主所用。这就是期待视野的本义。因此,一个特定的 discourse 中凝结的初始性价值,在一般情况下,不会毫不走样地被话语市场上的人所理解—解释;初始性价值在完成性动作的目的性所赋予的意义维度上的走向(即价值的**意义倾向性**)、完成性动作遵照某种目的无意识对条件性动作所做出的评价,也未必会毫不走样地得到话语市场中人的全面认同,得到买主全方位的赞赏。而所谓理解和认同,按照通常的见解,不过是把陌生的事物或弗洛伊德所说的"怪异"的事物表现为熟悉的事物的过程①。这就是驯服、同化的正解。因此,在交换、交流过程中,如果一个 discourse 碰巧被另一个人全面认同,也不能认为这个买主特别富有同情心、特别善解人意,而要理解为这个人不过是碰巧赞同这个 discourse,碰巧首肯这个 discourse 的完成性动作对它所凝结的条件性动作的看法。无论一个 discourse 中凝结的条件性动作多么怪异(比如香蕉吃了大象),无论条件性动作被多么古怪的凝结方式所凝结(比如拉伯雷的《巨人传》、蒲松龄的《聊斋志异》),都可以在话语市场上得到**第二度理解—解释**。discourse 的交换价值就在初步性理解—解释和第二度理解—解释之间的差异中出现了。但这样论说交换价值,绝不意味着存在如下公式:交换价值=初步性理解—解释**减去**第二度理解—解释;恰恰相反,它意味着这样的公式:交换价值=第二度理解—解释。交换价值就是第二度理解—解释。需要特别指出的不过是:第二度理解—解释和初步性理解—解释之间具有差异,第二度理解—解释和初步性理解—解释并不等值。在绝大多数情况下,哈贝马斯所谓的共识不过是权力和利益平衡的结果;从最庸俗的角度上看,所谓共识,不过是为了谋求双赢所采用的某种具有妥协性质的策略。共识并不重要,对双方有利才是宗旨。或者,共识就是对双方有利,但绝不意味着等值。

无论交换价值如何游弋、变更,它都得围绕初始性价值甚或第二度

---

① 有关这一问题,请参阅 Gerald Genette, *Boundaries of Narrative*, New Literary History 8, no. 1 Autumn 1976, pp1~13.

价值来运转,如同商品市场上的价格再离谱,也要受到商品凝结人类劳动之多少的严格限制。托多洛夫所谓的"文本是一次纯粹的野餐会"之所以有误,排除其他种种可能的原因,就是因为他出于自身理论建设的目的,拒不承认如下事实:无论第二度理解－解释如何重要,discourse通过有目的性的谈论拥有的初始性价值,依然是第二度理解－解释必须遵从的顶头上司。交换价值不能太"离"初始性价值早已打好的那张"谱",也不能"离"第二度价值早已打好的那张"谱"。离谱和太离谱意味着彻底地歪曲,意味着交换过程根本不可能实现。一粒大米居然想卖 1000 元,你倒是看看究竟有没有这样的傻瓜买主。当然,也正如现代解释学暗示的那样,这位顶头上司的脾气比较古怪也比较幽默:它赋予交换价值一定程度的"主观能动性",甚至允许交换价值远离价值四处溜达,但一旦交换价值溜达到初始性价值的视线之外,甚至溜到了它老人家目力完全不及之处,以致于造成话语市场上高度的通货膨胀,则要么马上把交换价值给拉回来,要么马上把交换价值开除门墙,拒不承认这种交换价值的合法性,正如一粒大米居然要卖 1000 元将会受到的必然待遇一样。在此,我倒是愿意善意地说,种种以为可以随意理解－解释一个 discourse 的观点,一切以自身意图为出发点随意扭曲 discourse 的价值的行径,都注定要遭到报应。①

任何一个具体的 discourse,既有可能是对特定条件性动作的叙事性谈论,也有可能直接就是对该条件性动作的论述,而且在论述中并不见该条件性动作抛头露面。但任何一个看似没有条件性动作的论述,都有条件性动作的投影即 discourse 的**第二度价值**作为论述的证据;或者说,一切论述最终都可以还原到条件性动作上去。"婊子无情"这个结论性命题及其运演过程,早已给出了我们需要的例证或答案。如果一个论述性的 discourse 丝毫没有条件性动作的投影,没有第二度价值的存在,没有第二度价值作为支持,也就根本不可能还原到条件性动作上去,这个 discourse 就是一个无法从事实的角度判断其真伪的

---

① 关于过度阐释的荒谬性,请参阅[意]艾柯《诠释与过度诠释》(王宇根译,三联书店,1997 年,第 53~108 页)的精辟论述。

discourse；唯一判断真伪的方式或许只是没有时态的逻辑推理,比如纯数学推导。但那已经是另一个问题了。

作为第二度价值的某种特殊形式,**典故**值得我们在此稍加申说。按照通常的看法,典故的本义是指书中的故事,"凡是已发生过的一件事,已有过的一件物,已说过的一句话等等,被后人用作说明问题的材料时,就都成为典故了"①。典故从一开始就是一个看似没有动作含量实则动作含量被掩盖起来的抽象论述。

因此,无论一个 discourse 来自现实世界还是出生于可能世界,discourse 的初始价值在流通领域中,都要转化为交换价值,也都有一个发生在第二度理解—解释当中的**价值还原过程**。价值还原过程毫无形而上学色彩,它不过是指:将某一个用于交流的 discourse 中的动作含量在第二度理解—解释当中大致还原为该动作本身,或寻找到该动作的投影,以此作为第二度理解—解释的背景。从逻辑上说,从言语实践的实际情况来看,有而且只有在这种情况下,第二度理解—解释与初步性理解—解释之间才能产生**看法**上的差异,但又不至于太离谱;也只有在这种情况下,有效的交换价值才可能出现,话语市场上的买卖过程才有望完成。这有点类似于孟子所谓只有知人论世才能有效理解一个文本②。但价值还原过程无论在何种程度上,都不能被理解为纯粹的心理过程,尽管价值还原过程确实需要想象等心理行为的帮衬③。弗洛伊德和拉康都证明过,一切心理过程不过是言语过程。弗洛伊德用语言去对付看似非语言性的潜意识,拉康从分析对象对梦的谈论入手

---

① 启功:《汉语想像论丛》,中华书局,1997年,第96页。

② 在《中国诗与中国画》一文的开篇,钱锺书先生就很有感慨地说:"批评史的研究,归根到底,还是为了批评。我们要了解和评判一个作者,也该知道他那时代对于他那一类作品的意见,这些意见就是后世文艺批评史的材料,也是当时一种文艺风气的表示。一个艺术家总在某些社会条件下创作,也总在某种文艺风气里创作。这个风气影响到他对题材、体裁、风格的去取,给予他以机会,同时也限制了他的范围。"(《钱锺书论学文选》第六卷,花城出版社,1990年,第1页)

③ 艾柯的观点也许可以做一个参证。艾柯认为,文本诠释的目的是旨在发现一种策略,以便产生一个"标准读者"[参阅(意)艾柯《诠释与过度诠释》,王宇根译,三联书店,1997年,第77~80页]。

分析梦境,无不道明了个中要诀。

清代诗人、美食家、园林爱好者、美女鉴赏家兼收藏家袁枚,生产过这样一个基本上是谈论性(叙事性)的 discourse:

> 乾隆丙辰,余二十一岁,起居叔父于广西。抚军金震方先生一见有国士之目,特疏荐博学宏词,首叙年齿,再夸文学……每公见属吏,谈公事处,必及余之某诗某句,津津道之,并及其容止动作。余在屏后闻之窃喜。探公见客,必随而听焉。呈七排一首,有句云:"万里阙前修荐表,百官座上叹文章。"盖实事也。①

当"万里阙前修荐表,百官座上叹文章"孤零零走进话语市场用于交流或交换时,即使把所谓上下文的缺失带来的负面影响全部抹去,一般人大约不知道它的确切意思究竟是什么,至多只能从字面上去理解(即语义学上的理解);"万里阙前修荐表,百官座上叹文章"因此只具有结构主义者所谓字面上的意义,也只有从语词和语词之间的差异上获取意义。但这不能理解为结构主义和结构主义者的胜利。实际上,一旦我们知道这两行饱具动作含量、饱具价值量的诗作的动作/行为背景,也就算是知道了这两句诗中所凝结的条件性动作以及它怎样被完成性动作所凝结,其意自然也就显豁了。这个显豁过程,再明显不过地仰仗了第二度理解—解释所需要仰仗的那种价值还原过程。但即便如此,在袁枚对条件性动作的初步性理解—解释和读者的第二度理解—解释之间,依然有可能存在差异。交换价值就如此这般地存在于第二度理解—解释之中。而还原的落实点始终是动作/行为;动作/行为不仅构成了 discourse 的价值,同时也对初步性理解—解释和第二度理解—解释具有莫大的功用。所谓动作/行为,不仅包括那个特定的 discourse 中吸纳的条件性动作,也包括使特定的 discourse 得以实现的完成性动作,还包括在第二度理解—解释中已经蜕变为条件性动作的说与写(比如袁枚的写)。但所谓还原,并不是,或不仅仅是对某一个

---

① 清·袁枚:《随园诗话》卷一。

具体的 discourse 中的条件性动作的原样再现。"原样再现"是一个彻底的乌托邦。就这一点而言,我举双手同意:所有对无限后退的还原主义的非议甚或拳脚相向都大有道理。

或许有人会认为,论述性的 discourse 在遭到拒斥时,作为拒斥者一方的 discourse 对作为被拒斥者一方的 discourse 一定采取了推理、论证的方式;而在论证领域,一如陈嘉映先生一语道破的,只有前提、推断和结论,根本不会涉及价值还原过程。这种观点貌似精辟,也很有煽动力,还能让一些逻辑和知识上的乌合之众群情激奋。但这种具有煽情功效的观点肯定经不起如下反诘:用于推理的前提来自何处?实际上,我们对此早就留了一手:那个叫前提的东西最终只能来自事情 A 的"切片"或整体(即经验事实,即价值的存在方式),来自作为半个经验事实的愿望的辛勤运作所获得的可能事实,或来自置换了事情 A 并充当事情 A 的投影的事情 B。经验事实与可能事实的核心,始终是被语言包纳起来的条件性动作,是 7 种谈论方式辛勤打整、修理、归置的条件性动作。因此,拒斥性的 discourse 仍然要表达它对被拒斥者中凝结成的价值的看法,这就是拒斥一词最核心的语义。只有这样,作为拒斥者的 discourse 才算言之有物地谈论或论述了一件事情,才算对某一个已被推演为可能世界的愿望表达了自己有效的看法。一切看似抽象的 discourse,也必然有、必须有一个价值还原过程,因为论述、论证必须是建立在经验事实或可能事实之基础上的论述、论证。这一点或许只有纯粹形式化的数学可以除外①。但也有人会说,泰勒斯(Thales)的著名命题"世界是由水组成的"又该如何理解?实际上,"世界是什么"这样的句式早就得到过维特根斯坦的修理;按照早期维特根斯坦的看法,它表征的是形而上学因而完全是不及物的,也因此不在我们的论述范围之内——对于一个毫无意义的假命题,我们干吗要为此花费精力?退一万步说,泰勒斯的观点难道真地没有动作／行为方面的来源?水难道不翻腾、奔驰和张牙舞爪地滋润万物?

---

① 参阅[英]丹皮尔(William Cecil Dampier)《科学史》,李珩译,商务印书馆,1995年,第25~60页。

秉承着目的无意识的教诲，遵照双重循环既有的思想线路，完成性动作对交换价值的得来又一次起到了至关重要的作用。

首先，在 discourse 的生产过程中，完成性动作已经给出了价值以非中性的面孔。比如当今世界嚣张无比的电视广告中呈现出来的动作，显然都是经过精心设计和挑选而来的，它当然有着明确的目的；这种目的初看起来由我们可视的电视画面所呈现，但它首先存在于编导和制作人员的完成性动作之中。按照加尔布雷斯(Galbraith)的看法，这应该是一种制约性的权力(Conditioned Power)，也就是通过对受众信仰的培训与诱导从而服从自己的目的[①]。正如我们看到的，某些假冒伪劣产品就是仰仗这个过程，为自己找到了基本群众并掌握了基本群众。我们的墨子也说起过："以天为法，动作有为必度于天。"[②]无论墨子的"天"究竟表征什么，我们都可以给"天"一个普遍而可公度的释义："天"是具有某种目的性的某种意志的体现。从上述描叙中不难看出，完成性动作究竟在怎样摆布条件性动作，也能看出价值如何从一开始就被迫脱离中立的位置而被赋予了意义倾向性。

其次，在话语市场上，在交流过程中，他人的第二度理解—解释也大有可能认同或驳斥已经给定的非中性的价值。所谓认同或驳斥非中性的价值，就是认同或驳斥该 discourse 之生产者的完成性动作；不仅是认同或驳斥完成性动作的结果（即对条件性动作的看法），也认同或驳斥完成性动作如此这般一步步扭曲事情 A 的过程。由于对可能世界上各种含义层次的 discourse 起支撑作用的条件性动作，为可能世界上各种含义层次的 discourse 提供价值来源的条件性动作，最终都间接来源于事情 A 中包纳的属人或非人的动作／行为，因此，所谓的驳斥或认同，就是对已经生产出来的一切 discourse 的驳斥或认同。正是在这种情况下，discourse 的交换价值出现了；交换价值出现的最显明的标志，就是和被认同或被驳斥的 discourse 有关的另一个或另一组

---

① 参阅[美]加尔布雷斯《权力的分析》，陶远华等译，湖北人民出版社，1988年，第23页。

② 《墨子·法仪》。

discourse 的出现。对此,罗蒂倒是说了实话:"一个人对某事物的再描述如果遭到反对,其驳回的方式大抵上是对其他事物加以再描述,试图扩大个人所偏好的隐喻的范围,从侧翼包围这些反对的意见。"①

据说,犹大告密和耶稣蒙难有着十分重大的关系。这件事情以及对这件事情的理解—解释向来是基督教教义的核心之一。作为已发生的事情 A,犹大告密和耶稣蒙难在《新约》上有较为详细的记载。犹大出卖耶稣、耶稣被彼拉多钉在十字架上,在这个过程中,事情中人无可置疑地都有许许多多的动作／行为。无论这些动作／行为是否真地存在于现实世界,还是只存在于可能世界,它们在历史上都不只得到一次性的理解—解释。在此,我们可以把《新约》的记载权且当成最初的陈述,即当成有关这一事情 A 最初的 discourse。只要这个特定的 discourse 流入时间长河、坠入时间长河中注定存在的属人的话语市场,它就会得到不同人群、不同族群、不同时代的人的第二度理解—解释;无论是这个 discourse 中凝结的条件性动作还是凝结条件性动作的说与写,那些太有目的、太受目的无意识之掌控的说与写,都要受到或被认同或被拒斥的待遇。俄罗斯作家布尔加科夫(Mikhail Bulgakov)在《大师与玛格丽特》中对此就另有申说,阿根廷作家博尔赫斯在《关于犹大的三种说法》里有更为有趣也更为"学究"化的叙述——按照王朔的看法,还是非常"反动"的叙说②,中国作家鲁迅的《野草·复仇之二》也有过更为深入的理解—解释。在布尔加科夫、博尔赫斯和鲁迅那里,《新约》中以耶稣蒙难为中心的**事情 A**,得到了另一套几乎完全不同的理解—解释。这些理解—解释暗示了对《新约》的反对、拒斥:不仅反对作为 discourse 的《新约》中凝结的价值(比如布尔加科夫、博尔赫斯和鲁迅都重新吸纳了新的动作／行为),也在一定程度上拒斥了生产《新约》的说与写,而且这种认同或拒斥都受到某种目的无意识的严正教诲。正是如此这般永无休止的第二度理解—解释,使得关于事情 A 的

---

① [美]罗蒂:《偶然、反讽与团结》,徐文瑞译,商务印书馆,2003 年,第 67 页。
② 王朔:《他们曾经使我空虚·序言》,新世界出版社,1999 年,第 6 页。

各个 discourse 之间组成了一个网络。交换价值就是在这个网络中生成的,而且永远都是动态地生成的,永远都是永无休止的。

此处之所以冒险说"永远都是动态地生成的",完全得力于如下原因:假定 A 是最初的 discourse,针对 A 不断地出现了作为 discourse 的 B、C、D……(B、C、D……按照我们的定义就是 A 的交换价值)。只要我们愿意,随着时间的流逝,完全有可能出现作为 discourse 的 B1、C1、D1……新的交换价值(即 B1、C1、D1……)的不断出现,这就是"永远都是动态地生成的"这个断言的真实内涵。而此处之所以冒险说"永远都是永无休止的",完全得力于下述缘由:假如有人认为对某件事情有必要进行第二度理解—解释,第二度理解—解释就必然会持续下去。

出于此处的目的,有必要针对福柯说几句。这倒不是我们成心要和福柯过不去,而是因为在话语拜物教教民眼中,此人差不多等同于教主。福柯所谓的"话语分析",是将 discourse 放在与政治、文化、经济和社会等等结构的相互关联之中。只有在这个条件下 discourse 才能见出意义。这就是意义必须从语境(context)中见出的道理①。但依据我们的观察,有一点必须要说明:话语分析不能仅仅从 context 那里寻找依据,意义的首要来源和确定的来源只能是 discourse 的价值以及让价值逃离中性的说与写。在此之上,才有所谓的语境,才有错综复杂的语境给予 discourse 的某种意义,这种意义一定有价值作为支撑,否则,我们根本无从理解语境究竟是个什么东西,更无从标定 discourse 的确切含义。在《词与物》中,福柯还坚定地否认 discourse 的"意义"可以从一个"话语世界"转译到另一个"话语世界"。很显然,福柯不那么相信或不那么重视 discourse 与活生生的、连皮带骨的、沾满露水或粪水的动作/行为之间的关系。只要我们一旦考虑到这一点,我们就可以相信:discourse 之间的含义是可以比较的,因而也可以翻译、转译。我猜福柯正好中了他所讨厌的专业分割设下的圈套;实际上,只要考虑到我们始终生活在同一个世界,我们讲述的始终是同一个**大故事**,就不难认定,经济话语和文学话语之间的隔阂、历史话语和政治话语之间的鸿

---

① 参阅陆扬《后现代性的文本阐释》,上海三联书店,2000 年,第 49 页。

沟,或许并没有福柯想象得那样大。《新约》是神学,《大师与玛格丽特》、《关于犹大的三种说法》是小说,《野草·复仇之二》是诗作,在它们之间已经形成了一个可以互相比较的 discourse 网络,是能够说明一些问题的,也能给福柯以有效的反击。

只要我们愿意,只要生成这个话语市场上的 discourse 网络的其他条件始终存在,处于动态之中的交换价值就会一如既往地存活下去,并花样百出地不断翻新。在这个过程中,不仅布尔加科夫和《新约》之间、博尔赫斯和《新约》之间有交换价值产生,对于我们这些后来者来说,在布尔加科夫和博尔赫斯之间,也有交换价值产生。出于各种可以想见的原因,这些各个不同的交换价值在量值上并不等同,正如一件商品在不同的时代、不同的人群那里有不同的价格:汉瓦在司马迁被割去把把的时代值五文钱,在李白捉月那一年值一串钱,在今天北京潘家园的旧货市场上则值一百元,而在人类移居火星的未来年代,很可能价值连城或一文不值。

第三节　剩余价值

与商品市场上始终存在着价格和价值的差异有些类似,在话语市场,在话语流通领域,交换价值与初始性价值在量值上也存在着差价。这个差价就是 discourse 在交流、交换过程中形成的**剩余价值**。剩余价值是流通领域、话语市场的必然产物。和商品市场上因某些奸商囤积居奇使价格大幅度偏离价值相仿佛,在话语市场,在流通领域,由于第二度理解－解释的永久性存在,由于第二度理解－解释天然与人的"陈见"相联系,交换价值与价值之间也可能始终处于不等值的状态。两者之间的差异是绝对的,两者之间的等值则是相对的——即使不考虑语言本身的歧义性,情况也是如此。尽管语言的歧义性所导致的误读完全是另一个问题,但也并非没有说服力。很容易想见,话语市场上也存在着奸商,而且是最隐蔽、最顽固的奸商:那就是无处不在的目的无意

第五章 discourse 的交换价值与剩余价值

识。它也在有意哄抬物价。由此看来,哈贝马斯所谓的共识,那种种试图双赢的梦想,即使是从他擅长的言语行为理论的角度也绝不是轻易就能达到的,老哈有必要继续为他的双赢理论殚精竭虑。

就是在话语市场上的奸商们的普遍密谋下,剩余价值产生了。剩余价值虽然来自第二度理解－解释和初步性理解－解释之间的差异,但我们始终应该牢记的是,无论是初步性的还是永无休止的第二度理解－解释,都**首先**要落实到条件性动作上。所谓理解－解释,就是说与写——无论是第二度的说与写还是初步性的说与写——对条件性动作的**看法**,即完成性动作在凝结条件性动作以充任 discourse 的价值时,对条件性动作所持的有目的性的立场。

剩余价值有两种存在形式。一种可以称为**正剩余价值**,即价值量大于交换价值;另一种可以称为**负剩余价值**,即价值量小于交换价值。**正剩余价值昭示的是**:在话语市场上,一个特定的 discourse 当中凝结的条件性动作没有得到充分理解;凝结条件性动作的说与写从特定的目的无意识那里获得的意义倾向性,也没有得到完全破译。"万里阙前修荐表,百官座上叹文章。"袁枚这两句诗中凝结的条件性动作大致是:抚军金震方先生有感于袁枚的优异做派向朝廷举荐袁枚,在属下面前引用、夸奖袁枚的诗句,激赏袁枚的才华。在话语市场上,由于条件性动作背景的缺失,有可能使第二度理解－解释很难窥破这些包纳进 discourse 之中从而充任 discourse 之价值的条件性动作究竟是何意思。由于价值还原过程无法准确实施,条件性动作以及由条件性动作凝结而成的价值,相对于第二度理解－解释就充满了死角和盲点;至于构造这两行诗的完成性动作(具体到这里当然就是"写"),就更不容易得到理解。

这里所说的理解显然是指:究竟是认同生产、炮制这两行诗的完成性动作中寄寓的意义倾向性,还是拒斥这种倾向性?尽管如此,我们依然不能说这种型号的理解－解释就不是理解－解释。它仍然是理解－解释,而且还是有效的理解－解释,尽管它很可能不是真实的理解－解释。理解－解释的目的并不仅仅是求真——尽管求真是理解－解释的题中应有之义——同样也包括**有效和有意义**,而且更在于有效、有意义。尼采几乎是全方位误读了古希腊和说希腊语的哲学,王弼完全将《道德经》为我所用,但并不妨碍尼采、王弼的理解—解释的有效性。我们现在已经看得很清楚,尼采的哲学对后世产生了巨大的影响,王弼也是道家历史上的著名人物。即使是错误的理解—解释也算是依据自己的立场,依据自身持有的某种目的无意识,对某个 discourse 中包纳的条件性动作有了自己的看法,也对构造这个 discourse 的完成性动作有了自己的观感。任何一个被生产出来的 discourse,都无权要求话语市场中人放弃误解这个 discourse 的权力。按照话语市场的"本意"和"本义",误解既是权力又是义务。这就是话语市场的宪法,它的目的是保证话语市场的民主,尽管在大多数情况下这种民主不过是幻想。而理解—解释的真实性,尽管是一个值得我们祖祖辈辈追求的目标,但它几乎又是一个不可实现的目标。否则,那么多不同型号的解释学理论根本没有必要被发明出来。无论是现实世界上的真实性,还是可能世界上的真实性,在理解—解释中都要、都已退居二线,都仅仅充任着顾问委员会委员的角色。极端地说,在人文／社会科学领域,只有误读、误解;只有在存在交换价值和剩余价值的情况下,才有可能促使社会变革(不一定是促使社会进步)。伽达默尔所谓"合法的误读"自有其深刻道理,虽然他只是看到了真实理解的不可能性。

负剩余价值昭示的是:在话语市场上,一个特定的 discourse 当中凝结的条件性动作被有目的性地过度理解了,以至于被过度阐释了;与此同时,凝结条件性动作的完成性动作也得到了类似待遇。清人谭献对此体会甚深:"甚且作者之用心未必然,而读者之用心何必不然。"① 这就如同有人花两个小时漫不经心制作了一个花瓶却卖了 5 万元。但这 5 万元自有它的真实性,比如材料上乘,尤其是将材料"凝结"为花瓶时的"做工"优异。张三打了李四作为发生在现实世界上一件特定的事情 A,一般情况下,也就是张三打了李四而已;判刑不至于死罪,罚款不至于倾家荡产。但"张三打了李四"作为一个具体而微的 discourse,却有可能在话语市场上"增值",无论是以论述的方式增值还是以另一种

---

① 《〈复堂类稿·复堂词录〉序》。

谈论的方式增值。张三不过是因为李四偷了他老婆才出手猛打李四，可是在流通领域、在第二度理解－解释当中，在某些特定时刻，比如在中国红彤彤的20世纪五六十年代，完全可能也可以被某些别有用心的人看成是：因为张三是地主，李四是贫农，张三打李四，就是地主阶级伺机报复已经翻身做主的贫下中农。很明显，条件性动作在这里被新一轮的完成性动作过度理解和过度阐释了。出于类似的道理，生产这个discourse的完成性动作也可能遭到彻底拒斥：你居然这样轻描淡写地"说"张三打了李四，你究竟是何居心？你究竟还有没有一点起码的阶级感情？特殊的中国现实早已告诉我们，这种性质的第二度理解－解释依然是有效的，尽管它是可恶的。对于话语生产过程中的所有人来说，他似乎天然拥有这样的权力，秉承着某种目的无意识的教导也天然怀有这样的癖好；对于被用于交流、交换的discourse来说，在不少时刻，必须具有承受这种待遇的义务。

剩余价值并不是属人或非人的动作／行为、有目的性的动作／行为所致，而是对它们的两种不同性质的看法的差异所致：事情是明摆在那里的、不变的，就看你如何借机"说""事"。而看法（即如何"说""事"）来自一切可以想见的权力。所谓权力，绝不仅仅是制度化的强权，它首先是指每一个个体的权力：他（她）的愿望，他（她）的嗜好，他（她）的脾性……其次是指集中了、夸大了或凸显了某一个个体或某一类个体的愿望、嗜好、脾性从而形成的意识形态——这是以话语定式为存在方式的最广义的意识形态。不仅是生产discourse的人依据自身的愿望、嗜好、脾性对条件性动作有自己的看法，不仅是生产discourse的人对条件性动作依据某种意识形态有自己的看法，在话语市场，在流通领域，任何一个面对这个discourse的人，也有单属于自己或单属于自己这一类人的愿望、嗜好、脾性甚至意识形态。剩余价值的最终来源，依然要、必然要落实到完成性动作上，落实在生产这个discourse的完成性动作和制造第二度理解－解释的完成性动作的差异上。这种性质的差异显然来自两种意识形态的差异。很明显，目的无意识的作用在此暴露无遗，双重循环的功效在此也达到了光天化日的境地。因此，我们可以更加准确地说：剩余价值，它来源于诸多规定意识形态的民族性、历史性对条件性动作的看法之间的差异性①；无论是正剩余价值还是负剩余价值，都是如此。

在流通领域，在话语市场，任何一个凝结了一定价值量的 discourse 几乎都会遭遇上述情形。剩余价值为零的情况十分罕见，尤其是在所谓"价值"多元的现代社会。任何一个 discourse 被生产出来，其生产者差不多都希望它的剩余价值为零：生产者希望自己制造的 discourse 得到准确无误的第二度理解—解释，由此准确无误地达到自己的目的。在这方面，大至军长、皇帝，小到组长、排长，都是典型病例。最极端的例子，或许就是新兵训练营中连长对新兵喊出的"立正"、"稍息"——精研日常语言、精通言语行为理论的奥斯汀等人对此或许另有申说。虽然"我"希望"我"的谈论、论述得到百分之百的认同，但在绝大多数时刻，别人并非对事物毫无"陈见"的妙手空空似的意志白板，"我"的希望往往会遭到不同程度的质疑；任何一个为 discourse 奠定基础的条件性动作在第二度理解—解释过程中，都要在再一次的完成性动作的帮助下，再一次被扭曲、变形，被重新打磨、修理、消化和归置，**被重新赋值**。

在这个意义上，克里斯蒂娃（Julia Kristeva）等人所谓"所有文本都是二级文本"的论断自有其深刻道理②。在此，除了对这个精彩的洞见表示必要的赞赏外，我倒是更愿意纠正克里斯蒂娃等人的失误。在"贝格尔号"看来，所谓的二级文本必须要建立在对特定动作／行为的第二度理解—解释的基础上。所谓第二度，从来都是永无休止的第二度。如果丧失了原初的 discourse 中所包纳的条件性动作，丧失了包纳条件性动作的原初的说与写，其后的一切二级文本当即就会土崩瓦解、树倒

---

① 但要注意的是，意识形态在大多数情况下具有浓厚的无意识倾向，即人们的理解—解释，无论是第二度的还是初步性的，或看似是有意识的，实则受制于一个更高的、带有神秘色彩的无意识。意识形态的这一特性更能体现它在调控人的动作方面所具有的巨大能量。阿尔都塞对此曾有过非常精辟的论述［参阅（法）阿尔都塞《保卫马克思》，顾良译，商务印书馆，1984 年，第 202～204 页］。

② 参阅［法］蒂费纳·萨莫瓦约《互文性研究》，怀宇译，天津人民出版社，2003 年，第 1～27 页。

猢狲散。这样说,并非出于无限倒退的还原主义立场,而是基于常识:没有父,绝不会有子;没有子,却并不必然推出没有父(即某男人)的结论。即使是神人耶稣,也需要来自上帝的神圣精液;即使是看起来无所不能、把石头当成出处的孙悟空,也需要仰仗从莫须有处拍马杀到的某个神灵。

第六章 剩余价值和理解——解释的多样性

> 遂古之初,谁传道之?
> 上下未形,何由考之?
> ——屈原:《天问》

第一节 剩余价值的多样性

谈论某个具体的原初事实我们拥有4种方式,谈论得之于某个、某类原初事实的特定愿望我们拥有3种方式。因此,**在现实世界上**,可供我们调遣和驱使的谈论方式一共有两类、7种①。这两类、7种看似简单实则至关重要的方式,构成了我们谈论现实世界、谈论愿望的表达原型,构成了人类认识生活世界的认知原型②。表达原型或曰认知原型,能为随之而来的论述和话语定式、各种各样的论述和话语定式、充满各

---

① 即谈论现实世界的4种:叙事性的现在时的对眼下事情的谈论、叙事性的现在时的对远方事情的谈论、叙事性的过去时的对眼下事情的谈论、叙事性的过去时的对远方事情的谈论;以及谈论愿望的3种:对眼下愿望的叙事性的过去时谈论、对眼下愿望的叙事性的现在时谈论、对眼下愿望的叙事性的将来时谈论。
② 此处不准备解释生活世界这个概念,关于生活世界请参阅陈嘉映《泠风集》,东方出版社,2001年,第136~139页。

种目的性的论述和话语定式,提供或脆弱或稳固的基础,尤其是能够提供有效的基础。仰仗着威风凛凛的表达原型(认知原型),我们完全有能力清晰而有效的谈论或论述我们面对的世界以及我们自身。即使是可能世界中的情形,比如天堂、地狱、阴间、忘川、阎王殿,只要我们愿意,也可以得到清晰而有效地谈论或论述;如果考虑到可能世界本身就是同义反复的结果①,它就更能得到我们清晰而有效的谈论和论述——《神曲》、《西游记》、《聊斋志异》、《圣经》、《古兰经》、《忏悔录》(奥古斯丁)以及各种佛经故事,早已为我们做出了辉煌的榜样。

7种谈论方式在具体操作中,比如在完成一场谈话或完成一个文本的生产过程中,肯定会以股份制的方式相互交织:两类谈论方式都得为某一场谈话或某一个文本之建设贡献力量。鲁迅的《阿Q正传》有一个小片断,颇能清楚地说明股份制究竟是什么意思:

> 阿Q飘飘然的飞了一通,回到土谷祠,酒已经醒透了。这晚上,管祠的老头子也意外的和气,请他喝茶;阿Q便向他要了两个饼,吃完之后,又要了一支点过的四两烛和一个树烛台,点起来,独自躺在自己的小屋里。他说不出的新鲜而且高兴,烛火像元夜似的闪闪的跳,他的思想也迸跳起来了:
>
> "造反?有趣,……来了一阵白盔白甲的革命党,都拿着板刀,钢鞭,炸弹,洋炮,三尖两刃刀,钩镰枪,走过土谷祠,叫道,'阿Q!同去同去!'于是一同去。……
>
> "这时未庄的一伙鸟男女才好笑哩,跪下叫道,'阿Q,饶命!'谁听他!第一个该死的是小D和赵太爷,还有秀才,还有假洋鬼子,……留几条么?王胡本来还可留,但也不要了。……
>
> "东西,……直走进去打开箱子来:元宝,洋钱,洋纱衫,……秀

---

① 此处所说的同义反复其原因是:可能世界来自人对愿望的叙事性的语言性消化,而愿望本身就是一个结论性命题。因此,成品的可能世界本身就展示了愿望,所以它是同义反复的产物。维特根斯坦在《逻辑哲学论》中早就说过,一切真理性的命题都是同义反复的。或许我们从中也可以找到我们之所以那样说的证据。

第六章　剩余价值和理解－解释的多样性　　　　　　　　　　　　223

才娘子的一张宁式床先搬到土谷祠,此外便摆了钱家的桌椅,——或者也就用赵家的罢。自己是不动手的了,叫小 D 来搬,要搬得快,搬得不快打嘴巴。……

"赵司晨的妹子真丑。邹七嫂的女儿过几年再说。假洋鬼子的老婆会和没有辫子的男人睡觉,吓,不是好东西!秀才的老婆是眼胞上有疤的。……吴妈长久不见了,不知道在那里,——可惜脚太大。"

阿 Q 没有想得十分停当,已经发了鼾声,四两烛还只点去了小半寸,红焰焰的光照着他张开的嘴。

"荷荷!"阿 Q 忽而大叫起来,抬了头仓皇的四顾,待到看见四两烛,却又倒头睡去了。

明眼人很容易看出来,在这段引文中,有对愿望的谈论,有对事情A的叙事性呈现,有两个不同世界上的时间的相互交叉,也有两个不同世界上的空间的纵横交错①。叙事性文本或谈话如此,表面上纯粹是论述性的文本和谈话同样如此,只不过后者故意将谈论掩盖了起来(比如春秋笔法),或者一开始就不言自明地建立在谈论的股份制之上(比如对典故的运用)。股份制交织的结果,从理论上讲,将会形成无数型号不一、容量不一、性质不一、口吻不一、神态不一的众多单个的谈话或文本;依此类推,众多场相关或不相关的谈话、众多个相关或不相关的文本,也会在话语市场上以各种各样或可想见或从表面上看难以想见的方式相互交织、交互作用,必然性地形成一个广袤无边的语境,直至最后构成一个相互牵连、相互依赖、相互看对方的脸色和眼色才能有效

---

① 华莱士·马丁(Wallace Martin)的言论在此正可以为我们的观点作证:"在叙事中,真理是依赖时间的。……无论叙事是真是假,构成一个故事必须有三个时间阶段。第一是开始阶段……第二个时间阶段是行动阶段,或'成形'阶段:我们随着事件的展开而试图行动或理解。最后,是'重想'(refiguration)阶段:我们回顾已经发生的事,追溯导致这一结局的诸线索,探寻为何计划没有成功,外力如何插入,或者成功的行动如何导致了出乎意料的后果。"[(美)华莱士·马丁:《当代叙事学》,伍晓明译,北京大学出版社,1990 年,第 83 页]

行事的**语境网络**——正如自由市场上看似彼此毫不相关的商品共同组成了一个巨大的商品世界。最典型和最显而易见的例子可以从基督教或儒学那里获得。任谁都能看出,由《圣经》对诸多事情 A 的记载引发的一大堆各色各样的神学著述、各色各样的布道词以及后人对《圣经》各色各样的反驳或赞扬,早已组成了一个巨大的语境网络,而这个看似单纯的语境网络肯定会以各种各样可以想见的方式,进入到其他"单纯"的 discourse 或语境网络当中。即使是从纯逻辑的角度着眼,也很容易分辨:这个网络的坚实支撑物始终是,也只能是谈论凝结、吸纳、消化了的条件性动作所形成的初始性价值,但更是条件性动作本身——因为只有条件性动作才能为谈论提供直接面对的对象,只有条件性动作才为谈论提供了原材料。如果谈论没有吸纳诸如耶稣蒙难、列位使徒大人的众多事情,围绕《圣经》形成的语境网络是否存在肯定会大成问题,这样的语境网络和其他"单纯"的语境网络是否还有关系,当然就更成问题。①

所谓条件性动作就是原初事实中包纳的纯粹的动作,就是以如其所是的方式存在着的动作,无论它是属人的还是非人的,无论它在自身的水平上是有目的性的还是毫无目的性的;所谓价值,则是完成性动作依照一定的目的,依照某种特定的目的无意识的旨意,依照双重循环对 discourse 之生产过程的严密控制,为特定的条件性动作充分赋值的结果;所谓赋值,就是为条件性动作提供在语言空间中的意义倾向性。在这个空间中,条件性动作始终和言语打成一片、抱成一团,它们拥抱的姿势受制于某个特定的目的无意识。因此,是条件性动作最终给语境网络奠定了可以存在、能够存活下去的基础。可能世界的情况初看起来似乎要特殊一些。不过,只要我们牢牢记住:可能事实或事情 B 中包纳的动作／行为是经由对愿望的谈论才产生的,愿望又来自事情 A 所包纳的动作／行为的诸般运作,我们就可以认定,最终让可能世界上各个含义层面的 discourse 得以存在的基础,依然来源于现实世界上

---

① 这里需要说明的是,即使把《圣经》中的所有故事通通看成对愿望的呈现,上述结论依然成立。

的条件性动作;最终让语境网络的组成部分之一(即语言性的可能世界)得以存在的坚固基石,依然来源于现实世界上属人或非人的条件性动作。关于这个问题已经有了太多的申说,此处不再赘言;"贝格尔号"航行至此,最想说的是由此而来的另一个重要问题。

有而且只有条件性动作才是语境网络赖以生存的口粮、空气、土壤和水分,有而且只有条件性动作才是语境网络得以存在的最终基础。基于这样的现实,我们不妨说,在语境网络之"下"为语境网络起支撑作用的,始终是也必然是纵横交错、面孔迥异、性质各不相同的条件性动作。它们看似默默无闻、沉默寡言,实则恰如鲁迅所说的地火一般,始终在语境网络的底部翻腾、跳跃,并充满激情地左冲右突。作为语境网络的支撑物,这些在数量上几乎无穷无尽的条件性动作相互之间的关系也必然是呈网络状的。它们在语言的帮助下,相互交织、罗列,拒绝"鸡犬之声相闻,老死不相往来"的局面。《圣经》中吸纳的诸种条件性动作之间,后起的神学家、牧师、科学家、哲学家或反驳或支持《圣经》所写的著述中吸纳的各种条件性动作之间,以及《圣经》吸纳的条件性动作与后起的神学家等人的著述所吸纳的条件性动作之间,必然会相互交织、相互牵涉,因而必然会组成一个联系密切的网络。我们可以把它称为语境网络掩盖之下,却始终在对语境网络起支撑作用的**条件性动作网络**。但所谓条件性动作网络,绝不仅仅指各个自在的动作之间的相互交织(各个自在的条件性动作之间没有必然联系),更是指它们在谈论的帮助下达到了相互交织的状态;前一个交织的重要性在此必须要让位于后一个交织的重要性。或者,没有后一个交织,前一个交织对人尤其是对 discourse 而言,就是毫无意义的或无所谓意义的。因此,从比喻的层面上说,条件性动作网络像支架,如果语境网络是塔楼;条件性动作网络是水,如果语境网络是船。条件性动作网络始终是语境网络的忠实仆人。但这个仆人往往更具有主人甚或皇帝的威严与权势,因为只有它才能决定语境网络的存在与否,语境网络对它的任何冒犯都有可能自食其果;在众多的后果当中,除了结论性命题的虚假外,更严重的是语义空转或韩少功先生所谓的**语言的空心化**。毫无疑问,对于 discourse 来说,条件性动作网络始终是一种威力巨大的在野力量。不过，情况很清楚，在语境网络已经存在的前提下，语境网络具有何种面貌或性质，却不是条件性动作网络能够左右的。因为作为一个整体性的建筑物，条件性动作网络是给定的；它们本身就是事情 A，向来都在以如其所是的状态状态地存在着。但这不能理解为条件性动作网络的无能，而要理解为人的"主观能动性"尤其是语言的能动性的法力无边。也正是在这个层面上，而且只在这个层面上，话语拜物教、结构拜物教显示了它们的威力，显示了它们的合理性。

任何一个条件性动作，从理论上讲，经由 7 种谈论方式、经由两类谈论方式，可以形成若干种有效的谈论；这些谈论一旦进入论述领域，从理论上讲，在论述本身的操纵下，在双重循环的规训下，则会生产出无穷多种的论述品类。① 海登·怀特在总结 19 世纪欧洲的历史编撰工作时识别出了 4 种论述方式②，显然只是从经验主义的维度出发的，因为还有更多的论述方式未曾被怀特先生发现，未曾被历史学家所发明。作为一个典型的经验主义者，过分迷信现实的怀特显然忘记了还有无穷多种可能的论述形式。实际上，只要我们愿意，只要有必要，尽管条件性动作网络在"大小"上或许是有限的，但丝毫不影响它支撑着的语境网络可以在"大小"上是无限的。因为事情是给定的，但对一件特定的事情的说法却可以是无穷无尽的。米兰·昆德拉在长篇小说《不朽》中早就说过，人的动作终归是有限的，所谓面孔多于动作。但昆德拉和其他诸多作家的写作实践早已暗示我们，语境网络的"大小"并不因为属人的条件性动作的有限而归于有限。否则，描述人和论述人的著述或谈话，根本就不会生机勃勃一路衍生到而今。

一个特定的 discourse 有无价值及价值量的多少，取决于这个 discourse 是否吸纳条件性动作以及条件性动作在量值上的多寡；价值

---

① 很遗憾的是，无论我们如何努力，也无法从 7 种谈论方式出发，量化性地得出论述的品类究竟有多少；也无法将 4 种谈论原初事实的方式与 3 种谈论愿望的方式从量化的角度得出股份制合作的具体情况。但这并不表明我们的思辨缺乏能力，恰恰相反，它表明了我们思辨能力的伟大：因为我们的思辨连对我们的思辨能力所拥有的工具究竟有多少都无法量化地把握。

② 参阅［美］海登·怀特《元历史》，陈新译，译林出版社，2004 年。

的意义倾向性以及意义倾向性的程度,则完全取决于完成性动作的目的性,并且目的性越强,意义倾向性就有可能越鲜明、越大胆任性,也越能扭曲条件性动作,越能修改条件性动作的"本义"和"本意"。说起来,这倒刚好是人家双重循环和目的无意识的良苦用心,也刚好组成了我们人类在认知上的绝大宿命——我们唯有这一条路可以通行。因此,7种谈论方式经过多方运作才得以形成的语境网络,归根到底需要由价值组成的网络来体现,需要由价值组成的网络予以支撑。这意味着,潜藏在语境网络之"下"并对语境网络大厦起支架作用的,始终是互不相同但又互相牵连的价值所组成的网络。我们不妨称之为**价值网络**。而价值,我们早已说过,不过是条件性动作与 7 种谈论方式合谋的结果。在此,价值网络对语境网络起到的支撑作用,与条件性动作网络对语境网络起到的支撑作用恰呈犄角之式并遥相呼应。价值网络与条件性动作网络的区别和联系仅仅在于:价值网络是语言和条件性动作网络打成一片的产物,并且打上了目的无意识的深厚烙印。

与此同时,作为凝结条件性动作从而形成 discourse 之价值的工具,即众多的说、写也将是各不相同的。这倒不是指各不相同的说、写在肉体层面上有何差异,而是指众多以至于无穷的说、写各自携带的目的性千差万别。目的无意识从来就不止一种,因为话语定式或以话语定式为存在方式的意识形态从来就不止一个。因此,从理论上讲,语境网络中肯定有无穷个性质不一、面貌迥异的 discourse,价值网络本身就表征着无穷多的 discourse 仰仗说、写凝结的无穷多种各不相同的条件性动作;而在不同的说、写之间,依照它们的"本意"和"本义",依照某种显而易见的常识,同样会组成一个网络。我们不妨呼之为**完成性动作网络**。基督教在此又奉献了一个好例证:写作《圣经》的那个的"写"与《圣经》之后一切思想家关于《圣经》的"写"之间,刚好组成了一个规模庞大、纵横交错的完成性动作网络。

上面的议论和描叙虽然至为简陋、肤浅,但足以让我们的小木船收获一个结论:与其像话语拜物教和结构拜物教那样**间接性**地说世界是由文本组成的语境网络,与其间接性地说世界就是语境网络,还不如**直接性**地说:人眼中的世界向来都是由价值网络、条件性动作网络和完成性动作网络和合而成的**三位一体**。这种性质的三位一体,才是与两个世界(现实世界、可能世界)相对应、相对照、相契合的仅仅属人的世界。更为重要的是:作为概念,三位一体不仅可以取代有可能让自身失去根基的语境网络,而且比语境网络的含义更明确,指向更具体,根基更稳固。因为三位一体建基于经验的基础之上,并且直接面对生活世界、始终指涉生活世界。

  对任何一个原初事实和愿望的谈论(实际上最终都是对事情 A 的谈论),虽然从理论上讲,只有一种是真实的——毕竟事情的真相只有一个、此时此地可用于再度语言性消化的愿望只有一个——但建立在谈论基础上的论述秉承着五花八门的目的无意识的教诲,却可能多种多样;如果再考虑到谈论从一开始就秉承特定的目的无意识的教唆,因而从一开始就有真有假、或真或假、有目的地成真或有目的地成假、或真或假的程度不一致①,我们就可以顺理成章地说,建立在谈论基础上的论述有可能趋向于无穷。无论出于什么目的,无论谈论在真假度上成色为何,也无论真、假按怎样的比例进入谈论,当这个谈论携带着经验事实或可能事实进入论述领域最终形成一个特定的 discourse 时,条件性动作虽然作为价值的组成部分已经被包纳、被凝结在这个 discourse 之内,但条件性动作同时也得到了完成性动作的赋值功能程度不同的作用,即条件性动作已经得到了初步性理解－解释。怀特海的如下言论,也许正好暗示了我们的结论:"表达已经预设了更为一般的意义观念。有某种东西会散射在造成某种区别的整体环境里。"而一旦这个特定的、具体的 discourse 进入流通领域,坠入话语市场,只要有必要,只要我们愿意,就势必会得到话语市场上另一个 discourse 的第二度理解－解释。在初步性理解－解释和第二度理解－解释之间,一如我们已经论述过的那样,一般情况下,总会形成一个具有特定量值的

---

  ① 此处所谓"或真或假的程度不一致",是指在对一件具体的事情(原初事实)进行谈论时,真、假的比例不一,即真和假以不同的比例进入对这件事情的某一个谈论表达式当中。由于真、假可以按不同的比例进行搭配,势必会导致无穷多种组合方式,因此,从理论上讲,对某一件具体事情的谈论方式也是无穷的。

剩余价值(无论是正剩余价值还是负剩余价值);当这种性质的第二度理解－解释不断衍生下去、永无休止地衍生下去,从理论上讲,又会在原来的基础上形成量值不同、数量众多的剩余价值。在这些量值不同的众多剩余价值之间,肯定会形成某种特定的网络关系,我们可以将之称为**剩余价值网络**。

一如我们所知,在《新约》与布尔加科夫之间、《新约》与博尔赫斯之间、《新约》与鲁迅之间,在布尔加科夫与博尔赫斯之间、布尔加科夫与鲁迅之间、博尔赫斯与鲁迅之间,在《新约》与鲁迅、博尔赫斯、布尔加科夫之间……早已形成了性质不一、量值不一的剩余价值。这些量值不一的剩余价值可以形成一个剩余价值网络。这仅仅是就某一个特定的 discourse 及其在话语市场上的注定结果来说的。一旦我们考虑到这个世界上有无穷的原初事实,有在数量上难以估算的愿望以及众多的目的无意识,我们就能够很有把握地推断:这个世界上将会有无穷多的、由某一个特定的 discourse 引发而来的剩余价值网络;这无穷多个"较小型"的剩余价值网络共同融入一个巨大的流通领域或话语市场时,势必形成一个"较大型"的剩余价值网络——但不存在一个**最大的**剩余价值网络①。最大的剩余价值网络意味着理解－解释的终结;理解－解释的终结要么指称着思维的死亡,要么指称着人类的灭绝。而且,从理论上讲,"较大型"的剩余价值网络本身就意味着无所不包。

剩余价值网络,无论是"较小型"的还是"较大型"的,也无论剩余价值在量值上为正还是为负,归根到底,都是对话语市场上的价值网络、条件性动作网络和完成性动作网络这个三位一体的绝妙总结。因为剩余价值网络正好是三位一体在话语市场上进行辛勤运作的最终结果。

---

① "全球化"时代的到来,不仅是经济的、政治的全球化的到来,更是剩余价值网络的全球化的到来。如果我们把剩余价值网络这个概念建立在所谓全球化的大背景下,一定会看出许多有趣的特性。赛义德提出了一个有趣的理论,名曰"理论旅行理论"(参阅《赛义德自选集》,谢少波译,中国社会科学出版社,1999年,第138～139页),差不多就是对全球化时代之中较大型的剩余价值网络的隐蔽描述;或者说,理论的旅行理论可以合乎逻辑地推导出,在一个全球化的时代,不同民族的各种理论如何导致了剩余价值网络的生成。

这样说无疑意味着,"互文性"的语境网络要想生存,克里斯蒂娃和热奈特意义上的"二级文本"网络还想呼吸,生产出二级文本的那种语境网络要想存活,全得仰仗剩余价值网络的支持。剩余价值网络是语境网络的绝对基础,是语境网络的活命口粮。套用古希腊人的话说,剩余价值网络就是语境网络的"黄金",是语境网络的土地,也是"二级文本"的农神塞探(Saturn)。按照我们的定义,剩余价值就是初步性理解—解释和第二度理解—解释之间的差价;因此,顺理成章的结论必然是:剩余价值网络不仅表征着理解—解释的差异性具有无穷的多样性,也表征着剩余价值本身的无穷多样性。"贝格尔号"在离最终停靠的码头渐行渐近的航行中,会逐步通知我们,这是一个至关重要的多样性:因为正是它,我们才有可能直接面对双重循环、直逼双重循环的核心,像孙猴子钻进牛夫人的肚皮跳踢踏舞一样,逼迫双重循环吐出它所拥有的最后秘密。

第二节　意识形态网络,目的无意识网络

T. 帕森斯认为,我们可以看到某项行为具有高度的合理性,但我们永远无法看到"合理性"本身,因为从逻辑上说,"合理性"是一个"全称命题"[①]。说这番话的 T. 帕森斯也许会承认,"合理性"是可以被认识的,但只能在理解—解释当中被认识——一切"合理性"只存在于理解—解释之内。大自然具有"合理性",但大自然不会说出它的"合理性",只能向语言呈现出它的"合理性"。剩余价值的多样性(即剩余价值网络),来源于话语市场上对某个、某些条件性动作的永无休止的第二度理解—解释;无论哪一种第二度理解—解释,都必然来源于完成性动作的目的性,并且目的性越强,第二度理解—解释与初步性理解—解

---

① [美]T. 帕森斯:《社会行动的结构》,彭刚等译,上海译文出版社,2003年,第39页。

释之间的差异性就有可能越大或者越小。因此,剩余价值的多样性必须要落实到完成性动作的目的性的差异上。而在完成性动作的目的性的诸多来源当中,无疑以意识形态最为极端、最为典型。意识形态不仅最为集中地表现了完成性动作的目的性,也给完成性动作的目的性提供了最为有效的"思想资源"。我们通常说,没有任何一个 discourse 在意义走向上是中性的,在不少时刻,甚至是在绝大多数时刻,就是因为意识形态以及经由意识形态而来的目的无意识在兴风作浪、妖言惑众①。即使是看似最为科学的纯客观描述,也是有条件的,因为所谓的客观描述总和描述者选择的参照系密切相关②。参照系与描述的结果有着生死相依的致命关系;参照系的选择,同样出于目的无意识的暗中支配和教唆。

话语定式是人类在言语实践中对各种各样的事情 A 的观念表达,而且是颇具威慑力的观念表达;在通常情况下,话语定式就是意识形态的存在形式。各种属人的话语定式或意识形态经由文化遗传,会在特定的人群那里内化为目的无意识,并由此将活生生的人当成自己的"长枪"来使用。有多少种意识形态就会有多少种各不相同的目的无意识。我们早已说过,这就是意识形态的最大秘密。此中情形,恰如阿尔都塞所言:"劳动力的再生产不仅要求再生产出劳动力的技能,同时还要求再生产出劳动力对现存秩序的各种规范的服从,即一方面为工人们再生产出对于占统治地位的意识形态的服从,另一方面为从事剥削和镇压的当事人再生产出正确运用占统治地位的意识形态的能力,以便他们也能用'词句'为统治阶级的统治做准备。"③

由话语定式内化而来的目的无意识总会给完成性动作以极大的规

---

① 詹姆逊(Fredric Jameson)用了整整一本书来说明这个问题。参阅[美]詹姆逊《马克思主义与形式》,李自修译,百花洲文艺出版社,1995年。

② 哈贝马斯认为,科学语言是一种独白式的语言,它自以为"由受观察支持的形式化理论,就可对'事物'做出真实判断"。而这归根结底只能是一种偏见[参阅(德)哈贝马斯《解释学要求普遍适用》,《哲学译丛》,1986年第3期,第22页]。

③ 陈越编:《哲学与政治:阿尔都塞读本》,吉林人民出版社,2003年,第325页。

范作用;完成性动作必将分有各种各样的目的无意识,从而成为完成性动作自身的力比多,并进而组建完成性动作自身内部的力比多结构。因此,完成性动作完全有能力为 discourse 凝结何种条件性动作、怎样凝结何种条件性动作做出严正规定。有上述推导打底,我们不妨说,剩余价值网络最大的来源、最终的来源之一,就是各种各样特征不同、内容不一、口吻迥异的意识形态及其内化而来的目的无意识。是各种意识形态、各种目的无意识之间的差异性,最终导致了剩余价值网络的诞生。从动作／行为的角度看,完成性动作不过就是说、写。然而,一旦考虑到目的无意识本身的多样性,看似单调的说、写马上就获得了多样性,并且组成了语境网络之"下"对语境网络起支撑作用的完成性动作网络。因此,在话语市场上,始终存在着一个支撑剩余价值网络的**意识形态网络**或称**目的无意识网络**。意识形态网络或目的无意识网络给了剩余价值网络——即剩余价值的多样性——以最大的助力①。意识形态网络、目的无意识网络就是操控剩余价值网络那只看不见的手,是完成性动作网络内部奔涌不息的力比多。

以目的无意识为中介,意识形态不仅十分隐蔽地、鬼鬼祟祟地使剩余价值呈现千姿百态状,而且使剩余价值网络带有了非理性的疯癫色彩。只不过话语市场上的各种完成性动作以及操纵这些完成性动作的人兀自洋洋得意,以为自己对所有可能的条件性动作所做的任何评判(即连续不断的第二度理解—解释、永无休止的第二度理解—解释),都纯然来源于自己的目的,而且这些叫做目的的东西看上去还如此光鲜,如此油头粉面,完全忘记了自己不幸的"长枪"身份和"长枪"地位。很容易想见,剩余价值网络(即剩余价值的多样性)既是这些"长枪""命中"注定要"命中"的目标,也是他们"命中"目标后开的花、结的果。数

---

① 值得注意的是,这里当然存在着一个循环:首先,是人基于自身实践,对某种条件性动作的不断强化从而形成了某种话语定式,从而形成了所谓的意识形态。因此,意识形态本质上是语言性的,哪怕它极端性地以无意识的面目存在;而当这一类的无意识一旦存在,又势必会对人的动作/行为具有某种规范作用,甚至是强制性的规范作用。很明显,这就是双重循环的真实含义了。只不过这个问题将留待下一章进行处理,这里只是先提出这个问题而已。

千年来，这些花，那些果，早已累集加叠成了"花果山"。人类的可笑和可悲就在这里：它以为这座美丽无比的大山真地体现了自己的主观能动性，真的是人类自身能动性的伟大成果，全然忘记了双重循环对我们的规训，忘记了目的无意识本身就是我们精神性的力比多。让-皮埃尔·韦尔南（Jean-Pierre Vernant）在谈到希腊思想的起源时，专门谈到过古代希腊意义上的神话（muthos）以及这种神话对于说与写的控制，似乎能为我们的结论做一个旁证：

> 神话像普洛透斯（Proteus）那样千变万化，涉及多种多样的事实，其中当然包括神谱和宇宙谱，但也包括传统中各种类型的传说、系谱、童话、谚语、寓言和格言，总之包括人们自发地口耳相传下来的一切。因此，在希腊背景中，神话并不是一种特殊的思想形态，而是在随意的交往、见面或闲谈中被一种无形的、匿名的、无法捕捉的力量传递并散播开来的全部内容，这种力量被柏拉图称为"传言"。①

第三节　理解－解释的多样性

剩余价值网络在话语市场或流通领域的形成，如上所述，既是在意识形态或目的无意识的帮助下永无休止的第二度理解－解释的结果，也是对永无休止的第二度理解－解释的绝佳体现；更有甚者，永无休止的第二度理解－解释和剩余价值网络还互为表征，类似于实物与其镜像之间的关系。这一显明的境况提醒我们：既要从剩余价值网络的形成过程去看待、观照、分析永无休止的第二度理解－解释，也有必要从

---

① ［法］让-皮埃尔·韦尔南《希腊思想的起源》，秦海鹰译，三联书店，1996年，第10页。

奔涌不息的第二度理解－解释的角度、从意识形态或目的无意识对剩余价值网络的隐蔽作用的角度,具体分析剩余价值网络的特征和内涵。

排除其他种种可能的后果,上述论述从逻辑上必然会导出如下结论:剩余价值网络不仅表征着剩余价值的多样性,也极为明确地显示、生产了理解－解释的多样性。在话语市场上,理解－解释的多样性也势必要形成一个网络,比如围绕《圣经》组建起来的众多相互交织的理解－解释。我们可以称这种性质的网络为话语市场上的**理解－解释网络**。在话语市场上,永无休止的诸多不同的第二度理解－解释天然会相互交织、相互牵扯、相互依照对方的脸色和眼色行事①。而解释,在我们这里,永远都是理解的某种程度的完成形式。

在剩余价值的多样性与理解－解释的多样性之间,或者说在剩余价值网络和理解－解释网络之间,还有一种更为重要也更为显眼的互相依存的关系:永无休止的第二度理解－解释生产了话语市场上的剩余价值网络;作为一个既成"事实",作为一件在话语市场上已经发生了的事情 A,剩余价值网络并非一个静止的网络——它始终躲在暗处怂恿,或站在前台公开呼唤潜藏的、尚未露出地表的**新的**第二度理解－解释。剩余价值网络不仅是理解－解释网络(即理解－解释的多样性)的结果,它的更大功用,还在于继续生产数量更多的理解－解释,比生产剩余价值网络本身的理解－解释在数量上还要多得多的、**新生的**理解－解释。这意味着,由于既定剩余价值网络的存在,构成理解－解释网络的理解－解释在数量上又一次增多了。同样的道理,在数量上再一

---

① 这里有必要提醒一点:本书所说的理解、解释(作为理解的完成形式),既与施莱尔马赫(Friedrich Schleiermacher)、狄尔泰(Wilhelm Dilthey)的方法论解释学没有干系,和海德格尔此在的解释学也没有关系,和伽达默尔的哲学解释学、哈贝马斯的批判解释学也关系不大。施莱尔马赫发展了一种心理学解释方法,狄尔泰通过引进体验的生命这样一个概念,试图为人文科学奠定某种认识论的基础;而海德格尔则希望以现象学为手段,以存在论为基础来解释存在。本文的目的不是建构任何型号的解释学理论,也不对发展任何型号的解释学做任何贡献。本书只想从最质朴的角度,厘清动作/行为与解释－理解之间的纷繁复杂的关系,以及这种性质的关系对 discourse 有何意义。

次增加的理解－解释并非单纯的受造物,它同样具有超强的能动性:它也会再一次生产新的剩余价值。在此当口,**新生的**剩余价值网络再一次变"大"。只要话语市场存在,只要流通领域存活一天,这种相互依存、相互催生的过程,就会永无休止地持续下去。也就是在这个意义上,我同意话语拜物教得到一切学术民工和业内人士的高度赞扬。

剩余价值网络是动态的过程;剩余价值网络不是名词而是动词,是一件动态的、更高级别上的事情 A,也是更高级别上的原初事实。出于同样的道理,理解－解释的多样性也是动态的多样性。它们之间的相互催生真是一个奇妙的**滚雪球的过程**;滚雪球的过程再明显不过地昭示了:剩余价值的多样性和理解－解释的多样性始终在相互催生出更多的对方、以**相互扩大再生产**的方式催生出更多的对方;在剩余价值网络和理解－解释网络之间,最终形成了、构成了一种类似于 DNA 那样的双螺旋结构。

在滚雪球般不断增大自身疆域、扩展自身领地、加强自身规模和力度的过程中,在使剩余价值网络和理解－解释网络不断生成规模更大的双螺旋结构的过程中,意识形态或目的无意识又一次起到极其重要的作用。按照双重循环的禀性,意识形态或目的无意识不仅赋予完成性动作以鲜明的目的性,不仅给理解－解释(无论是初步性的还是第二度的)提供了伽达默尔所谓的"成见"、海德格尔所谓的"前理解",不仅给价值赋予了意义倾向性,还给**滚雪球**这个过程得以持续进行下去的最大动力。和剩余价值网络(即剩余价值的多样性)在相当大的程度上来源于意识形态或目的无意识一样,理解－解释的多样性(即理解－解释网络)也导源于意识形态和目的无意识。意识形态以及意识形态的无意识特征,通过完成性动作的目的性以及目的无意识的帮衬,才是剩余价值网络和理解－解释网络能够行动起来、飞奔起来的最重大的内驱力。意识形态或目的无意识是越滚越大的那个雪球内部翻涌不息的力比多;只要这种性质的力比多一息尚存,越滚越大以至于无穷大的雪球能够出现,就是可以想见的事情。

尽管阿尔都塞从马克思那里得到启示,较为坚定地认为意识形态没有专门属于自己的历史,但这显然是一个值得商榷的判断,更是一个有必要抛弃掉的结论。没有任何意识形态、任何目的无意识是自己生出自己的。任何一种意识形态以及经由意识形态内化而来的目的无意识都有属于自己的历史，尽管这种历史从来都不是独立自主的历史——一如马克思认为的那样。依照"贝格尔号"其来有自的看法，这一结论最终还是不能被怀疑的——想想"婊子无情"这个话语定式是怎么获得的，也许就没什么不明白的了①。除此之外，意识形态还具有鲜明的历史性（时代性）和民族性。因为意识形态首先是受造物，它必须

---

① 但这里宁愿另外选择一个例子。"满清"是一部分中国人呼叫另一部分中国人的称谓词。在拖辫子的时代，"满清"是一个人人都愿意讨好的名词，人人都希望寄居到这个词的语义空间之中，因为它框架了种种值得人们羡慕的动作/行为——比如得到这个词首肯的人可以随意敲打没有得到这个词首肯的人的脑袋；到了剪辫子的时代，"满清"一词随着孙中山代表的一系列动作/行为，逐渐下降或堕落为一个不让人待见的名词，人人避之唯恐不及。到了中华人民共和国建立之后，新的时代在呼唤新的动作/行为，民族大团结就是这种呼唤的结果之一。如果再用"满清"称呼某一类中国人，考诸"满清"一词的语义变迁史，显然有违新时代民族团结的意识形态之严正规定，也满足不了这种意识形态所需要的动作/行为的各项指标。于是，在1952年2月8日，中华人民共和国政务院发表了一个文件，题为《关于今后在行文中和书报杂志里一律不用"满清"称谓的通知》："'满清'这个名词是在清朝末年中国人民反对当时封建统治者这段历史上遗留下来的称谓。在目前我国各族已经团结成为一个自由平等的民族大家庭的情况下，如果继续使用，可能使满族人民在情绪上引起不愉快的感觉。为了增进各族间的团结，今后各级国家机关、学校、企业、各民主党派、各人民团体，在各种文件、著作和报纸、刊物中，除了引用历史文献不便更改外，一律不用'满清'这个名称。"（参阅刘正爱《"恢复"赫图阿拉城》，《读书》2004年第12期）很显然，如果没有在拖辫子的时代、剪辫子的时代、反对满清的时代以及民族大团结的时代发生的种种事情作为支撑，这个通知纯属多此一举；改变一个看似微不足道的称谓竟然需要动用中央政府的力量，则更能证明意识形态及其存在形式即话语定式具有多么大的力道。章学诚在《与族孙汝南论学书》中引朱筠的观点说："不能信古，安能疑经"；维纳（Lorenzo Valla）也说："词源如果有误，其定义也必然荒谬。"（参阅 Donald R. Kelly, *Foundation of Modern Historical Scholarship*, Columbia University Press, 1970, p43.）应该说，章学诚和维纳都道出了某种真实的情况，但他们只在话语拜物教的维度道出了实情。我们可以自问，"古"是从哪里来的？"词源"那个"源"是从哪里来的？撇开我们的提问中可能蕴涵的还原主义，章学诚和维纳对此又该做何回答？本书的目的就是想证明，章学诚和维纳虽然正确，但其正确性必须建立在更坚实的基础上。

受制于人；而人受制于自己的局限性，这个永远无法超越的局限性最基本的内涵，就是人的民族性和他所处的时代（即历史性）。唯物史观反复强调人是具体的、历史的，并非一句大而无当的空话，自有其深刻道理。在这个基础上我们可以说，剩余价值网络和理解－解释网络既具有民族性，也具有时代性，剩余价值网络和理解－解释网络相互催生出对方的那个滚雪球过程，同样既具有民族性，也具有历史性。从纯逻辑的角度上观察，上述论断必然会导致两个后果。

从民族性的角度看，不同的民族既有不同的剩余价值网络，也有不同的理解－解释网络。有多少个民族，就有多少个不同性质的理解－解释网络和剩余价值网络。洪堡特公开宣扬过：语言就是世界观，语言作为民族精神力的产物，注定是一种独特的、只属于这个民族的这种世界观而不是那种世界观；世界观的主要体现方式，就是特殊的、有别于其他民族的意识形态。假如洪堡特的论述有道理，我们就可以说，在具有不同民族性的剩余价值网络之间，在具有不同民族性的理解－解释网络之间，可以相互交流、交换。所谓交流、交换，既有可能是相互认同，更有可能是相互拒斥。① 剩余价值网络与理解－解释网络之间所形成的那个滚雪球过程，同样可以在相互认同或相互拒斥中，得到更大规模的实现。而意识形态的民族性，同样早已内化为拥有这种民族性的人在完成性动作上的**目的无意识**。正是它，从地理上、空间上，将不同性质的剩余价值网络、理解－解释网络区分开来了。而从历史性（时代性）的角度说，剩余价值网络和理解－解释网络显然具有**分层效应**：在不同时代的剩余价值网络之间，在不同时代的理解－解释网络之间，始终有着明显的"层级"现象。因此，那个不断壮大的雪球也有可能打上"层级现象"的烙印，但更有可能横跨不同的时代。正是这一点，似乎给福柯的理论建构大开了方便之门，但福柯的失误恰恰在于把"分层效

---

① 在今天这个所谓的"全球化"时代，不同民族之间的交流、交往，除了物质方面的往来外，更重要的恐怕就是 discourse 方面的交流和交往了。亨廷顿（S. Huntington）就认为，所谓民族间的冲突，归根到底是意识形态之间的冲突，是不同文明形态之间的冲突[参阅（美）亨廷顿《文明的冲突与世界秩序的重建》，周琪等译，新华出版社，2004年]。

应"无限夸大了。时代性(历史性)从时间上将不同性质的剩余价值网络、理解－解释网络区分开来,无论是对某个特定的民族,还是对集合在这个世界上的所有民族,情况似乎都是这样。但这种分层效应不能简单地、不加分辨地理解为福柯意义上的"话语断裂"。它仅仅是"分层"而已,彼此之间的联系远大于彼此之间的断裂。时代性和民族性无疑更加扩大了理解－解释的多样性的范围和内涵,深化了理解－解释网络的力度和规模,也拓展了它们以扩大再生产的方式催生对方以形成双螺旋结构的力度。

作为本书的对照物,伽达默尔的哲学解释学和哈贝马斯的批判解释学观点尤其值得一说。伽达默尔遵从乃师海德格尔的教诲,否弃了理解是人的行为方式的观念,转而将理解看成人(即海德格尔的"此在")的存在方式。这就是伽达默尔"哲学解释学"的中心概念——理解——的主要含义。因此,伽达默尔的解释学是对"理解"现象以及相应的解释学经验的某种描述。伽达默尔合乎逻辑地认为,理解既受制于被理解的文本或 discourse,也参与到文本或 discourse 的建制之中。在伽达默尔那里,理解在本质上是主观和客观尚未相互转化的那种原始领域。这种观点初听上去令人难以捉摸,实际上它的含义并不复杂。正如伽达默尔的中国研究者所说:

> 理解支配文本表现在,在理解之前,文本只是没有意义的文字符号,它们只有在理解中才能变成意义。不止于此,理解本身还参与着文本意义的生成,使文本的意义处于永远开放的不确定之中。因此,理解并非从外部施于文本意义的一种行为,它本身也是"属于文本的意义事件"。①

为此,伽达默尔引进了一个名叫"成见"的概念。据伽达默尔保证,成见来源于传统,而传统则是一种"效果史"。所谓效果史,就是文本或 discourse 在被理解过程中形成的意义链——按我们的话说,就是剩余

---

① 徐友渔等:《语言与哲学》,三联书店,1996年,第170页。

第六章 剩余价值和理解－解释的多样性

价值系列,或"较小型"的剩余价值网络。但伽达默尔将传统即效果史(它是"前理解"或"成见"的主要来源)看成解释学的唯一观照点,正如哈贝马斯批评的那样,忽略了对传统的合法性反思。哈贝马斯的批评无疑很有道理,也颇见功力。但我更想说的是,伽达默尔很可能无暇或不愿顾及下述情况:他所谓的传统恰恰是个时间概念。这就是说,任何一个 discourse 或文本,一旦进入话语市场,一旦坠入流通领域,必然会在饱具时代性的意识形态和目的无意识的作用下,调控完成性动作对这个文本或这个 discourse 进行的第二度理解－解释;任何一个 discourse 或文本,在不同时代的话语市场上,都会得到不同性质的第二度理解－解释。因此,传统或曰效果史,只能由剩余价值网络与理解－解释网络的分层效应来体现、由分层效应所规训的那个滚雪球过程来体现。而分层效应,只能来源于意识形态或完成性动作的目的性所拥有的历史特性。如果我们再考虑到正剩余价值和负剩余价值的存在,这种效果史就更加复杂了,绝不是伽达默尔所谓合法的成见与不合法的成见就能够搪塞的。当然,合法的成见或不合法的成见具有美学上的简洁性。但依"贝格尔号"之见,伽达默尔的哲学解释学的最大失误,是它彻底、干净地抛弃了对条件性动作的关注,只将眼光死盯着完成性动作以及完成性动作组成的网络。当然,正如"贝格尔号"所见,这种错误绝不仅仅属于伽达默尔。

哈贝马斯谈到了理解过程中曲解现象的无处不在。有趣的是,哈贝马斯也是从语言的角度来阐释曲解的——这倒在情理之中,因为曲解本身就是语言性的。按照通常的看法,哈贝马斯是这样认为的:

> 在原始符号阶段,只存在一些指示具体行动的符号和经验,它们不是正常语言,没有被纳入某种语法规则系统,只是些无序的元素,其中充满了病态和梦幻内容,而梦是不讲逻辑联系的。前语言符号感情色彩强烈,与特定情景相联系,体现为示意动作。哈氏指出,原始符号不适用于严格意义上的公共交往,因为这里意义的共同性极低,难以出现主体间性约束的意义同一性。语言中保留的这种原始痕迹在各种病态语言中表现得十分明显。在语言的原始

阶段,还没有揭示出日常交往中所存在的说者和听者之间的区别,以及符号、符号的意义和指称之间大区别,因此,亦无法区分个人与公众的世界,所以,这里的交往和思维是混乱的,失常的。……原始的痕迹至今仍影响着正常语言,妨碍正常交往,并以某种方式倒退回原始交往阶段的结果。各种社会精神病态,例如无效交往,强迫的行为,是受原始符号支配的,它们借助于语言解释被表面合法化了。①

哈贝马斯似乎颇为自信地认为自己找到了病根:**曲解**就是把正常语言之外的东西,比如原始符号的派生物,强加给了语言本身。哈贝马斯之所以有这样的分析和结论,是因为他旨在建立一种合法的、非曲解性的交往哲学,试图给人的言语交往行为设立一种非曲解性的规范。这当然是一个不小的理论野心。尽管如此,按照理解—解释网络与剩余价值网络以及目的无意识网络之间的一般关系,按照三位一体的本有含义,我们还是有理由说,哈贝马斯在为曲解把脉时犯了大错。伽达默尔针对哈贝马斯的思维理路就曾公开表示过:"语言不是供我们使用的一种工具,一种作为手段的装置,而是我们赖以生存的要素,而且我们永远也不可能把它客观化到使之不再围绕我们的程度。"②我大体上同意伽达默尔对语言略为诗意的观点,但我们还是有必要承认:语言被人制造出来,首先就是一种工具,然后才是其他。③ 语言作为一种工具,只要它发展到了足够成熟的阶段(比如汉语、英语等),就无所谓好不好,关键在于对它的使用。因此,哈贝马斯认为曲解来源于原始符号

---

① 徐友渔等:《语言与哲学》,三联书店,1996年,第191页。

② [德]伽达默尔:《科学时代的理性》,薛华等译,国际文化出版公司,1988年,第44页。

③ 本雅明认为存在着一种上帝的语言和人类的语言,而上帝的语言显然不能是工具[参阅(德)《本雅明文选》,马海良译,中国社会科学出版社,1999年,第263～278页]。但即使是从《创世记》中我们也可以看出,上帝是用语言制造世界的,也就是说,无论如何,在上帝那里,语言首先是工具,然后才是"道";或者在上帝那里,也只在上帝那里,"道"和工具是一体的。

的派生物被强加于成熟的语言,大有病急乱投医之嫌,同时也小看了曲解之为曲解的原因及其病灶所具有的危险性。曲解的真正根源,首先在于意识形态的无意识特征,即寄存在完成性动作内部的目的无意识,那股奔涌不息的力比多。正是这位无处不在的朋友或领导在无微不至地关怀我们,才使得完成性动作饱具目的无意识特性,才导致了一个个 discourse 在话语市场上不断获得自身的正剩余价值(不被充分理解、解释),或赢得自己的负剩余价值(被过度理解、解释)。正剩余价值、负剩余价值以及由它们组成的剩余价值网络,可以在相当大的程度上被看成曲解本身或曲解的表现形式。也就是在这个意义上,我们可以给剩余价值网络另起一个名号:**曲解网络**。

牢牢把握剩余价值网络与理解－解释网络滚雪球般互相催生对方的关系,我们也许才会更好地觉察到曲解的根源,也才能诊断哪些理解是曲解,它又在何种程度上妨碍了人与人之间的相互交流,无论是不同民族间的相互交流,还是不同时代中人之间的相互交流。理解－解释的多样性、剩余价值网络,似乎不能从伽达默尔、哈贝马斯等人那里得到"理解",得到"解释";或者,伽达默尔、哈贝马斯给出的理解－解释既不是唯一的,也不是最可靠的。极而言之,曲解的秘密只存在于剩余价值网络和理解－解释网络的相互关系之中。

第七章 理解—解释网络,新一轮动作／行为,新一轮事实

> 二月已破三月来,渐老逢春能几回?
> 莫思身外无穷事,且进生前有限杯。
> ——唐·杜甫:《绝句漫兴九首》之四

第一节 理解—解释网络与新一轮动作／行为生产

在话语市场上,**滚雪球般**不断扩大自身规模的理解—解释网络,不能像一切型号的结构拜物教和形形色色的话语拜物教认为的那样,仅仅表征着语境网络内部各个 discourse 之间形成的纵横交错的差异性,

不能将理解－解释的多样性仅仅理解为以语境网络的方式静止地存在着①,而要将理解－解释的多样性或称理解－解释网络认作新一轮动作／行为临盆前的预兆、新一轮动作／行为的准备阶段。理解－解释网络是新一轮动作／行为暂时寓居的母体;但新一轮动作／行为迟早要脱离这个硕大的、迷宫一样的子宫,到远方开辟自己的领地。那里,是新的世界;那里,是经过新一轮动作／行为打磨过、改造过的新的疆域。"父母在,即远游"是理解－解释网络对新一轮动作／行为的绝佳赠言,也是严正的命令。理解－解释网络的目的,就是要生产出新一轮动作／行为。它假借人的肉体和肉体的各个组成部分,让自身意志获得了实现:理解－解释的多样性(即理解－解释网络)是生产**新一轮动作／行为**的"母机";考虑到理解－解释网络的动态性,这个"母机"肯定是一架动态的"母机",始终处于变动之中。只有这样,理解－解释才算完成了自身,实现了自我,也才算起到了真正的作用,并将这种作用落到了实处。"说"从来就不是目的,"做"才是宗旨。正如对所有的色情帮爱好者来说,"谈"爱不是目的,"做"爱才是最终归宿。俗话中常有针对光说不做之人的讽刺之语:"语言的巨人,行动的矮子","那是个光说不练的家伙","不但要察其言,更要观其行"……为什么?因为光

---

① 一切型号的泛形式主义者,自索绪尔以来西方一切型号的泛形式主义文论(无论是哲学的、社会学的还是文学的),都过分强调语言自身的自律性、自治性和自为性,甚至极端地认为语言即思想、语言即世界,认为语言的真正深层只是、仅仅是自身的结构。也许是为了矫正泛形式主义的失误,以福柯为代表的思想家、以新历史主义为代表的新一代理论,则较为恰当地为所谓的结构拜物教补充性地输入了社会/历史内容。但他们采用的思路在我看来却是极为疯狂的:和结构拜物教信徒有些类似,他们转而信任所谓的"话语",而"话语"虽然是一定社会/历史内容的显现,但从包括福柯、怀特在内的诸多思想家的表述看起来,所谓"话语"更主要是属于认识论范畴的东西,因此,在这伙思想家那里,探索"话语"与"话语"之间的转换和更替就成为新的武器,甚至直接就是新的目标。可以这样说,话语与话语之间的转换的确体现了人在认识世界上的主观能动性,但过分强调话语本身的功能,以至于过分缩小或无视世界本身对话语的作用,却使话语拜物教信徒陷入了不能自拔的危险境地。这个危险境地的最终标志是:语义空转和形式游戏。说到底,一切型号的话语拜物教本质上都是形式主义,只不过是一种较为隐蔽的形式主义罢了。

"说"不"做","屁用"也没有。

《论语》中有一句话,早已为中国人民耳熟能详:"名不正则言不顺,言不顺则事不成,事不成则礼乐不兴,礼乐不兴则刑罚不中,刑罚不中则民无所错手足。"①《论语》精辟而看似武断之言,至少能让我们明白:早在两千多年前,孔子就以一个洞明一切世事的哲人的睿智,深刻地洞察到了名、言、事、礼乐、刑罚、措手足之间相依相存的致命关系。如果将孔子的话中蕴藏的意识形态内容对动作／行为的支配作用暂且抛在一边,只将孔子的妙论翻译成"贝格尔号"的航海用语,差不多是这样的:任何一个特定的 discourse,无论何种含义层次上的 discourse,才是新一轮动作／行为生产的根本前提。孔子这样明目张胆、几乎是以决绝的口气下结论,显然暗含了另外两个至关重要的前提:

第一,"名"、"言"(它们的和合就是 discourse,即有"名"的"言",即包纳着一定意识形态内容的"言")不是从天而降的,更不像阿尔都塞暗示的那样居然是自己生出自己的。"名"、"言"的和合就是对某种或某类原初事实甚或愿望的谈论、以及论述后形成的某种话语定式。"名"、"言"必然性地要存在于话语市场。因为任何一个 discourse 被有目的地创制出来,都是为了交流,都是为了**起作用**。所谓起作用,意味着要落实到可视的动作／行为上——这就是孔子所说的"错手足"。任何一个 discourse 如果没有落实到动作／行为上,就不能称为起作用,只能称为"屁作用"。本雅明在解释《圣经·创世记》时机警地认为,自然被上帝创造出来的节奏或步骤是:要有—他造—他命名,而且创造的行为和语言的创造性万能同出一源。按照本雅明的解释,上帝说"这是好的",意味着上帝借助"名""知"了"道"②。排开本雅明的观点中的神学色彩,平心而论,他正确地道出了言辞、语词、语言和动作／行为之间的关系。而所谓可视的动作／行为(即"行动"),既有可能是属人的,也有可能是非人的。比如在"除四害"的过程中,众多无辜的麻雀在被

---

① 《论语·子路》。
② 参阅 W. Benjamin, *One-way Street and other Writtings*, London,1979, p115.

作为话语的"除四害"生产出来的动作／行为中死于非命①。

第二个被潜藏起来的前提是:"名"、"言"在话语市场上,在流通领域中,经过一系列或隐或显的交换、交流过程后,必然要以剩余价值网络、理解－解释网络的形式存在。即使是从理论和逻辑的双重角度上,我们也能比较容易地得出结论:话语市场上不可能存在一个孤零零的、与其他"名"、"言"老死不相往来的"名"、"言";各种各样的"名"、"言"经过话语市场的交换、交流作用后,形成的理解－解释网络最终要体现在新一轮动作／行为的生产上,才算真正体现了理解－解释网络的自我内涵。理解－解释网络的自我,绝不仅仅是理解－解释网络自身,实际上,它始终表征着在目的无意识的帮助下对新一轮动作／行为的渴求与呼唤,它始终盼望着新一轮动作／行为在目的无意识的支配下光荣诞生以便体现它的"自我",以便让它的"自我"得到满足。目的无意识网络自始至终都是理解－解释网络内部的力比多,那个无处不在的自我——只不过它必须经由动作／行为才能得到上佳展示。"千万不要忘记阶级斗争"作为一种特定的"言",不仅给某种特定的"打、砸、抢"提供了让它处于合法状态的理论支持,更开出了作为动作／行为的"打、砸、抢"本身——这或许就是清人唐甄所谓的"心者,事之本也"②。《史记》中记载过一件颇为有趣但又略显板正呆滞的故事,能够非常有力地证明我们的结论以及我们对孔子之言所做的"**理解－解释**"。

老流氓刘邦初得天下后,洗却痞气,"五日一朝太公,如家人父子礼。太公家令说太公曰:'天无二日,土无二王。今高祖虽子,人主也;太公虽父,人臣也。奈何令人主拜人臣!……'后高祖朝,太公拥篲,迎门却行"③。很明显,刘邦"朝太公"作为某种特定的动作／行为,是被

---

① 诗人柏桦对此有过较为有趣的"描述":"战争在百万人吼声中前进,／'麻雀过街,人人喊打。'／那声音如另一个声音响在人们的耳畔:／'排除万难去争取胜利。'／疯了的麻雀应声倒下(太疲倦了,／以至于干脆颓废而死)／另一些却为补充体力食毒米丧身。"(柏桦:《1958年的小说》,《往事》,河北教育出版社,2002年,第171～172页)
② 清·唐甄:《潜书·辨儒》。
③ 《史记·高祖本纪第八》。

某种早已存在的、具有高度权力色彩的"名"、"言"（即作为意识形态的discourse或某种话语定式）生产出来的；太公"拥篲,迎门却行"作为另一种特定的动作／行为,则是被另一种内容不同的"名"、"言"生产出来的。这两种"名"、"言"（比如"父为子纲"和"天无二日"）早已存在于话语市场,而且两种"名"、"言"始终处于相互交流的状态之中,都各自得到了拥戴自己的条件性动作、完成性动作的支持,当然也由此形成了某种特定的剩余价值。在此,一方面,是建立在条件性动作与完成性动作基础上的早已存在着的两种"名"、"言"；另一方面,在两种"名"、"言"之间形成的理解－解释的多样性,最终生产出了新一轮动作／行为,比如差点被项羽烹杀的刘太公不再坦然接受刘邦的大礼,反而"拥篲,迎门却行"；高祖不再对太公实施"家人父子礼",反而以皇上身份心安理得地接受太公的致意。"天无二日"在和"父为子纲"的理解－解释的角斗场上取得了胜利。而诸多理解－解释之间的相互角力本身就是话语市场上的基本原则。但这绝不是说,"父为子纲"从此就被消灭了。它还会在话语市场上始终给予"天无二日"以巨大的威胁,并在如此这般的角力中,生产出花色多样的新一轮动作／行为、千奇百怪的新一轮事情①。

马克思对人类历史进程的论述和说明,作为某种特定的discourse,不仅在马克思主义的立场上给出了历史进程以某种特定的话语定式,不仅在话语市场上注定要和其他诸种对历史进程进行描述的discourse进行交流、交换,以形成性质多样的理解－解释网络；这种性质的理解－解释网络更会生产出不同的动作／行为：渣滓洞中的江姐十指被竹签刺穿,却拒不透露党的秘密；国民党匪徒灭绝人性地用竹签刺穿江姐的十指……诸如此类看起来截然相反的动作／行为,都是理解－解释的多样性为实现自我,天然要催生出来的事情。新一轮动

---

① 和刘邦父子的事情性质相似但更为可笑的事情发生在宋英宗身上。宋英宗本是宋仁宗的堂兄的儿子,因为仁宗无后,遂过继给仁宗当储君。英宗即位后,围绕着他该叫仁宗父亲还是他自己的亲生父亲为父亲,整个朝廷闹得不可开交（参阅《宋史·列传第六十一》）。

作／行为是理解－解释网络实现自我的绝好表达。

话语市场的最终结果,是伴随着剩余价值网络**滚雪球般**不断生产出来的理解－解释的多样性;理解－解释的多样性必然要通过动作生产才能显现自身,完成对自我的实现。这里有必要再一次提及马克思的著名论断:哲学家们只是用不同的方式**解释**世界,而问题在于改变世界①。很显然,马克思反感那些只"说"不"动"、光"说"不"练"的理解－解释。只"说"不"动"的理解－解释,在马克思和他的信奉者看来,只能是缩头主义的法则与教义。但是,如果我们把马克思那句辉煌的格言中的"哲学家"改为"人类",表面上看有篡改马克思原义之嫌,或许倒更可能贴近人类真相:毕竟每个人都在理解－解释世界;毕竟改造世界是每个人的义务,绝不仅仅是哲学家的天职;毕竟改造世界才是人之为人的要害之所在。而改造世界最终要体现在可视的动作／行为上。伟大领袖毛主席说得好:扫帚不到,灰尘照例不会自己跑掉。排除毛氏比喻中的政治寓言性,我们可以说,毛泽东十分精彩地道出了实情:灰尘对人有害(这有灰尘给人造成的伤害让人由此表现出的种种动作／行为作证,比如咳嗽),但仅仅到这一步还远远不够,必须要在"灰尘对人有害"这种观念(即话语定式)的指导下,并且在对这种观念做出的理解－解释的基础上,用扫帚将之清除,才算成功地将理解－解释化为了现实——刘少奇同志作为政治世界上的"灰尘",就被成功地扫地出门了。当然,这是另一种性质的动作／行为,可那仅仅是因为人们对"灰尘对人有害"做出了别样的、或别有用心的理解－解释。

"不惜西京交佩解,还恐北海雁书迟。"②就是在这个基础上,我们可以说,如果来自话语市场上的理解－解释网络仅仅流于"解释世界",只能算完成了人之为人的一半任务;如果它创造性地开始了动作生产,以至于达到了"改造世界"的目的,庶几可以算是完成了人之为人的所有任务。按照双重循环的一般含义,所有的理解－解释都首先起源于

---

① [德]马克思:《关于费尔巴哈的提纲》,《马克思恩格斯选集》第一卷,人民出版社,1972年,第19页。

② 唐·王勃:《采莲曲》。

"感性"的动作／行为;而所有起源于"感性"的动作／行为的理解—解释,都是为了有目的地生产出新一轮动作／行为,从而达到改造世界的目的——尽管在新一轮动作／行为中,有相当一部分是在无意识中被生产出来的,比如某个正人君子一见到婊子就想将之扫地出门。但这种情况也许更能说明问题。

这个被完成的"所有任务",如前所述,最终只能以动作生产或生产出新一轮动作／行为为表征。除了汉高祖的故事,为了更深入地说明问题,我们还可以举一个小例子。当商鞅刚到秦国力劝秦孝公变法时,在孝公的御座前,曾与"保守主义"分子甘龙等人进行了激烈但不失礼貌和尊严的辩论:

> 孝公既用卫鞅(即商鞅——引者),鞅欲变法,恐天下议己。卫鞅曰:"疑行无名,疑事无功。且夫有高人之行者,固见非于世;有独知之虑者,必见敖于民。……民不可与虑始而可与乐成。论至德者不和于俗,成大功者不谋于众。是以圣人苟可以彊国,不法其故;苟可以利民,不循其礼。"孝公曰:"善。"甘龙曰:"不然。圣人不易民而教,知者不变法而治。因民而教,不劳而成功;缘法而治者,吏习而民安之。"卫鞅曰:"龙之所言,世俗之言也。常人安于故俗,学者溺于所闻。以此两者居官守法可也,非所与论于法之外也。三代不同礼而王,五伯不同法而霸。智者作法,愚者制焉;贤者更礼,不肖者拘焉。"杜挚曰:"利不百,不变法;功不十,不易器。法古无过,循礼无邪。"卫鞅曰:"治世不一道,便国不法古。故汤、武不循古而王,夏、殷不易礼而亡。反古者不可非,而循礼者不足多。"孝公曰:"善。"以卫鞅为左庶长,卒定变法之令。①

从这场争执中,至少可以找到与我们的题旨有关的两点。首先,争辩双方都能引证对**自身有利的经典**反驳对方,谋取论辩的胜利。而所谓"经典",就是早已成型的话语定式(即孔子"名"、"言"的和合);这些

---

① 《史记·商君列传第八》。

discourse 早已相互交织、相互依赖,并在话语市场上、在流通领域内形成了所谓的语境网络。就是在这种性质的语境网络的运动、变迁中,理解—解释的多样性在话语市场上被生产出来了。其次,商鞅对过往的 discourse 的理解—解释,得到了孝公的首肯——即商鞅依据的那种 discourse 被孝公在比较中所理解,因此导致变法得以成功实施;在变法过程中,必然要生产出新一轮动作／行为,生产出新一轮事情——《史记·商君列传》接下来用许多篇幅证明了这一点。这些动作／行为是全新的、重新打扮过、重新装修过的动作／行为,与催生出新一轮动作／行为的理解—解释网络的那种"较老"的、"破旧"的动作／行为大为不同。这就是说,理解—解释起源于"较老"的条件性动作和完成性动作,但理解—解释转而又在某种目的无意识的支持下,生产出了某些"较新"的动作(即新一轮动作／行为)。刘向记载了一个令人叹息的故事,也能够较为生动地证明我们的观点:

> 贞姜者,齐侯之女,楚昭王之夫人也。王出游,留夫人渐台上而去。王闻江水大至,使使者迎之,忘持其符。使者至,请夫人出,夫人曰:"……今使者不持符,妾不敢从。……妾闻之,贞女之义不犯约,勇者不畏死。"使者取符,则大水至,台崩,流而死,乃号贞姜。①

让姜女士勇于就死并做出堪称勇于就死的种种动作／行为的,是所谓"贞女之义不犯约,勇者不畏死"的说教。这一戒条的由来,显然是由"较老"的动作／行为、"破旧"的动作／行为催生出来的,并且在漫长的文化遗传过程中成了话语定式,内化到贞姜女士的无意识深处,否则,习惯于"千古艰难唯一死"(邓汉仪句)的人就不可能在它的逼迫下勇于就死。但在理解—解释中,在永无休止的第二度理解—解释形成的理解—解释网络中,新一轮动作被催生出来,那就是我们都看到的贞

---

① 汉·刘向:《列女传》卷四《楚昭贞姜传》。

姜女士的从容赴死①。

这些被生产出来的新一轮动作／行为，本身就意味着新一轮事情的产生与生产。新一轮原初事实（即新一轮事情）也就这样被成功地、命定地生产出来了。新一轮原初事实从任何一个可能的角度上观察，都无一例外地存在于现实世界、只能存在于唯一一个现实世界。商鞅变法后，就生产了大量的新一轮事情、新一轮原初事实。它们在秦国的土地上嚣然挺立，它们和几乎每一个秦国子民密切相关：

> 令行于民暮年，秦民之国都言初令之不便者以千数。于是太子违法。卫鞅曰："法之不行，自上犯之。"将法太子。太子，君嗣也，不可施刑；刑其傅公子虔，黥其师公孙贾。②

同样不可否认的是，在新一轮原初事实中，肯定还包含着**新一轮愿望**。但新一轮愿望仍然首先是、或主要是新一轮事情的产物，是新一轮原初事实结下的命定的果实。法家商鞅在秦国实施酷刑，那些本来无罪而遭"连坐"的人基于发生在自己身上的不幸事情，会很自然地产生如下愿望：那个浑蛋商鞅昨天已经被天雷劈掉了；或者，他明天将被太子杀死、他明天已经被太子杀死。而从变法产生的诸多新一轮事情、新一轮原初事实中获得好处的秦孝公，却完全可能产生这样的愿望：要是商鞅早来十年就太好了；或者，商鞅确实早来了十年。然后在此基础上，大做统一中国的美梦。这仅仅是就某一个特定的 discourse 导致的结局来说的；只要我们考虑到理解－解释网络的不断涌动，考虑到理解－解释网络和剩余价值网络不断滚雪球般彼此扩大对方的规模，再考虑到话语市场上存在着无穷多的 discourse，我们就可以从理论上、从逻辑上得出结论：理解－解释的多样性可以催生出无穷多的新一轮

---

① 关于这个戒条的由来，以及这一戒条中凝结的与新一轮动作/行为大不相同的"较老"的动作/行为，可参考章义和、陈春雷《贞节史》，上海文艺出版社，1995年，第1～70页。
② 《史记・商君列传第八》。

事情,而在无穷多的新一轮事情中,则包含着无穷多的新一轮原初事实;无穷多的新一轮愿望作为新一轮事情 A 的结果,没有任何理由不被包纳其内、不潜伏其中。

话语市场的结果即理解－解释的多样性,暗示了新一轮动作／行为的多样性、新一轮事情的多样性。商鞅和甘龙等人对各自所依据的经典(即意识形态化的 discourse,即"名"之下的"言")的第二度理解－解释,形成了一个规模不大但行之有效的理解－解释网络,并最终导致变法。如果说在要不要变法这方面,只有一个结果(要么变要么不变),在变法过程中,则不止生产了于商鞅有利的新一轮动作／行为、新一轮事情,也生产了于甘龙有利、乐于为甘龙看见的新一轮动作／行为、新一轮事情——《史记·商君列传》清楚地道明了这一切。这些被生产出来的动作／行为、新一轮动作／行为组成或导致出的事情,同样在商鞅和甘龙居有的那块特定的地球上相互交织,并形成了一个特定的网络。这个网络再明显不过地表征了新一轮动作／行为的多样性、新一轮事情的多样性。如上所述,它们只能来源于理解－解释的多样性。同样的道理,在新一轮动作／行为、新一轮事情的网络中,照样会导出不同愿望组成的网络,这个网络充分体现了新一轮愿望的多样性。

依照双重循环的律令,早已目的无意识化了的意识形态在上述过程中,起到了非常巨大的作用。意识形态作为完成性动作的极端体现,绝不是空穴来风,更不可能自己生出自己,它同样是"自然选择"的结果,即来自对某种、某类条件性动作的极度否弃(比如卖淫嫖娼过程中单属于卖淫嫖娼的种种淫荡动作),或者极度赞同(比如孝顺父母的种种可视性举动)。意识形态本身就是完成性动作与条件性动作有意合谋的产物,比如我们多次提到的那句话:"婊子无情。"具体到我们这里,其结果似乎只能是:被生产出来的新一轮动作／行为,被生产出来的新一轮事情,就是这种权力性意识形态的结果。在"婊子无情"的原则下生产出的众多婊子的悲剧中包纳的种种事情与种种动作／行为,就是上佳例证。杜十娘怒沉百宝箱并在绝望中投水自尽,不过是对这一特定 discourse 的理解－解释导出的结局之一罢了。在远古时期,"祝"、"巫觋"以他们的种种动作／行为(即"较老"的动作／行为),表明他们能够与天相通,能够获知上天的旨意,这就使他们拥有了权力,并从艰苦的体力劳作中解放了出来,可以专事主祭,并被名之以"祝"、"巫觋"。这一"较老"的动作／行为在漫长的流变中,形成了一种高度意识形态化的教条(即意识形态的无意识特征):凡事都得听从"祝"和"巫觋"的指令。而"祝"之所以成为"祝",必须懂得"山川之号,高祖之主,宗庙之事,昭穆之世,齐(斋)敬之勤,礼节之宜,威仪之则,容貌之崇,忠信之质"等事项,"巫觋"之所以成为"巫觋",必须要具备如下能力:"精爽不携贰者,而又能齐肃衷正,其智能上下比义,其圣能光远宣朗,其明能光照之,其聪能听彻之。"① 上面提到的种种动作／行为,给了祝、巫觋以主祭的权力,这种权力本身就是话语定式,就是意识形态。可以设想,占据了意识形态高度的主祭者在主祭之后,肯定会得出或凶或吉的明确答案——这可以看成理解－解释或理解－解释的多样性的特殊样态;为应对吉凶,为应对这种具有效命特性的理解－解释,出于主祭者本身的权威性,肯定会有新一轮事情发生、新一轮动作／行为的被生产,比如,杀牛祭天或杀人祭天,等等。这些事情的发生,再明白不过地体现了意识形态在动作生产中的作用;而主祭者对自身权力的多重理解－解释,比如,今天将 A 星象理解－解释为 B,明天则为 C,后天居然为 D,如此等等,则必然会催生出复杂多样的新一轮动作／行为。

第二节　新一轮原初事实,新一轮三位一体

依照人改造世界的本质属性,理解－解释的多样性合目的地生产了新一轮动作／行为;新一轮动作／行为意味着新一轮事情,新一轮事情则命定地提供了新一轮原初事实和新一轮愿望。在这里,新一轮动作／行为、新一轮事情、新一轮原初事实、新一轮愿望,都以自身的

---

① 参阅《国语·楚语下》。

多样性,对理解—解释网络做出了正面回答。尤为重要的是,新一轮原初事实为人们可以谈论已经得到改造的**现实世界**提供了基础。新一轮原初事实的多样性为**谈论**提供了施展手足的空间,同时也意味着,它还为众多新一轮完成性动作提供了更多的选择余地。

更为重要的无疑是:在目的无意识的支配下,当有目的的谈论进入到**论述**层面(即 discourse 的第二重含义),论述本身也就有了足够的选择性,完全可以依照自身的目的进行工作。就是在这个基础上,出现了新一轮关于已**被改造过的现实世界**的众多 discourse。新一轮 discourse 的基础,依然是对新一轮事情的谈论,而且是对新一轮事情中天然包含着的新一轮动作／行为的谈论。谈论的方式一共有 4 种:叙事性的现在时的对眼下事情的谈论,叙事性的现在时的对远方事情的谈论,叙事性的过去时的对眼下事情的谈论,叙事性的过去时的对远方事情的谈论。在此,由理解—解释网络催生出来的动作／行为,构成了新一轮 discourse 的条件性动作——它在形成新一轮 discourse 的过程中,既被新一轮完成性动作修改为有目的性的动作／行为,又被新一轮完成性动作所凝结,从而构成了新一轮 discourse 的价值。在此特别需要点明的是,由于理解—解释的多样性,最终形成的新一轮 discourse 也必然呈现多样性的态势,这意味着新一轮价值也必然是多样的。

新一轮愿望,来源于对理解—解释网络催生出的新一轮事情的拒斥或认同。由于新一轮事情本身的多样性,新一轮愿望——那个仍然集经验事实和结论性命题于一体的愿望——同样以多样性的面貌首先存在于**已经被改造过的现实世界上**。但它在语言的帮衬下,注定要向可能世界飞升,直至被语言推演、消化为成品的可能世界。由于新一轮愿望的多样性,被生产出来的新一轮可能世界也必然以集团军式的多样性面孔出现。新一轮的可能世界与被改造的现实世界,始终处于平行的关系之中。在这里,谈论每一个新一轮愿望的方式同样有 3 种,即对眼下愿望的叙事性的过去时谈论,对眼下愿望的叙事性的现在时谈论,对眼下愿望的叙事性的将来时谈论。就是这 3 种方式,最终将质点性质的新一轮愿望在谈论中,推演为充满事情 B 的可能世界。可能世界照样形成了新一轮 discourse,可能世界上的新一轮 discourse 同样凝结了动作／行为作为自身的价值。由于新一轮愿望本身的多样性,新一轮可能世界也呈现多样性的态势,新一轮可能世界上的新一轮 discourse,也必然是多种多样的。这一切,归根结底,都起源于话语市场上的理解－解释网络,以及理解－解释网络自身运作的结果。与关于现实世界的新一轮 discourse 相比,可能世界上新一轮 discourse 的特殊之处仅仅在于:愿望来源于新一轮事情,而可能世界上的 discourse 来源于对新一轮事情或拒斥或认同的动作化,即生产出了新一轮事情 B 和新一轮可能事实。一般说来,愿望的通常句式是"**我想（要）……**""**我想（要）……**"既表达了对新一轮事情的认同或拒斥,又天然渴望以新一轮的、甚至看起来匪夷所思的事情 B 来实现自身。

理解－解释网络或理解－解释的多样性,导源于话语市场上完成性动作网络之中蕴涵的差异性;当理解－解释的多样性经过人的符合目的性地利用,并将之转化为改造世界的动作／行为,催生出理解－解释网络的完成性动作网络中所包纳的诸多完成性动作,也必然要溶解、融化在众多新一轮 discourse 之中。这一点极为重要,因为它意味着:在话语市场上,完成性动作的目的性甚或权力性必然要以各种各样的面目,积淀在新一轮 discourse 之中。催生理解－解释网络的面目不一、性质不同的各种目的无意识网络,也必然性地要对新一轮 discourse 施加影响。在这种情况下,如果我们再如福柯那样,以为只有话语定式之间的相互更替,甚至是全面更替,才是话语交流的唯一正确路线,如果不是荒唐的,起码也是幼稚的甚或别有用心的。

众多的、两种性质的新一轮事情(分别来自得到改造的现实世界和新一轮的可能世界),在 7 种谈论方式的帮助下,可以想见,在话语市场上,在流通领域中,又会形成新一轮语境网络。对新一轮语境网络起支撑作用的,仍然是潜藏在该语境网络之下的**新一轮三位一体**,即**新一轮条件性动作网络**、**新一轮完成性动作网络**、**新一轮价值网络的和合**。在这种性质的语境网络中,通过话语市场广泛而有效的运作,通过永无休止的第二度理解－解释,照样会生产出新一轮剩余价值网络、新一轮理解－解释网络。新一轮理解－解释的多样性产生了,并且同样将遵循

滚雪球原则不断扩大自身规模。更加重要的是,新一轮理解－解释网络,依照人改造世界的本质属性,照样会合乎人类目的性地生产出更新一轮的动作／行为。这同样是一个永无休止的过程,其结束,只可能出现在人类最后毁灭的一刹那。

众多被生产出来的新一轮 discourse,必将加入到它们辗转而来的出发地,即生产它们的那个语境网络,那个巨大而无形的车间。更准确地说,是流通领域,是话语市场。这意味着,新一轮语境网络势必加入到将它带到人间的那个"老"语境网络——它的母亲或称它雌雄同体的父母——从而形成一个规模更大、复杂程度更高的语境网络。在这个语境网络中,"新旧"剩余价值网络、"新旧"理解－解释网络、"新旧"条件性动作网络、"新旧"完成性动作网络、"新旧"价值网络,交织在一起,分别形成了比之于从前规模更大的网络。在这种情况下,规模更大的理解－解释网络被生产出来了;**在更大规模的、新一轮的话语市场上,规模更大**的理解－解释网络也得遵循滚雪球原则,也将按照我们已经描述过的路线和规律,用于改造世界,生产出更新一轮的动作／行为、更新一轮的事情、更新一轮的原初事实、更新一轮的愿望,当然,更新一轮的 discourse 以及 discourse 网络。

这里所说的更大规模的、新一轮的话语市场,是从理论上和逻辑上讲的。我们还来不及考虑新一轮语境网络加入到"较老"的语境网络时,组成这个更大规模的、新一轮的话语市场的某些 discourse 有死亡的命运。不过,这一现象即使发生,即使某些 discourse(无论是"较老"的还是新一轮的)不能免于灭亡的命运,仍然不影响我们的总体立论。这有两个原因。

第一,死去的 discourse 并不必然意味着在话语市场上失去了全部影响。作为历史产物,作为历史的一部分,它依然阴魂不散。尼采曾大声宣布上帝死了。即使上帝真如尼采所说的那样咽了气,也不能认为关于上帝的一切过往的 discourse 对当今的话语市场毫无影响。新的时代已经宣布了"天不变,道亦不变"的死刑,但并不意味着这个面色狰狞的 discourse 真的在新时代的话语市场上丝毫不发挥作用。这样的例证并不鲜见。

第二，discourse 和人不一样。人死不能复生，discourse 却可以借尸还魂、死灰复燃。这就如同某位哲人所说的那样：我们常常喜欢宣称某位思想家有更大的影响或消失了影响，不过是出于我们的处境和目的有意识地那么认为而已。discourse 的还魂丹始终掌握在人手里，掌握在人的目的性和人的处境手里。而人是最莫名其妙的动物，他异乎寻常的想象力，他匪夷所思的目的性，始终让他有机会和能力随手抛掷紧握在手的还魂丹，并且扔给了谁，谁就立即活了过来，并主动发言，重新在话语市场上发挥作用，重新占有程度不一的市场份额。要是考虑到历史内部涌动不息的力比多，事情就更是这样了。当然，情况也就更为复杂了。

因此，在 discourse 与动作／行为之间，始终呈现出一种周而复始的"循环"关系。但这不是一般的循环，更不是简单的圆形循环，而是呈螺丝那样的环状序列的循环，并且后起的一"圈"总是比先前那一"圈""面积"更大。这种螺丝状的循环序列有如下几个特点。

首先，前一个语境网络（它由若干以至于无穷个 discourse 组成，亦即"先前那一'圈'"）和后一个语境网络之间，有着或直接或间接的承传关系。

其次，后一个语境网络总是比前一个语境网络规模更大。

第三，支持后一个语境网络的"三位一体"（即价值网络、条件性动作网络和完成性动作网络的和合），总是比支持前一个语境网络的"三位一体"规模更大、范围更广。

第四，后一个语境网络对新一轮动作／行为、新一轮事情的生产能力，比前一个语境网络更大，也就是说，能生产出更多的动作／行为，更多的事情 A。

就这样，整个生产过程完全摆出了一副扩大再生产的架势。但理解上述特征的关键仍然在于：所有的语境网络都是由为数众多的 discourse 按照一定的理解－解释规则组合而成；无论这些 discourse 来源于现实世界，还是来源于可能世界，最终都是完成性动作的结果，并且都凝结了一定的条件性动作、都含有一定的价值量。因此，让螺丝状的循环序列得以具备如此这般特征的根本原因，仍然是动作／行为。而事情,不过是动作／行为水到渠成的结果而已。这情形,宛若海涅(Heinrich Heine)就思想家和政治行动者之间的关系所做的热情洋溢的说明:

> 记住吧,你们这些骄傲的行动者! 你们不过是思想家们不自觉的助手而已。……马克西里安·罗伯斯庇尔不过是卢梭的手而已,一只从时代的母腹中取出一个躯体的血手,但这个躯体的灵魂却是卢梭创造的。使让-雅克·卢梭潦倒终生的那种焦虑,也许正是由于卢梭在精神里早已预料到他的思想需要怎样一个助产士才能降生到这个世界上来,而产生的吧?①

第三节 对双重循环的尝试性解决

诚如导言早已简略表述过的,所谓双重循环其实只是一个循环。第一重循环针对话语生产,表征着话语生产过程中存在的循环规律;第二重则针对事情生产(或动作生产),表征着在生产事情的过程中存在的循环现象。它们不过是一个问题的两个方面。前者的基本意思是:谈论首先吸纳事情(即条件性动作),以经验事实或可能事实为形式,构成了 discourse 的初始性价值;价值及其投影(即第二度价值)则为论述、论述过程提供了必不可少的依据,并为结论性命题(即话语定式)的稳当站立,给予了更加必不可少的支持;话语定式(即结论性命题或通常意义上的意识形态)则在长期的文化遗传中内化为人的目的无意识;反过来,在话语生产中,目的无意识会赋予论述以特定的目的,论述必然会遵照特定的目的,唆使谈论吸纳它所需要的事情(当然也是条件性

---

① [德]海涅:《论德国宗教和哲学的历史》,海安译,商务印书馆,1972年,第99页。

动作),并以经验事实或可能事实为形式充当 discourse 的价值①,直至最终完成一个新的 discourse 甚或语境网络。后者的基本口吻是:事情经由谈论、论述、结论性命题并跃迁为话语定式或意识形态,话语定式或意识形态在长期的文化遗传中内化为人的目的无意识,反过来,目的无意识则会在暗中支配我们生产出符合目的性的新一轮事情。

至此,第一重循环(即话语生产中的循环)和第二重循环(即事情生产中的循环)之间的关系——它是**双重循环的内部关系**——应当被我们尽收眼底:话语生产过程中存在着的循环是以事情为根底的循环,事情生产过程中存在着的循环则是以 discourse 为依据的循环。这个结局之得来,仰仗两个相互交织的原因。一方面,事情生产是为了让人完成他的本质属性,是为了永无休止地深入改造属人的世界,是为了让属人的世界永无休止地更进一步人化(即马克思所谓的"自然的人化");为了完成这个始终满储着动作／行为的任务,必须不断生产新一轮、更新一轮以至于无穷新一轮的 discourse,以满足人的本质属性的根本需要。另一方面,话语生产是为了更深入地认识属人的世界,是为了让属人的世界永无休止地、进一步地、更进一步地得到我们的认识,而认识世界是为了更深入地改造世界,改造世界必须要落实到围绕着人组建起来的以动作／行为为基本内容的事情上,为此,我们必须不断依据 discourse 甚或语境网络的指导,生产出更多属人的事情,甚至生产出诸多落实到其他诸般物件身上的非人的事情,用以完成认识世界的目的。②

"新"、"旧"三位一体,始终处于发展壮大态势之中的"新"、"旧"三

---

① 在此,根据本书前面的详细论述,所谓的可能事实,其动作/行为间接性地来源于事情 A,因此,归根到底它仍然来源于现实世界。

② 中国版的马克思主义者经常说人类认识是从感性到理性再从理性到感性。这个过程也是一个循环,而且初看上去和我们这里说的双重循环具有相似性。这其实是一个误解。在中国版的马克思主义者那里,所谓理性是指人对世界的规律性认识,所谓感性则是指人的实践活动。而在我们这里,话语远比规律规模更大,事情也比实践活动范围更广;更重要的是,双重循环要处理的重心在于人类的言语实践及其基础,而不是人类对世界的改造。

位一体,给了不断扩大自身规模的语境网络以坚定的支撑;语境网络在话语市场上,在目的无意识网络的支持下,依照话语生产中存在着的循环规律,必然会形成不断扩大自身规模的剩余价值网络和理解一解释网络;不断扩大自身规模的理解一解释网络依照事情生产中存在着的循环规律,则会创造性地生产出同样不断扩大自身规模的事情网络。在此,我们可以依据本书已有的论述,将第一重循环(即话语生产上的循环)和第二重循环(即事情生产上的循环)之间看似复杂的关系更进一步地改写如下:事情生产和话语生产不仅相互造就,而且是以扩大再生产的方式彼此催生出更多的对方;因此,它们之间的关系,如同剩余价值网络和理解一解释网络之间的关系一样,也得听从**滚雪球原理**的吩咐。

滚雪球原理再明白不过地昭示了:事情生产和话语生产之间彼此催生对方的扩大再生产运动,始终是一个既看不到开头又看不到结尾的过程,是一个前一轮生产规模永远小于后一轮生产规模的永无休止的过程,并且永远是前一轮生产开创、催生、唆使后一轮生产的连续不断的过程,前一轮生产与后一轮生产根本不可能呈现出截然断裂的态势。在它们之间,始终具有各种各样藕断丝连的关系。双重循环的最大秘密之一就在这里:只要说到话语生产,就必然涉及事情和事情生产,因为以可视的动作/行为为标志的事情,不仅是话语生产得以实施的前提,也是话语生产的最终目的;不仅如此,新一轮被生产出来的事情又能成为新一轮 discourse 可以借重和吸纳的对象。同样的道理,只要说到事情生产,就必然涉及话语和话语生产,因为对人、对人的认识来说,话语才是事情的最终归宿,而话语的存在必须仰仗话语生产;不仅如此,新一轮被生产出来的 discourse 以及由此而来的新一轮语境网络,又能成为新一轮事情得以出生的母体。最后,只要我们说到事情生产和话语生产,就一定意味着它们彼此催生对方的运动总是呈波浪式地向前跃进,而且后一波总是比前一波"面积"更大。

正是双重循环中隐藏着的如此这般的秘密,派生出以下两个和"贝格尔号"紧密相关的重要后果。

第一,以追溯鸡生蛋抑或蛋生鸡的方式去追溯究竟是话语在前还是事情在前,或者以还原主义的方式去追溯最早的 discourse 姓甚名谁,都将是极其错误的。因为如果事情不进入语言空间,事情对人就毫无意义;因为对人而言,所有的事情总是语言之中的事情(即经验事实)。这有点类似于最初的鸡是由爬行动物进化而来的,根本就不是某个具有创生能力的蛋给刨弄生出来的,因此根本就不存在发生学意义上的鸡—蛋问题。

第二,人类历史不是话语定式之间全面、截然的更替史,而是事情的更替史,更是事情造就的 discourse 以及语境网络再一次造就的属人的事情的更替史。只将人类史看成话语定式之间的更替史,很可能既小看了人类,也蔑视了 discourse。不过,"事情的更替"中的那个"更替"绝不能理解为断裂,只能理解为前后承续,前一轮事情或事情网络与后一轮事情或事情网络之间的联系远大于断裂;无论是在话语定式之间还是在事情之间,承续关系始终是第一关系。因此,无论是所谓的话语史还是人类史,都是连续地、波浪式地随时间的变迁向前推移。为了更清楚地说明这个问题,有必要针对福柯再说几句,因为福柯的话语理论对各种性质、各种型号的话语拜物教有着决定性影响。

福柯坚持认为,意识、知识的历史是断裂的,各个 discourse 之间的关系,甚或各个语境网络之间的关系,根本不是呈螺丝状或波浪式的循环序列,而是后者全方位地更替前者。因此,从来就不存在话语和事情彼此催生对方的扩大再生产过程,更不存在**滚雪球原理**,而是参与更替的各个 discourse 甚或语境网络之间彼此独立,并且呈现出各自封闭的态势。总而言之,封闭的过程代替了扩大再生产的过程,静止代替了滚雪球。这或许是受了索绪尔语言学理论中"共时性"观念潜移默化的影响。尽管福柯不那么承认自己是结构主义的信徒,但他却始终愿意强调,所有参与更替的 discourse 甚或语境网络,只有在共时性层面上得到"考古学"研究,才是合法的,也才是有道理的。在《词与物》中,福柯更是追本溯源,试图通过大量实例更精确、更具体地说明自己的理论。在福柯看来,在文艺复兴时期,符号被分为三个系统:符号本身、被符号指称的实物以及联结两者的相似(similitudes)。这个时期的语言符号对事物的展示遵循相似性原则(resemblance),而相似性有四种形态:

便利（convenience）、模照（aemulatio）、类比（analogy）、感应（sympathy）。相似以同一性维系世界。到了17世纪，相似原则被比较（comparison）原则全方位取代，比较分为两类：度量概念和秩序概念。由此，文艺复兴时代的相似与符号转变为17世纪的符号与表现（representation）。历史据说就这样十分简单、便捷地前进了。符号的意义也不来自世界，而是来自表现自身，所谓语言即思想。而语言是一种功能，是一种表达"表现"的语词符号系统。这很可能就是福柯所谓的"断裂"以及"断裂"在人类认知史上的意义或功效。

值得注意的是，福柯在自己的论述中，早已摆出了话语拜物教信徒的强烈姿势——或者，从被无数人恭维过的历史主义的维度看，福柯早已端出了话语拜物教教主的架子。在他那里，似乎只有成型的discourse（主要集中在话语定式上）才是唯一值得关注的对象，discourse的动作来源几乎完全被删除了——或许只有完成性动作隐隐约约存于其中；只有discourse与discourse之间的全面更替、语境网络和语境网络之间的全面更替，而彼此间的承继关系则被全方位地阉割掉了。但福柯的观点显然不符合discourse或语境网络生产的实际情况，更不符合双重循环所拥有的秘密。实际上，**新旧 discourse** 之间、**新旧语境网络**之间的关系，远非福柯认为的那样总是呈断裂的态势，更不用说呈彻底断裂的态势。

只要充分考虑discourse与语境网络的动作／行为来源，只要不机械地、不过分狂妄地将discourse甚或语境网络看成自在之物，我们就会承认：根本不可能从后一个discourse或语境网络中，将前一个discourse或语境网络全面、彻底、干净地清除出去。对此，不仅双重循环所拥有的秘密会持绝对否定的态度，而且全面、彻底、干净地清除本身就是幻想、梦想和痴心妄想。一切话语网络和一切discourse，归根到底都来源于对各种条件性动作的有目的地吸纳，一切话语网络和一切discourse，都注定要参与到以扩大再生产为根本特点的循环运动过程之中。其实，福柯的诸多论述已经从相反的方向暗示了这一结论。遗憾的是，由于他理论目的的过于强烈，理论野心的过于直率，让他完全无暇顾及这一根本的关节点。

结论:并非无谓的补充

> 亨,小利贞,初吉终乱。
> ——《周易·既济》
> 亨,小狐汔济,濡其尾,无攸利。
> ——《周易·未济》

双重循环以及双重循环拥有的内部秘密,既显示了人的伟大,也昭示了我们的宿命。就伟大那方面来说,我们可以借用**话语生产**和**事情生产**以扩大再生产的方式彼此催生出更多的对方来改造世界;就宿命那方面来说,我们只能利用话语生产和事情生产遵循滚雪球原理彼此催生出更多的对方来修理世界。所谓改造世界或修理世界,从最抽象的意义上说,它体现了人的本质力量;从最感性的意义上说,就是让山河改道,让人类穿上不是旨在保暖而是意在美观的时装。无论是上天(比如到达火星)入地(比如钻石油),还是在电影院看了一部催人泪下或惹人大笑的片子,都算得上改造世界,都来自双重循环及其内部秘密的最终功用。

而改造世界,绝不仅仅意味着通过属人的或非人的动作／行为,让世界发生了有利于人的变化,更重要的是,它满足了我们的愿望。而愿望,诚如我们早已论述过的那样,基于我们对唯一一个现实世界上生生不息的事情 A 所拥有的态度。不仅关于愿望的 discourse 生产出的可能世界和事情 B 体现了我们的愿望,关于现实世界的 discourse 生产出的事情 A,也从更为深刻、更为隐蔽的角度上,体现了我们的愿望。

因为被生产出来的事情A组成的那个现实世界,既意味着原有的现实世界得到了改造,更意味着被改造的世界较之于从前那个现实世界上的人来说,具有可能世界的特征。波谱尔就曾意味深长地说过,不是赚钱的欲望而是飞翔的愿望让我们发明了飞机;很显然,有飞机的世界,就是发明了飞机之前的那个世界上的人的可能世界。诚然,关于现实世界的 discourse 首先是对事情A的有效结论,但这种 discourse 究竟生产出何种挺立在现实世界上的事情A,则取决于我们的愿望。人类之所以自愿受制于双重循环的内部秘密、最大秘密,不懈地生产各种关于事情A的 discourse,就是为了生产出能够体现我们各种各样愿望的新一轮事情A。愿望才是最大的人性、最大的目的无意识。

在此,必须要为我们曾经大力痛斥过的**历史目的论**说几句公道话。尽管作为一种特定的 discourse,历史目的论既不符合逻辑,也不是对事情A的真实结论,历史既拿不出它的目的,在大多数时候历史目的论还为我们带来了灾难(这也是我们曾经痛斥它的理由),但它符合我们的内心。因为我们最相信的东西,往往是最不具有真实性的东西——我们需要不真实的东西为我们壮胆。何况历史目的论还是人类能够制造出来的最大、最超级的愿望,无论是基督教的天堂、上帝之城邦,还是伟大而缥缈的共产主义。它表征了人类对自身命运的担忧、关注、设计和肯定,是对一切现存的事情A的否弃。作为一个超级愿望,作为特定的目的无意识,也作为典型的意识形态,历史目的论相对于现实世界真实与否是不重要的,重要的是,它**真实地**表达了人类对幸福的永恒不灭的追求。即使人那么渴望获得关于现实世界的、符合事情真相的、具有经验真实特性的 discourse,按照我们的愿望,也仅仅是为了保证现实世界上存在着的正义不遭到伤害(比如判吴清娃有罪),仅仅是为了创造一个越来越符合我们内心需要的、不断被我们所逼近的**幸福世界**。从某种程度上,幸福世界是历史目的论的别名。奥斯汀说得好,只求真不符合我们的内心需要,也不是 discourse 追求的唯一目标,甚至不是最主要的目标,尽管这样说并不意味着共识即真、有用即真是正确的。那是两个不同层次上的问题。诚如赵汀阳所说:"我们不仅需要关于世界的真理(truths of the world),而且需要真诚地处理世界

(be true to the world)。"①很难设想生活在一个只有真实性的世界里，人会是什么样子——或许扎米亚京(Zamyatin)的《我们》揭露了这种严峻的人生生态。

诚如嚣张无比的历史主义宣称的，一切意识形态、一切语境网络、一切动作／行为、一切目的无意识网络、一切三位一体，都是历史的产物，都只能放在历史语境中进行观察，才不至于犯下形而上学的低级错误。但历史目的论，那个从真实性的出源处看从不真实的历史目的论，在排除可能带来的灾难后，有望成为一个例外。因为它表征着我们对幸福的追求，而幸福，绝不能被历史主义式地处理，不能成为被解剖的对象，不能成为相对主义祭坛上的供奉。因为它是从一开始就**自然正确**(nature right)的东西，而且至死不变动自身的遗传密码。这里容不得半点商量。只要历史目的论始终表征着人类对幸福的追求，它就必须得到公正的对待②。幸福是愿望的核心。

双重循环的最后秘密存在于人类的愿望之中。愿望才是最大的意识形态，才是双重循环之所以为双重循环的最大支撑体，才是双重循环生生不息地运动下去的最大加油站。没有愿望作为终极根源，没有愿望中始终存在的那个可能世界，双重循环就是毫无意义的，discourse就是不及物的，由此生发出来的话语市场也是将毫无意义的。在航行到终点站之前，"贝格尔号"想说的最后一句话是：双重循环最终昭示的是诗，但那无疑是诗中之诗，是永恒之诗，也是关于永恒之愿望的永恒之诗。

2003年10月～2004年5月，北京丰益桥初稿。
2005年10月～11月，北京丰益桥二稿。

---

① 赵汀阳：《论可能生活》，中国人民大学出版社，2004年，第166页。

② 恩斯特·布洛赫(Ernst Bloch)曾在他的希望哲学里将希望(Hoffnung)当成人类前进的根本动力，但作为一个最广义的马克思主义者，他是将希望和物质条件的进一步满足当成终极指标的(参阅倪梁康《会意集》，东方出版社，2001年，第146～148页)。本书所谓的愿望，从内涵上大于布洛赫的希望：愿望和物质的满足相连，但不以物质为评价愿望的终极指标；愿望在骨子里倡导的是人对幸福的追求以及对幸福的追求的权力。

参 考 文 献

一、中文部分

《二十四史》

《说文解字》

《尔雅》

《诸子集成》

《四书》

《周易》

《左传》

《谷梁传》

《公羊传》

《礼记》

《国语》

《荀子》

《墨子》

《庄子》

《大乘义章》

《大珠禅师语录》

《复堂类稿》

刘歆:《西京杂记》
刘勰:《文心雕龙》
刘知几:《史通》
唐甄:《潜书》
戴震:《孟子字义疏正》
顾炎武:《日知录》
陆德明:《经典释文》
李渔:《闲情偶寄》
袁枚:《随园诗话》
刘向:《列女传》
张大复:《梅花草堂笔谈》

张德彝:《航海述奇·欧美环游记》,岳麓书社,1985年。
《章太炎全集》,上海人民出版社,1985年。
金岳霖:《知识论》,商务印书馆,1983年。
陈嘉映:《泠风集》,东方出版社,2001年。
陈嘉映:《语言哲学》,北京大学出版社,2003年。
陈嘉映:《思远道》,福建教育出版社,2000年。
《洪谦选集》,吉林人民出版社,2005年。
张志扬:《语言空间》,福建教育出版社,2000年。
赵一凡:《欧美新学赏析》,中央编译出版社,1996年。
王路:《走进分析哲学》,三联书店,1999年。
王路:《世纪转折处的哲学巨匠弗雷泽》,社会科学文献出版社,2002年。
杨玉成:《奥斯汀:语言现象学与哲学》,商务印书馆,2002年。
冯志伟:《现代语言学流派》,陕西人民出版社,1999年。
马庆株:《汉语动词和动词性结构》,北京语言学院出版社,1996年。
俞吾金:《意识形态论》,上海人民出版社,1993年。
杨君等:《妓女史》,上海文艺出版社,1995年。
徐友渔等:《语言与哲学》,三联书店,1996年。

李泽厚:《历史本体论》,三联书店,2002年。
李泽厚:《中国古代思想史论》,安徽文艺出版社,1995年。
李泽厚:《己卯五说》,中国电影出版社,1999年。
刘禾:《跨语际实践》中译本,三联书店,2002年
孟登迎:《意识形态与主体建构》,中国社会科学出版社,2002年。
陆扬:《后现代性的文本阐释》,上海三联书店,2000年。
欧力同、张伟:《法兰克福学派研究》,重庆出版社,1990年。
金泽:《宗教禁忌》,中国社会科学出版社,1998年。
林明峪:《台湾民间禁忌》,台湾联亚出版社,1981年。
章义和、陈春雷:《贞节史》,上海文艺出版社,1995年。
曹卫东:《交往理性和诗学话语》,天津社会科学院出版社,2001年。
杨树达:《汉文文言修辞学》,科学出版社,1954年。
姚小平:《洪堡特》,外语教学与研究出版社,1995年。
王福祥:《话语语言学概论》,外语教学与研究出版社,1994年。
徐赳赳:《现代汉语篇章回指研究》,中国社会科学出版社,2003年。
赵汀阳:《二十二个方案》,辽宁大学出版社,1998年。
赵汀阳:《没有世界观的世界》,中国人民大学出版社,2003年。
赵汀阳:《论可能生活》,中国人民大学出版社,2004年。
赵汀阳:《直观》,福建教育出版社,2000年。
赵汀阳:《长话短说》,东方出版社,2001年。
余英时:《论戴震与章学诚》,三联书店,2000年。
严家其:《首脑论》,上海人民出版社,1986年。
任骋:《中国民间禁忌》,作家出版社,1990年。
张隆溪:《走出文化的封闭圈》,三联书店,2004年。
耿占春:《叙事美学》,郑州大学出版社,2002年。
张大春:《小说稗类》,广西师范大学出版社,2004年。
韩少功:《暗示》,人民文学出版社,2002年。
《钱锺书论学文选》,花城出版社,1990年。
金克木:《末班车》,中央编译出版社,1996年。
启功:《汉语想像论丛》,中华书局,1997年。

钟鸣:《旁观者》,海南出版社,1998年。
葛兆光:《中国思想史》,复旦大学出版社,1997年。
黄裕生:《时间与永恒:论海德格尔哲学中的时间问题》,社会科学文献出版社,1997年。
陈波:《奎因哲学研究》,三联书店,1998年。
倪梁康:《会意集》,东方出版社,2001年。
李零:《中国方术考》,人民中国出版社,1993年。
王小章等:《潜意识的诠释》,中国社会科学出版社,1998年。
尚杰:《归隐之路——20世纪法国哲学的踪迹》,江苏人民出版社,2002年。
江怡:《维特根斯坦:一种后哲学的文化》,社会科学文献出版社,2002年。
张小波:《重现之时》,新世纪出版社,2002年。
敬文东:《被委以重任的方言》,中国人民大学出版社,2003年。
敬文东:《指引与注视》,中国文史出版社,2001年。

[古希腊]亚里士多德:《形而上学》,商务印书馆,1959年。
[古希腊]亚里士多德:《诗学》,商务印书馆,1996年。
[古希腊]亚里士多德:《政治学》,中国人民大学出版社,2003年。
[德]康德:《未来形而上学导论》,商务印书馆,1982年。
[德]《马克思恩格斯选集》,人民出版社,1972年。
[德]马克思:《资本论》,人民出版社,1975年。
[俄]《列宁全集》,第20卷,人民出版社,1971年。
[英]罗素:《权力论》,商务印书馆,1998年。
[英]罗素:《宗教与科学》,商务印书馆,1983年。
[德]海德格尔:《存在与时间》,三联书店,1987年。
[德]海德格尔:《在通向语言的途中》,商务印书馆,1997年。
[美]罗蒂:《后哲学文化》,上海译文出版社,1992年。
[美]罗蒂:《真理与进步》,华夏出版社,2003年。
[美]罗蒂:《偶然、反讽与团结》,商务印书馆,2003年。

［德］哈贝马斯：《交往行为理论》第一卷,2004年,

［英］怀特海：《思想方式》,华夏出版社,1999年。

［英］怀特海：《怀特海文录》,浙江文艺出版社,1999年。

［美］马蒂尼奇编：《语言哲学》,商务印书馆,1998年。

［美］帕森斯：《社会行动的结构》,上海译文出版社,2003年。

［美］塞尔：《心灵、语言和社会》,上海译文出版社,2001年。

［美］克里普克：《命名与必然性》,上海译文出版社,2001年。

［美］万德勒：《哲学中的语言学》,华夏出版社,2002年。

［瑞士］皮亚杰：《发生认识论》,商务印书馆,1996年。

［瑞士］皮亚杰：《儿童的语言与思维》,文化教育出版社,1980年。

［美］马丁·杰：《法兰克福学派史》,广州出版社,1996年。

［法］福柯：《词与物》,上海三联书店,2001年。

［法］福柯：《性经验史》,上海世纪出版集团,2001年。

［法］福柯：《知识考古学》,三联书店,1997年。

［法］福柯：《疯癫与文明》,三联书店,1999年。

［法］福柯：《临床医学的诞生》,译林出版社,2001年。

［德］卡西尔：《语言与神话》,三联书店,1988年。

［德］卡西尔：《人论》,上海译文出版社,1985年。

［英］维特根斯坦：《哲学研究》,上海人民出版社,2001年。

［英］维特根斯坦：《逻辑哲学论》,商务印书馆,1987年。

［美］蒯因：《从逻辑的观点看》,上海译文出版社,1987年。

［美］蒯因：《真之追求》,三联书店,1999年。

［英］伊格尔顿：《二十世纪西方文论》,陕西师范大学出版社,1986年。

［美］海登·怀特：《后现代历史叙事学》,中国社会科学出版社,2003年。

［美］海登·怀特：《元史学》,译林出版社,2004年。

［美］华莱士·马丁：《当代叙事学》,北京大学出版社,1990年。

［美］弗雷德里克·詹姆斯：《语言的牢笼》,百花洲文艺出版社,1995年。

［美］弗雷德里克·詹姆逊：《马克思主义与形式》,百花洲文艺出版社,

1995年。

［美］弗雷德里克·詹姆逊:《政治无意识》,中国社会科学出版社,1999年。

［美］莫里斯:《指号、语言和行为》,上海人民出版社,1989年。

［美］麦克洛斯基等:《社会科学的措辞》,三联书店,2000年。

［法］路易-让·卡尔蒂:《结构与符号》,北京大学出版社,1997年

［美］华生:《行为主义》,浙江教育出版社,1998年。

［英］赖尔:《心的概念》,上海译文出版社,1988年。

［法］梅特里:《人是机器》,三联书店,1957年。

［意］艾柯:《阐释和过度阐释》,三联书店,1997年。

［瑞士］索绪尔:《普通语言学教程》,商务印书馆,1996年。

［法］蒂费纳·萨莫瓦约:《互文性研究》,天津人民出版社,2003年。

［法］《热奈特论文集》,百花文艺出版社,2001年。

［英］阿兰·谢里登:《求真意志》,上海人民出版社,1997年。

［美］约翰·肯尼斯·加尔布雷思:《权力的分析》,湖北人民出版社,1988年。

［意］维柯:《新科学》,人民文学出版社,1986年。

［法］萨福安:《结构精神分析学》,天津社会科学出版社,2001年。

［法］梅里美:《查理第九时代的轶事》,人民文学出版社,1958年。

［美］米德:《心灵、自我与社会》,华夏出版社,1999年。

［法］卢梭:《论语言的起源》,上海人民出版社,2003年。

［法］柏格森:《时间与自由意志》,商务印书馆,2004年。

［法］柏格森:《材料与记忆》,华夏出版社,1999年。

［俄］《巴赫金全集》,河北教育出版社,1998年。

［美］泰勒:《现代性之隐忧》,中央编译出版社,2001年。

［美］赛义德:《赛义德自选集》,中国社会科学出版社,1999年。

［美］赛义德:《知识分子论》,三联书店,2002年。

［美］萨义德:《文化与帝国主义》,三联书店,2003年。

［英］卡尔·波谱尔:《通过知识获得解放》,中国美术学院出版社,1996年。

[英]卡尔·波谱尔:《猜想与反驳》,上海译文出版社,1986年。

[法]阿尔都塞:《保卫马克思》,商务印书馆,1984年。

[法]阿尔都塞:《意识形态与意识形态国家机器》,《马列主义研究资料》1988年第4辑。

[中]陈越编:《哲学与政治:阿尔都塞读本》,吉林人民出版社,2003年。

[美]苏珊·桑塔格:《疾病的隐喻》,上海译文出版社,2003年。

[古罗马]奥古斯丁:《忏悔录》,商务印书馆,1996年。

[古罗马]奥古斯汀:《论灵魂的起源》,中国社会科学出版社,2004年。

[德]马尔库斯:《单面人》,上海译文出版社,1988年。

[德]马尔库斯:《爱欲与文明》,上海译文出版社,1988年。

[德]伽达默尔:《科学时代的理性》,国际文化出版公司,1988年。

[德]伽达默尔:《真理与方法》,上海译文出版社,2004年。

[德]《本雅明文选》,中国社会科学出版社,1999年。

[英]弗雷泽:《金枝》,中国民间文学出版社,1987。

[法]让-皮埃尔·韦尔南:《希腊思想的起源》,三联书店,1996年。

[奥]弗洛伊德:《性质与文明》,安徽文艺出版社,1996年。

[秋]弗洛伊德:《一个幻觉的未来》,华夏出版社,1999年。

[瑞士]《容格文集》,改革出版社,1997年。

[德]弗洛姆:《逃避自由》,工人出版社,1987年。

[德]弗洛姆:《为自己的人》,三联书店,1988年。

[德]弗洛姆:《在幻想锁链的彼岸》,工人出版社,1986年。

[德]赖希:《法西斯主义的群众心理学》,重庆出版社,1990年。

[法]列维-布留尔:《原始思维》,商务印书馆,1986年。

[德]胡塞尔:《现象学观念》,上海译文出版社,1986年。

[美]阿瑟·奥肯:《平等与效率》,华夏出版社,1999年。

[美]弗朗兹·博厄斯:《人类学与现代生活》,华夏出版社,1999年。

[德]洪堡特:《论人类语言结构的差异及其对人类精神发展的影响》,商务印书馆,1997年。

[法]巴尔特:《流行体系——符号学与服饰符码》,上海人民出版社,2000年。

［美］威廉·詹姆士:《实用主义》,商务印书馆,1979年。

［中］张京媛主编:《新历史主义与文学批评》,北京大学出版社,1993年.

［丹麦］克尔凯郭尔:《恐惧与颤栗》,华夏出版社,1999年。

［美］希利斯·米勒:《解读叙事》,北京大学出版社,2002年。

［美］利奇:《语义学》,上海外语教育出版社,1987年。

［德］赫尔德:《论语言的起源》,商务印书馆,1998年。

［英］艾耶尔:《二十世纪哲学》,上海译文出版社,1987年。

［俄］维果茨基:《语言与思维》,浙江教育出版社,1997年。

［英］索利:《英国哲学史》,山东人民出版社,1992年。

［法］尤塞夫·库尔泰:《叙述与话语符号学》,天津社会科学院出版社,2001年。

［日］西槇光正编:《语境研究论文集》,北京语言学院出版社,1992年。

［美］霍克斯:《结构主义和符号学》,上海译文出版社,1982年。

［法］列维-斯特劳斯:《忧郁的热带》,三联书店,2000年。

［法］列维-斯特劳斯:《野性的思维》,商务印书馆,1987年。

［德］列奥·施特劳斯:《自然权力与历史》,三联书店,2003年。

［美］阿伦·布洛克:《西方人文主义传统》,三联书店,1997年。

［英］马林诺夫斯基:《神圣的性生活》,知识出版社,1998年。

［古希腊］赫西俄德:《工作与时日·神谱》,商务印书馆,1997年。

［美］伯曼:《一切坚固的东西都烟消云散了》,商务印书馆,2003年。

［美］德里克:《后革命氛围》,中国社会科学出版社,1999年。

［美］诺曼·费尔克拉夫:《话语与社会变迁》,华夏出版社,2003年。

［法］迪迪埃-埃里蓬:《权力与反抗:米歇尔·福柯传》,北京大学出版社,1997年。

［法］加里·吉廷:《20世纪法国哲学》,江苏人民出版社,2005年。

［澳］丹纳赫等:《理解福柯》,百花文艺出版社,2002年。

［美］卡林内斯库:《现代性的五副面孔》,商务印书馆,2003年。

［法］德勒兹:《哲学与权力的谈判》,商务印书馆,2001年。

［美］查尔斯·泰勒:《现代性之隐忧》,中央编译出版社,2001年。

[法]弗朗索瓦·多斯:《从结构到解构:法国20世纪思想主潮》,中央编译出版社,2004年。
[美]巴特利:《维特根斯坦传》,东方出版中心,2000年。
[英]欧克肖特:《政治中的理性主义》,上海世纪出版集团,2003年。
[俄]爱伦堡:《人·岁月·生活》,花城出版社,1998年。
[意]《卡尔维诺文集》,译林出版社,2001年。
[日]清水澄《经济法律辞典》,上海群益社发行,1907年。
[法]蒙克利夫编:《圣殿下的私语:阿伯拉尔与爱洛伊丝书信集》,广西师范大学出版社,2001年。
[捷克]米兰·昆德拉:《不朽》,作家出版社,1992年。
[法]薇依:《在期待中》,上海三联书店,1994年。
[意]艾柯:《傅科摆》,作家出版社,2003年。
[美]尤金·N.安德森:《中国食物》,江苏人民出版社,2003年。
[德]海涅:《论德国宗教和哲学的历史》,商务印书馆,1972年。
[法]梅洛-庞蒂:《知觉的首要地位及其哲学结论》,三联书店,2002年。
[法]梅洛-庞蒂:《知觉现象学》,商务印书馆,2003年。
[美]柯文:《历史三调:作为事件、经历和神话的义和团》,江苏人民出版社,2000年。
[德]诺贝尔·埃里亚斯:《文明的进程》,三联书店,1998年。
[意]康帕内拉:《太阳城》,商务印书馆,1960年。
[德]霍克海默、阿多诺:《启蒙辩证法》,上海人民出版社,2003年。
[法]德里达:《论文字学》,上海译文出版社,1999年。
[法]德里达:《一种疯狂守护着的思想》,上海人民出版社,1997年。
[德]曼海姆:《意识形态与乌托邦》,华夏出版社,2001年。
[美]约翰·迈尔斯·弗里:《口头诗学:帕里-特德理论》,社会科学文献出版社,2000年。
[法]德勒兹:《福柯·褶子》,湖南文艺出版社,2001年。
[美]詹姆斯·米勒:《福柯的生死爱欲》,上海人民出版社,2003年。
[法]涂尔干:《宗教生活的基本形式》,上海人民出版社,1999年。
[美]达米特:《分析哲学的起源》,上海译文出版社,2005年。

[美]丹尼尔·贝尔:《资本主义文化矛盾》,三联书店,1992年。
[美]卡尔-奥托·阿佩尔:《哲学的改造》,上海译文出版社,1994年。
[法]齐格蒙特·鲍曼:《全球化——人类的后果》,商务印书馆,2001年。
[英]理查德·迈尔文·黑尔:《道德语言》,商务印书馆,2004年。
[美]帕克里克·加登纳:《历史解释的性质》,文津出版社,2005年。
[英]埃德蒙·柏克:《自由与传统》,商务印书馆,2001年。
[法]保罗·利科:《历史与真理》,上海译文出版社,2004年。
[法]米哈伊尔·苏波特尼克:《言语行为哲学》,天津人民出版社,2003年。
[美]欧文·白璧德:《文学与美国的大学》,北京大学出版社,2004年。
[英]休谟:《人类理解研究》,商务印书馆,1972年。
[俄]《雅各布逊文集》,湖南教育出版社,2001年。
[法]孟德斯鸠:《论法的精神》,商务印书馆,1992年。
[法]弗朗索瓦·于连:《迂回与进入》,三联书店,1998年。

刘正爱:《"恢复"赫图阿拉城》,《读书》2004年第12期。
杨正润:《回忆的缺陷》,《文汇读书周报》2002年3月8日。
王 路:《"是"、"是者"、"此是"与真——理解海德格尔》,《哲学研究》1998年第6期。
刘大为:《破格句研究》,《华东师范大学学报》1989年第2期。
杨贞德:《历史、论述与"语言分析"》,贺照田主编《学术思想评论》第九辑,吉林人民出版社,2003年。
敬文东:《追寻诗歌的内部秘密》,《中国诗歌评论》,2002年第3辑,人民文学出版社。
敬文东:《在新的书写工具的挤压下》,《莽原》1999年第6期。
敬文东:《和〈盗花贼〉有关的七条不连贯的注记》,《新诗》第3辑,2003年。

二、英文部分

1. Austin, *Truth*, *Philosophical Papers*, Oxford University Press 1950.
2. Erich Auerbach, *The Mimesis*: *The Representation of Reality in Western Literature*, trans. Willard Trask, New York, 1975.
3. P. F. Strawson, *Logico-Linguistic*, *Papers*, Methuen Co. Ltd, London, 1971, p197.
4. Bruce Brooks, A. Tack Brooks, *The Original Analects*: *Sayings of Confucius and His Successors*, New York: Columbia University Press, 1998.
5. L. Hjelmselv, *Prolegomena to a Theory of Language*, 1953.
6. G. Bergmann 7 *Acts*, *in Logic and Reality*, The University of Wisconsin Press, 1964.
7. Jean-Francois Lyotard, *Libidinal Economy*, trans. Iain Hamilton Grant. London: Athlone, 1993.
8. J. Lotman, *The Structure of the Artistic Text*, Trans I. R. Vroom, Ann Arbor, Michigan, 1977.
9. M. H. Abrams, "*How to do things with text*", see *Doing Things With text*: *Essays in Criticism Theory*, New York, 1989.
10. Gerald Genette, *Boundaries of Narrative*, New Literary History 8, no. 1 Autumn 1976.
11. T. Eagleton, Ideology: *an introduction*, London: Verso 1991.
12. Fukuyama, *The End of History and the Last Man*, Free, 1992.
13. Michael Pecheux, *Language*, *Sematics and Ideology*: *Stating the Obvious*. London: Macmillan, 1982.
14. L. Wittgenstein, *Notebooks* 1914 — 1916, ed. By G. H. Von Wright and G. E. M. Anscombe, Basil Blackwell, 1979.
15. H. Aram Veeser, ed., *The New Historicism*. New York:

Routledge,1989。
16. Raymond Williams, *Keywords: A Vocabulary of Culture And Society*,Oxford University Press,1976。
17. Stanley Cavell,"*The Availability of Wittgensitein's Later Philosophy*",Philosophy Review,vol71(1962 年)。
18. Stanley Cavell, *Must We Mean What We Say*, in *Must We Mean What We Say*,Cambridge University Press,1976。
19. Clifford Greertz, *The Interperation of Cultures*, Basic books, NY,1973.

后　　记

本书历时数年,在 2004 年 5 月终于初步竣工;在其后一年多时间里,经过两次大规模的修订,终于成为现在这番模样。为了表达此时此刻依然惶恐的心情,我愿意不避累赘地将"初稿后记"放在这里,作为本篇"后记"的"前记":

退后五年,我绝不会想到写作如此艰难。其困难程度,足以让我这个热爱写作的人放弃写作。近几年来,我老觉得自己写下的东西完全可有可无。但在二十出头的时候,我觉得自己肯定会写下惊世之作,以便对得起多年来消耗的粮食、水和空气。水和空气是上天的恩赐,不说也罢;可粮食是别人的贡献呐。难道我只能炮制一些垃圾换钱,去诈骗水深火热之中的农民们用血汗换来的粮食?这让我极端恐惧和羞愧。差不多两年前吧,我在一首诗里写道:

十年来,一切都变了:胆子
越来越小,路越走越窄。当年说过的许多
大话,让我心惊肉跳。告诉你:
如今我的工作只是清扫自己动作中的垃圾。

(《1992—2002》)

十年？那该是多么遥远的时日啊。如今，一切都远去了，连同垃圾与豪情。在这个初夏的雨夜，我正在为刚刚完成的又一本书的初稿写一篇可有可无的后记。我不知道这本书是不是又会等同于垃圾，也不想说我为这本书付出的代价——那的确是以太多的时间和精力为代价的。我只想说，从这本书起，我坚决不再写那些漂亮的废话，那些言不及义的唯美之词。这个决心可是下得太晚了。在这个夜深人静的雨夜，我只希望我的文字、我的思想，有着泥土一样的粗砺，并且沾有麦田里农民的汗水——充满腥味，当然也有不经意间流露出的喜悦。经过多年空中楼阁似的读书和写作，我离这些质朴的东西实在太遥远了。

我不知道这本书何时能够定稿。在写这本书之前，我已经为这本书写下了不下10万字的札记、数千张卡片；在完成初稿的过程中，因为不断修改写作方案和调整思路，我写下的总字数不下50万字，而保留在这里的只不过15万字。我预感到这本书还要不断修改，在未来的日子里，或许还会推倒重来——这样的事情近几年里已经屡次发生。对于那些一遍成稿的人——十年前我也是这号角色——来说，这实在是太弱智了。

青春没有了，年华耗费了，剩下来的只是一些枯燥乏味的文字，人的无奈和无助，大抵如此。但我仍然感谢上苍，它给了我可以展开写作的一切东西，尤其是让我这个从前的狂妄之徒，居然认识到了自己的局限以及从前的糊涂和大错。

我心中有数，2004年5月草就的"初稿后记"里显露出来的语调没有丝毫夸张，也没有我一贯讨厌的矫情。因为直到今天，我也不认为我做的工作应该由我来做；从纯粹技术和知识的层面上看，我做这样的工作更是自不量力——有那么多的技术主义者，有那么多的饱学鸿儒，有那么多的当代檄文写作者——我确实越俎代庖了。我要真心请求他们原谅我的胆大妄为，饶恕我的无知者无畏。

任谁都能看出，这本书中充满了太多悬而未决的问题，太多自相矛盾的论述，太多令人讨厌的话题。这是我故意这么做的：一方面出于能力不足、思维上的顾此失彼，一方面也是我有意要留下破绽。我愿意看到智力的破产和最终失败。但我用了迄今为止所能拥有的最大耐心做完这项工作，还是想给自己一个交待。很显然，这样的交待对别人无所谓，对我自己却至关重要：我似乎必须要弄清楚本书中提及的那些问题，才自以为有资格思考接下来的问题。就在思考那些问题的起始处，我就有一个愚不可及的初衷：我以为拷打出那些问题的最终答案，能为我的生活提供坚不可摧的依据。

现在我愿意坦诚地说，本着我在生活中遇到的无数尴尬以及从那些尴尬中获得的教益，我从骨子里讨厌那些技术主义的问题；我越来越相信，技术主义的问题只能是我们思考生活与人生的准备。我没想到在这上面竟然花费了六年时间。我完全可以不思考这样的问题。难道思考过这些问题就能活得更坚实？但我们的现实是：这的确是一个技术主义的时代，人人都觉得技术大于人，人人都觉得技术上不清楚，我们也就会活得不清楚。我上了大当，我耗费了年华，做了一件几乎是毫无意义的工作。辨别一个技术问题真有那么重要吗？什么叫君子不器？什么叫直观洞见？难道生活与人生的技术才是根本？写完这本书我才明白：归根到底，是我这个没有慧根的人彻底错了。经过六年无谓的跋涉，我获得的唯一成就不过是：我也许有资格讨厌一切以技术主义的分析方法来分析人的行为的所有行径。

难道这个世界需要我搞清楚话语和动作／行为之间的无限循环并以扩大再生产的方式完成它们自身？谁一想之后又不知道这个简单的事实？难道这个常识需要6年时间去甄别？我爷爷、奶奶，我父亲、母亲，不需要明白这一点却都知道那是怎么一回事。

谁没有愿望？谁没有自以为是的真知？谁以为求真才是最重要的？谁又曾把真理真当一回事？尼采说得好，真理不过是修辞，不过是花言巧语，不过是有人要我们用这样的语句去看待这样的真理。古波斯的伟大诗人欧亚姆通过他的四行诗，早已申说了这个问题，难道还需要我鹦鹉学舌？我必须要承认，那些通过直观洞见而来的真理才不得不让我刮目相看；而现代人的无聊思虑、毫无智慧却以学术面孔出现的东西，已经让我彻底腻歪了。

2004年9月12日，我的女儿出生。一年多来，我看着她从爬到走、从只知哭闹到喊"爸爸"、"妈妈"；她带给我的教益，超过了我三十年来阅读过的所有书籍带给我的启示。或许生命就是这样的，或许一个生命对另一个生命的教益就是这样的。我为此欢欣鼓舞。中国古人所谓的生生不已之谓易，不是一句空话。写完这本几近无聊的小书后，我相信，即使只是为了女儿，我也不能再在技术主义的巢穴中欺骗自己了。我把这本书的完成，只当成我为现代学术这个衣食父母奉献的一个贡品，一个牺牲。归根到底，我才是它的贡品，它的牺牲。我再也不愿意陪它玩了。

2005年11月28日，北京丰益桥。

补记：

本书经过几次修改，终于在2005年底彻底定稿。从那以后，我就不愿意再看见它。2005年6月，我第三次阅读韩少功先生的《暗示》，觉得他处理的问题跟我这部小书的主题有相似之处，就在修订这部小书的间歇，以本书中的观点为依傍，为《暗示》写了一篇长篇书评——《未完全打开的具象之门》①。韩公读过那篇文章后，觉得我还算理解他的苦心，没有完全歪曲他的原意，对我行文中的莽撞也很大度地表示了原谅。这让我很受鼓舞，以为自己在这部小书中并没有完全胡说八道。顺便说一句，从我20世纪80年代中期上大学开始，韩公就一直是我阅读和学习的对象。一年后的2006年，我斗胆请韩公为本书作序（这也是我头一回请人作序），没想到韩公不仅同意写作序言，还在序言中对本书说了一些不失风度的溢美之词。尽管我知道序言的一般操作机制，但我依然愿意将韩公的序言误认为对我的鼓励。

---

① 此文初发于吴炫先生主编的《原创》创刊号，后收入本人的论文集《灵魂在下边》（河南大学出版社，2009年）。

自那以后的三个年头转瞬而去，书稿也在家中囤积了将近5年。感谢韩公最初的鼓励，否则，我至今不敢把书稿拿出去；感谢河南大学出版社社长马小泉先生、总编辑张云鹏先生和特约编辑谢景和先生，否则，即使我将书稿拿出去，也不会有这部书稿寄居的地方。

　　　　　　　　2009年7月31日，北京魏公村。